LAW
BIG DATA
法律大数据
案 由 法 条 关 联 丛 书

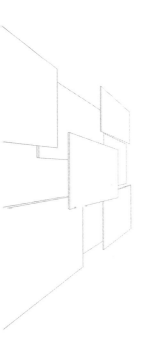

LAW
BIG DATA
法律大数据

案 由 法 条 关 联 丛 书

丛书主编 王 竹

| 数据分析：四川大学法学院法律大数据实验室
| 数据支持：法合实验室

DISPUTES OVER MARRIAGE, FAMILY AND INHERITANCE

婚姻家庭继承纠纷

主编 张晓远

北京大学出版社
PEKING UNIVERSITY PRESS

图书在版编目(CIP)数据

婚姻家庭继承纠纷/张晓远主编. —北京:北京大学出版社,2017.8
(法律大数据·案由法条关联丛书)
ISBN 978-7-301-28504-6

Ⅰ.①婚… Ⅱ.①张… Ⅲ.①婚姻家庭纠纷—民事纠纷—案例—中国 ②继承法—民事纠纷—案例—中国 Ⅳ.①D923.905

中国版本图书馆CIP数据核字(2017)第166792号

书　　　名	婚姻家庭继承纠纷 HUNYIN JIATING JICHENG JIUFEN
著作责任者	张晓远　主编
丛书策划	陆建华
责任编辑	王丽环　苏燕英
标准书号	ISBN 978-7-301-28504-6
出版发行	北京大学出版社
地　　　址	北京市海淀区成府路205号　100871
网　　　址	http://www.pup.cn　http://www.yandayuanzhao.com
电子信箱	yandayuanzhao@163.com
新浪微博	@北京大学出版社　@北大出版社燕大元照法律图书
电　　　话	邮购部62752015　发行部62750672　编辑部62117788
印　刷　者	北京中科印刷有限公司
经　销　者	新华书店
	880毫米×1230毫米　A5　11.5印张　384千字 2017年8月第1版　2017年8月第1次印刷
定　　　价	49.00元

未经许可,不得以任何方式复制或抄袭本书之部分或全部内容。
版权所有,侵权必究
举报电话: 010-62752024　电子信箱: fd@pup.pku.edu.cn
图书如有印装质量问题,请与出版部联系,电话: 010-62756370

法律大数据·案由法条关联丛书编委会

主 任

王 竹

副主任

徐继敏　魏 东

编委会成员（按照姓氏拼音排序）

陈宝贵　范 围　侯国跃　刘召成　汪 灏　王 皓
王 竹　魏 东　徐继敏　徐 鹏　张晓远　张新峰

数据分析

四川大学法学院法律大数据实验室

数据支持

法合实验室

总目录

快速入门指南 …………………………………………… 001
丛书编写说明 …………………………………………… 003
《婚姻家庭继承纠纷》分册编写说明 ………………… 011
目录 ……………………………………………………… 013

第一编 案由关联法条索引 ……………………………… 001
第二编 核心法律条文主要适用案由及关联法条索引 … 043
第三编 本书关联法条全文 ……………………………… 247
法律规范性文件简全称对照索引表 …………………… 329
后记 ……………………………………………………… 341

快速入门指南

本丛书基于"法合实验室"提供的"千万级"的裁判文书库和"百万级"法律规范性文件库,由"星云律例"(Galawxy)法律大数据引擎和法律专业团队联袂提供如下快速检索功能:

1. 通过本书第一编"案由关联法条索引"快速检索在该案由下**最常见**适用的**全部**法律规范性文件**条文**,并按照法条相关度★星级进行排序。

2. 通过本书第二编"核心法律条文主要适用案由及关联法条索引"快速检索核心法律每个条文主要适用的**案由**和该**同时适用**的法律规范性文件**条文**,并按照法条相关度★星级进行排序。

3. 通过本书第三编"本书关联法条全文",可以查阅本书涉及的**全部**法律规范性文件的**条文**全文。

4. 本书涉及的每个**案由**和每部**法律**规范性文件首页,以及《法律规范性文件**简全称对照索引**》均配有"法合二维码",手机扫码可以直接进入"法合案由"和"法合法规"大数据平台,检索与最高人民法院"中国裁判文书网"同步更新的司法实务动态和法律规范性文件更新,更多的法律大数据逐步更新上线!

5. 读者也可以直接访问:www.LawSum.com,获取"法合实验室"的全部法律大数据资源!

更多检索功能和详细使用说明,参见本书《丛书编写说明》和各分册编写说明。

丛书编写说明

1. 丛书内容编排方式

本丛书根据人民法院立案时采用的民事、刑事、行政立案案由编写各分册,并根据案由相关度作适当合并。

每分册分为"案由关联法条索引""核心法律条文主要适用案由及关联法条索引"和"本书关联法条全文"三编。其中,每分册第一编"案由关联法条索引"和第二编"核心法律条文主要适用案由及关联法条索引"只列出法律规范性文件名称简称和条文号及其条文主旨,第三编"本书关联法条全文"列出相关法律条文的正文可按需查阅。三编既可以进行交叉检索查阅,又避免了篇幅的重复。

1.1 "案由关联法条索引"

每分册第一编"案由关联法条索引"按照案由顺序展开,每个案由一般再分为"主要适用的法条及其相关度"和"常见适用的其他法条"两部分。

"主要适用的法条及其相关度"部分,参考最高人民法院《关于裁判文书引用法律、法规等规范性法律文件的规定》(法释[2009]14号)第3—5条的规定,分析依法可以在裁判文书中作为裁判依据引用的全国性、实体性的法律、法规和司法解释等法律规范性文件及其相关度。在排列顺序上,按照法律、法律解释、行政法规、行政法规解释、司法解释、部门规章的顺序排列;相同顺位法律规范性文件按照各自权重最高法条的权重排列。

"常见适用的其他法条"(不区分星级)部分则列出在裁判文书数量较大的案由中,尽管实际引用率相对不高,但法律专业人士根据经验认为仍然具有重要性的法律条文。① 如果"常见适用的其他法条"的显著度不高,则不予罗列。

对于案件数量极少的案由,由于不具备进行法律大数据分析的前提,则

---

① 之所以出现这种情况,是由于最高人民法院发布的部分案由细化程度不够,导致部分条文适用的相关度被淡化。未来"法律大数据实验室"将在法律大数据分析的基础上提出案由的细化建议,方便司法适用。

仅列出全部的"常见适用的法条"(不区分星级),供读者参考。极少数案由尚无足够数量判决书可供法律大数据分析,本丛书也在相应位置予以了说明。

1.2 "核心法律条文主要适用案由及关联法条索引"

每分册第二编"核心法律条文主要适用案由及关联法条索引"选择每分册案由对应的核心法律①、法规(一般是实体性法律②)和重要行政法规,按照法律条文顺序展开,每个条文之下,除了由"法律大数据实验室"拟定的条文主旨和条文正文之外,分为"主要适用的案由及其相关度"和"同时适用的法条及其相关度"两个部分。

"主要适用的案由及其相关度"是指本条文在超过3 000万份裁判文书中,主要适用于哪些案由以及相关度。

"同时适用的法条及其相关度"是指本法条在被判决书作为裁判依据时,同时被引用的其他法律条文及其相关度。

1.3 "本书关联法条全文"

每分册第三编"本书关联法条全文"列出了第一编和第二编涉及的全部法律条文的条文主旨和条文内容,但不重复列出每分册第二编的核心法律③,也不列出在每分册没有涉及的法律条文。在每部法律规范性文件名称和每个条文的条文主旨之后,根据在每分册涵盖案由中的整体被引用情况和法律专业人士的经验判断,根据权重标记为★★★★★到★。

2. 法合码 = 法合索引码 + 法合二维码

为方便查阅,"法律大数据实验室"与"法合实验室"共同设计了"法合码",包括"法合索引码"与"法合二维码"两部分。在"法合码"网站(Key.LawSum.com)输入"法合索引码"或者通过手机扫描"法合二维码"后,均可进入对应的"法合码"页面。

---

① 考虑到《民法通则》的特殊法律地位,本编按照其各章最相关的主题纳入各分册。

② 除了实体法,对程序法上包含的少数实体性法律规范,本丛书也作为实体性规范纳入第二编。

③ 考虑到《民法通则》的特殊法律地位,本分册第二编列出了《民法通则》部分条文的,在第三编如有涉及,仍然按照前两编列出的条文序号列出相应的《民法通则》条文全文。

2.1 "法合索引码"

其以不同字母开头索引不同类别的法律大数据资源,现阶段包括"法规索引码"和"案由索引码"两类。

2.1.1 "法规索引码"以字母 L 开头,对每部法律规范性文件进行编码,例如"L1.1.1《中华人民共和国宪法》"。

2.1.2 "案由索引码"以案件类型区分。

民事案由以字母 M 开头,按照《民事案件案由规定》(法[2011]42 号)的四级案由序号编号,例如"M9.30.347.1 公共场所管理人责任纠纷"。

刑事案由以字母 X 开头,按照罪名所在刑法分则主要条文的章、节、条、款命名;历次"修正案"增加的"之一""之二""之三"等条款以条序号加"-1""-2""-3"等表示;同一款有多个罪名的,按照顺序命名,例如"X3.4.177-1.2 窃取、收买、非法提供信用卡信息罪"。①

行政案由以字母 Z 开头,按照《最高人民法院关于规范行政案件案由的通知》(法发[2004]2 号)的规定,由"行政管理范围""行政行为种类"和"是否涉及行政赔偿"三段序号进行组合;"行政管理范围"有二级分类的,标记为 1、2、3……;不涉及行政赔偿的,标记为 0,涉及行政赔偿的标记为 1,例如"Z13.1.0 道路交通行政处罚"和"Z13.0.1 道路交通行政赔偿"。②

2.2 "法合二维码"

本丛书在全部案由和每部法律规范性文件标题旁边均附有由"法合二维码"及其对应的"法合索引码"组成的完整"法合码"。用户可以根据需要直接扫描"法合二维码",查看详细内容和更新信息,并享受"法合码"的部分免费服务。

3. 丛书检索功能

本丛书经过专业法律团队的精心编排,实现多种快速检索法律规范性文件条文(现阶段仅限于法律、行政法规和司法解释)和案由(部分案由需要跨分册检索)的核心功能,并通过"法合码"提供扩展检索功能和更新服务。

---

① 唯一的例外是"骗购外汇罪"。该罪名的法律依据是《全国人民代表大会常务委员会关于惩治骗购外汇、逃汇和非法买卖外汇犯罪的决定》第 1 条,序号列为"X0.1.1",以指称"刑法之外"的"第 1 部"立法机关决定的"第 1 条"规定的罪名。

② 这样编号的好处是能够涵盖所有可能的行政案由种类,但实务中并非所有的行政部门都可以作出全部 27 种行政行为,所以部分编号可能为空。

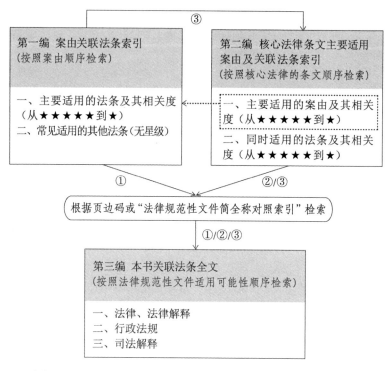

说明:

1. 上图为"使用说明"所述本书核心检索功能①②③检索方式的演示图;虚线为根据第二编的"案由"为第一编切换的路径。

2. 除"核心检索功能"外,本书还具有"扩展检索功能":不仅可通过"法合码"(手机扫"法合二维码"或电脑检索"法合索引码")替代"核心检索功能",还能提供内容更新服务。

核心检索功能①:通过"案由"快速检索可能适用的全部法条

适用情形:读者已经确定要适用的案由,希望查找可能适用的全部法条。

第一步:利用第一编"案由关联法条索引"提供的每个案由的"主要适用的法条及其相关度"和"常见适用的其他法条",协助读者根据案由索引,按照从★★★★★到★的顺序,通过浏览【条文主旨】快速地检索到可能适用的全部法条条文序号。

第二步:按照条文序号,在本书第三编"本书关联法条全文"找到条文的全文。读者可以通过法律规范性文件简称对应的页边码,或者通过本书《法律规范性文件简全称对照索引表》找到其所在的页码。

核心检索功能②：通过"核心法律条文"快速检索可能适用的案由和其他关联法条

适用情形：读者已经确定要适用的"核心法律条文"，希望确定可能适用的案由和查找其他关联法条。

第 步：利用第二编"核心法律条文主要适用案由及关联法条索引"提供的每个核心法律条文的"主要适用的案由及其相关度"，协助读者根据核心法律条文索引，按照从★★★★★到★的顺序，通过浏览案由名称快速地检索到可能适用的案由。（如果可能适用多个案由，如存在违约和侵权的请求权竞合，可以转而使用"核心检索功能①"尝试通过不同案由进行检索，以比较以哪种案由提起诉讼更为有利。）

第二步：利用第二编"核心法律条文主要适用案由及关联法条索引"提供的每个核心法律条文的"同时适用的法条及其相关度"，协助读者根据核心法律法条索引，按照从★★★★★到★的顺序，通过浏览【条文主旨】快速地检索到可能同时适用的全部法律条文法条序号。

第三步：按照条文序号，在本书第三编"本书关联法条全文"找到条文的全文。读者可以通过法律规范性文件简称对应的页边码，或者通过本书《法律规范性文件简全称对照索引表》找到其所在的页码。

核心检索功能③：通过"案由+核心法律条文"快速检索可能适用的全部法条

适用情形：读者已经确定要适用的案由，且有能力识别可能适用的"核心法律条文"，希望快速查找可能适用的全部其他法条。

第一步：利用第一编"案由相关法条索引"提供的每个案由的"主要适用的法条及其相关度"和"常见适用的其他法条"，协助读者根据案由索引，按照从★★★★★到★的顺序，通过浏览【条文主旨】快速地检索到可能适用的"核心法律条文"的条文序号。

第二步：对于每个可能适用的"核心法律条文"，再利用第二编"核心法律条文主要适用案由及关联法条索引"提供的每个核心法律条文的"同时适用的法条及其相关度"，协助读者根据核心法律法条索引，按照从★★★★★到★的顺序，通过浏览【条文主旨】快速地检索到全部可能同时适用法律条文的法条序号。（如果可能适用多个案由，如存在违约和侵权的请求权竞合，可以转而使用"核心检索功能①"尝试通过不同案由进行检索或者再利用"核心检索功能③"第一步尝试通过不同案由进行检索,以比较以哪种案由提起诉讼更为有利。)

第三步:按照条文序号,在本书第三编"本书关联法条全文"找到条文的全文。读者可以通过法律规范性文件简称对应的页边码,或者通过本书《法律规范性文件简全称对照索引表》找到其所在的页码。

扩展检索功能:通过"法合码"实现上述功能和更新服务

方法一:手机扫描"法合二维码"。

每个案由和每部法律规范性文件标题旁边均附有"法合二维码",或利用本书《法律规范性文件简全称对照索引表》,按照法律规范性文件简称的拼音顺序检索到每部法律规范性文件的"法合二维码"。通过手机扫描"法合二维码"进入"法合码"系统后,按照提示即可更加方便地辅助实现上述检索功能。

方法二:输入"法合索引码"。

每个"法合二维码"下均有对应的"法合索引码",访问"法合码"网站(Key.LawSum.com),按照提示输入"法合索引码",就可以获得和手机扫描"法合二维码"相同的服务。

4. 其他

4.1 相关度

本丛书所称"相关度",是对超过3 000万份裁判文书案由和裁判依据进行大数据分析,在裁判依据实际引用情况的基础上,参考法律专业人士的经验判断进行调整后,根据权重标记为★★★★★到★。极少数法条尚无足够数量判决书可供法律大数据分析,本丛书也在相应位置予以了说明。

4.2 本丛书所称"法条",为"法律规范性文件条文"的简称;所称"法律条文"为"法律及法律解释文件条文"的简称。

4.3 页边码

本丛书第一、二编的页边码,为所对应法律规范性文件在本书第三编的页码。

4.4 法律规范性文件简全称对照索引表

为了最大限度地方便查阅和节约篇幅,本丛书每分册第一编和第二编中涉及的法律规范性文件名称采用简称,并制作《法律规范性文件简全称对照索引》,对全书中涉及的所有法律条文均标记条文主旨。

该表的设计有利于法律规范性文件简全称的对照,并可用于在本书检索或扫码获取法律规范性文件内容。

本丛书涉及的每部法律规范性文件简称,均由"法律大数据实验室"根据裁判文书中法院在说理部分引用时常见的缩略方式,参考法律专业人士的缩略习惯确定,希望通过进一步的规范来建立法律规范性文件简称的使用标准。

本丛书涉及的条文主旨均由"法律大数据实验室"根据法律专业人士通行的使用习惯,并尽量照顾到每个条文中的每款内容进行编写,希望通过进一步的规范来建立条文主旨的编写标准。

王 竹

2017 年 6 月 30 日

《婚姻家庭继承纠纷》分册编写说明

《婚姻家庭继承纠纷》一书是"法律大数据·案由法条关联丛书"的第二本。就本书的编写情况,在此作简要说明。

1. 数据分析单位

本书的法律大数据分析由"法合实验室"提供数据支持,"法律大数据实验室"负责数据分析。

2. 数据分析范围

本书的法律大数据分析全样本为"中国裁判文书网"自2014年1月1日到2017年6月30日公布的超过3000万份裁判文书。

3. 案由涵盖范围

《民事案件案由规定》(法[2011]42号)的第二部分"婚姻家庭、继承纠纷"(M2项下合计35个案由)和第十部分"适用特殊程序案件案由"中与本书相关的"宣告失踪、宣告死亡案件"(M10.32项下8个案由)、"认定公民无民事行为能力、限制民事行为能力案件"(M10.33项下5个案由)、"监护权特别程序案件"(M10.35项下4个案由),共计52个案由。

4. 核心法律选取

4.1 选取范围

本书选取的核心法律包括《婚姻法》全文(51个条文)、《继承法》全文(37个条文)、《收养法》全文(34个条文)和《民法通则》第二章"公民(自然人)"(第9—35条,合计26个条文),共计148个条文。

4.2 选取理由

尽管《民法总则》已经于2017年3月15日由第十二届全国人民代表大会第五次会议通过,并即将自2017年10月1日起施行,但在较长的时间内还不会全面替代《民法通则》第二章"公民(自然人)"的适用。而根据"法律大数据实验室"的分析,实务中部分法官高度依赖《民法通则》,可以预见,

《民法通则》被废止之前,仍然将有较高频率的适用。未来《民法总则》生效后,"法律大数据实验室"将持续跟踪,并更新法律适用的实际情况。

5. 人工干预措施

本书编写过程中,在各案由和各核心法律法条大数据分析结果上,经过征求法学研究和司法实务人员的意见,对部分数据进行了人工干预。主要干预措施如下:

第一,根据对法律条文本身和所适用的裁判文书内容进行的大数据分析提示,部分法条可能被错误引用,经过人工确定后进行了相应的干预。

第二,部分法律的新修改条文和新颁布的司法解释本身尚未被适用或者仅被少量适用,但根据对裁判文书历史数据的大数据分析,进行了一定的预测性干预,其效果仅具有提示性。

第三,部分司法解释尽管在近年来公布的案例中仍然存在少数适用的情形,但已经被废止,从本书的实用性角度出发,为避免混淆,进行了删除。

本书编写过程受到裁判文书数据数量、质量和分布的客观限制,可能与实务存在一定的偏差,敬请读者谅解。也欢迎读者提出宝贵意见和建议。

张晓远

四川大学法学院副教授

中国婚姻家庭法学研究会理事

zxy5186@163.com

2017 年 6 日 30 日

目 录

第一编
案由关联法条索引

M2 婚姻家庭、继承纠纷 ································· 003
M2.2 婚姻家庭纠纷 ································· ★★ 004
 M2.2.10 婚约财产纠纷 ·························· ★★★★★ 007
 M2.2.11 离婚纠纷 ································ ★★★★★ 007
 M2.2.12 离婚后财产纠纷 ························ ★★★★ 008
 M2.2.13 离婚后损害责任纠纷 ···················· ★★ 009
 M2.2.14 婚姻无效纠纷 ···························· ★★★★ 010
 M2.2.15 撤销婚姻纠纷 ······························ ★ 010
 M2.2.16 夫妻财产约定纠纷 ························ ★★ 011
 M2.2.17 同居关系纠纷 ···························· ★★★★ 012
  M2.2.17.1 同居关系析产纠纷 ················ ★★★★ 014
  M2.2.17.2 同居关系子女抚养纠纷 ············ ★★★★ 016
 M2.2.18 抚养纠纷 ································· ★★★★ 017
  M2.2.18.1 抚养费纠纷 ······················ ★★★★★ 019
  M2.2.18.2 变更抚养关系纠纷 ················ ★★★★ 020
 M2.2.19 扶养纠纷 ····································· ★★★ 021
  M2.2.19.1 扶养费纠纷 ························ ★★★ 021
  M2.2.19.2 变更扶养关系纠纷 ···················· ★★ 021
 M2.2.20 赡养纠纷 ·································· ★★★★ 022
  M2.2.20.1 赡养费纠纷 ·························· ★★★★ 023
  M2.2.20.2 变更赡养关系纠纷 ························ ★ 024

M2.2.21	收养关系纠纷	★★ 025
M2.2.21.1	确认收养关系纠纷	★★ 025
M2.2.21.2	解除收养关系纠纷	★★★ 026
M2.2.22	监护权纠纷	★★★ 026
M2.2.23	探望权纠纷	★★★★ 026
M2.2.24	分家析产纠纷	★★★★ 027
M2.3	**继承纠纷**	★★★★ 029
M2.3.25	法定继承纠纷	★★★★ 031
M2.3.25.1	转继承纠纷	★★ 032
M2.3.25.2	代位继承纠纷	★★ 032
M2.3.26	遗嘱继承纠纷	★★★★ 033
M2.3.27	被继承人债务清偿纠纷	★★★★ 034
M2.3.28	遗赠纠纷	★★★ 035
M2.3.29	遗赠扶养协议纠纷	★★★ 036
M10	**适用特殊程序案件案由**	036
M10.32	**宣告失踪、宣告死亡案件**	★ 036
M10.32.372	申请宣告公民失踪	★★★ 037
M10.32.373	申请撤销宣告失踪	★ 037
M10.32.374	申请为失踪人财产指定、变更代管人	★ 037
M10.32.375	失踪人债务支付纠纷	037
M10.32.376	申请宣告公民死亡	★★★★ 037
M10.32.377	申请撤销宣告公民死亡	★★ 038
M10.32.378	被撤销死亡宣告人请求返还财产纠纷	038
M10.33	**认定公民无民事行为能力、限制民事行为能力案件**	★★ 038
M10.33.379	申请宣告公民无民事行为能力	★★★★ 039
M10.33.380	申请宣告公民限制民事行为能力	★★★ 039
M10.33.381	申请宣告公民恢复限制民事行为能力	★★★ 040

M10.33.382 申请宣告公民恢复完全民事行为能力	★ 040
M10.35 监护权特别程序案件	★ 040
M10.35.385 申请确定监护人	★★★ 040
M10.35.386 申请变更监护人	★★★ 041
M10.35.387 申请撤销监护人资格	★★ 041

第二编
核心法律条文主要适用案由及关联法条索引

中华人民共和国婚姻法 ········· 045

第一章 总则 ········· 045
- 第 1 条【婚姻法的立法目的】 ★★ 045
- 第 2 条【我国的婚姻制度和原则】 ★★ 046
- 第 3 条【禁止的婚姻行为】 ★★★★ 047
- 第 4 条【夫妻及家庭成员间的行为准则】 ★★ 048

第二章 结婚 ········· 050
- 第 5 条【结婚自愿】 ★★ 050
- 第 6 条【法定婚龄】 ★★ 052
- 第 7 条【禁止结婚的情形】 ★★★ 053
- 第 8 条【结婚登记】 ★★★ 054
- 第 9 条【互为家庭成员】 ★★ 055
- 第 10 条【婚姻无效】 ★★★★ 057
- 第 11 条【可撤销婚姻】 ★ 058
- 第 12 条【婚姻无效或被撤销的法律后果】 ★★★ 059

第三章 家庭关系 ········· 061
- 第 13 条【夫妻平等】 ★ 061
- 第 14 条【夫妻姓名权】 063
- 第 15 条【夫妻人身自由权】 064
- 第 16 条【计划生育义务】 ★ 065

第17条【夫妻共同财产的范围】 ★★★★ 066

第18条【夫妻个人财产的范围】 ★★★★ 069

第19条【夫妻财产约定制】 ★★★★★ 070

第20条【夫妻扶养义务】 ★★ 072

第21条【父母与子女间的抚养赡养义务】 ★★★★ 074

第22条【子女的姓氏】 ★★★ 076

第23条【父母对未成年子女的保护和教育】 ★★ 077

第24条【遗产继承权】 ★★★★ 079

第25条【非婚生子女】 ★★★★ 080

第26条【收养关系】 ★★ 081

第27条【继父母子女关系】 ★★ 083

第28条【祖与孙的抚养赡养义务】 ★★ 084

第29条【兄弟姐妹间的扶养义务】 ★ 086

第30条【尊重父母的婚姻权利】 ★★ 088

第四章 离婚 089

第31条【协议离婚】 ★★ 089

第32条【诉讼外调解和诉讼离婚】 ★★★★★ 091

第33条【军人配偶要求离婚】 ★ 092

第34条【对男方离婚请求权的限制】 ★★ 093

第35条【复婚】 ★ 094

第36条【离婚后父母子女关系】 ★★★★★ 094

第37条【离婚后子女抚养费的负担】 ★★★★★ 095

第38条【离婚后的子女探望权】 ★★★★ 096

第39条【离婚时夫妻共同财产的处理】 ★★★★ 097

第40条【离婚时的经济补偿权】 ★★ 098

第41条【离婚时夫妻共同债务的清偿】 ★★★★ 098

第42条【离婚经济帮助】 ★★★ 100

第五章　救助措施与法律责任 …… 100
- 第43条【家庭暴力与虐待家庭成员】…… ★ 100
- 第44条【遗弃家庭成员】…… ★ 101
- 第45条【构成重婚、家庭暴力、虐待、遗弃犯罪】…… 103
- 第46条【离婚损害赔偿】…… ★★★ 103
- 第47条【对离婚时一方隐藏、变卖、毁损夫妻共同财产或伪造债务行为的处理规则】…… ★★ 104
- 第48条【对拒不执行抚养费等判决、裁定的强制执行】…… ★★ 105
- 第49条【对其他法律规定的适用】…… ★ 107

第六章　附则 …… 107
- 第50条【变通规定】…… 107
- 第51条【施行日期与旧法的废止】…… 108

中华人民共和国继承法 …… 109
第一章　总则 …… 109
- 第1条【继承法的立法目的】…… ★★ 109
- 第2条【继承开始】…… ★★★ 110
- 第3条【遗产范围】…… ★★★★ 113
- 第4条【个人承包收益的继承】…… ★★ 115
- 第5条【继承方式】…… ★★★ 116
- 第6条【无行为能力人、限制行为能力人的继承权、受遗赠权的行使】…… ★★ 117
- 第7条【继承权的丧失】…… ★★ 118
- 第8条【继承诉讼时效】…… ★★ 120

第二章　法定继承 …… 121
- 第9条【继承权男女平等】…… ★★ 121
- 第10条【继承人范围及继承顺序】…… ★★★★ 122
- 第11条【代位继承】…… ★★★ 124
- 第12条【丧偶儿媳、女婿的继承权】…… ★ 125
- 第13条【遗产分配】…… ★★★★ 126

第 14 条【继承人以外的遗产取得人】················· ★★ 128

第 15 条【继承问题的处理原则与方法】················ ★★ 129

第三章 遗嘱继承和遗赠 ······················· 130

第 16 条【公民可以立遗嘱处分其财产】··············· ★★★ 130

第 17 条【遗嘱的形式】························· ★★★ 131

第 18 条【遗嘱见证人】·························· ★★ 132

第 19 条【特留份规定】·························· ★★ 133

第 20 条【遗嘱的撤销、变更以及不同形式遗嘱之间的效力】··· ★★ 134

第 21 条【附义务的遗嘱】························ ★★ 135

第 22 条【遗嘱的无效】··························· ★ 137

第四章 遗产的处理 ························· 138

第 23 条【继承开始的通知】························ ★ 138

第 24 条【遗产的保管】·························· ★★ 140

第 25 条【对继承和遗赠作出接受或放弃表示的期间及效力】

··························· ★★★ 141

第 26 条【遗产的认定】························· ★★★ 143

第 27 条【法定继承的适用范围】···················· ★★ 144

第 28 条【胎儿预留份】··························· ★ 145

第 29 条【遗产分割的规则和方法】·················· ★★★ 147

第 30 条【再婚时对所继承遗产的处分权】··············· ★ 148

第 31 条【遗赠扶养协议】························ ★★ 149

第 32 条【无人继承、受遗赠的遗产的处理】············· ★★ 151

第 33 条【继承遗产与清偿债务】··················· ★★★★ 154

第 34 条【遗赠与债务清偿】······················· ★★ 156

第五章 附则 ····························· 157

第 35 条【继承法中民族自治地方的变通或补充规定】··········· 157

第 36 条【涉外继承】···························· ★ 158

第 37 条【继承法的生效日期】························ 159

中华人民共和国收养法 …… 160

第一章 总则 …… 160
- 第1条【收养法的立法目的】 ★ 160
- 第2条【收养法的基本原则】 ★ 161
- 第3条【收养不得违背计划生育的法律、法规】 ★ 162

第二章 收养关系的成立 …… 162
- 第4条【被收养人的条件】 ★ 162
- 第5条【送养人的条件】 ★ 163
- 第6条【收养人条件】 ★★ 165
- 第7条【三代以内同辈旁系血亲的收养】 ★ 166
- 第8条【收养人数】 ★ 167
- 第9条【无配偶男性收养女性的年龄限制】 ★ 168
- 第10条【生父母送养与有配偶者收养】 ★ 168
- 第11条【自愿原则】 ★ 170
- 第12条【监护人送养的限制】 ★ 171
- 第13条【送养未成年孤儿的限制】 171
- 第14条【收养继子女的特别规定】 ★ 172
- 第15条【收养关系的成立】 ★★ 172
- 第16条【被收养人的户口登记】 ★★★★ 174
- 第17条【由亲朋抚养的例外】 ★ 174
- 第18条【优先抚养权】 175
- 第19条【禁止超计划生育】 175
- 第20条【禁止买卖儿童】 ★ 175
- 第21条【涉外收养】 176
- 第22条【保守收养秘密】 177

第三章 收养的效力 …… 177
- 第23条【收养的效力】 ★★ 177
- 第24条【养子女的姓氏】 ★ 179
- 第25条【收养的无效】 ★★ 179

第四章　收养关系的解除 … 180
第 26 条【收养解除的条件之一】 … 180
第 27 条【收养解除的条件之二】 … ★★ 181
第 28 条【解除收养关系的程序】 … ★ 182
第 29 条【收养关系解除的法律后果】 … ★ 183
第 30 条【收养关系解除后的补偿】 … ★ 183

第五章　法律责任 … 184
第 31 条【相关违法行为的法律责任】 … 184

第六章　附则 … 184
第 32 条【民族自治地方的变通或补充规定】 … 184
第 33 条【实施办法的制定】 … 185
第 34 条【收养法的实施日期】 … ★ 185

中华人民共和国民法通则 … 187

第二章　公民（自然人） … 187
第 9 条【公民民事权利能力的开始与终止】 … ★★ 187
第 10 条【公民民事权利能力平等】 … ★★ 191
第 11 条【完全民事行为能力人】 … ★★★ 193
第 12 条【未成年人的民事行为能力】 … ★★★ 197
第 13 条【精神病人的民事行为能力】 … ★★★ 200
第 14 条【法定代理人】 … ★★ 202
第 15 条【公民的住所】 … ★★ 205
第 16 条【未成年人的监护人】 … ★★★ 208
第 17 条【精神病人的监护人】 … ★★★ 212
第 18 条【监护人的职责、权利与民事责任】 … ★★★ 213
第 19 条【精神病人民事行为能力的宣告】 … ★★★ 216
第 20 条【宣告失踪的条件】 … ★★ 217
第 21 条【宣告失踪的法律后果】 … 218
第 22 条【宣告失踪的撤销】 … ★★ 218
第 23 条【宣告死亡的条件】 … ★★★ 221
第 24 条【死亡宣告的撤销】 … ★ 221

第25条【死亡宣告撤销后的财产返还】················ ★ 224
第26条【个体工商户】·································· ★★ 226
第27条【农村承包经营户的定义】······················ ★ 228
第28条【对个体工商户、农村承包经营户的保护】·········· ★★ 231
第29条【个体工商户、农村承包经营户债务承担的财产范围】
　　　　·· ★★★ 236
第30条【个人合伙的定义】···························· ★★★★ 238
第31条【合伙协议应当载明的事项】····················· ★★★ 240
第32条【合伙财产的归属、管理和使用】················· ★★★ 240
第33条【个人合伙的字号与经营范围】··················· ★★ 241
第34条【合伙的内部关系】···························· ★★★ 242
第35条【民事合伙的债务承担规则】···················· ★★★★ 244

第三编
本书关联法条全文*

一、法律 ··· 249
中华人民共和国合同法························· ★★★★★ 249
中华人民共和国民法通则······················· ★★★★★ 254
中华人民共和国老年人权益保障法··············· ★★★★★ 265
中华人民共和国担保法························· ★★★★ 267
中华人民共和国侵权责任法····················· ★★★★ 268
中华人民共和国道路交通安全法················· ★★★ 271
中华人民共和国刑法··························· ★★★ 273
中华人民共和国物权法························· ★★★ 276
中华人民共和国著作权法······················· ★★★ 279
中华人民共和国商标法························· ★★★ 281

＊ 本书第三编所列法律规范性文件是在第一、二编中被引用过的法条的节选。

中华人民共和国农村土地承包法 ★★ 283
中华人民共和国保险法 ★★ 285
中华人民共和国土地管理法 ★★ 286
中华人民共和国妇女权益保障法 ★★ 288
中华人民共和国劳动法 ★★ 289
中华人民共和国劳动合同法 ★ 289
中华人民共和国宪法 ★ 290
中华人民共和国村民委员会组织法 291
中华人民共和国未成年人保护法 291

二、行政法规 293
出版管理条例 ★ 293
婚姻登记条例 293
中华人民共和国土地管理法实施条例 295
机动车交通事故责任强制保险条例 296

三、司法解释 297
最高人民法院关于人民法院审理离婚案件处理子女抚养问题的若干具体意见 ★★★★★ 297
最高人民法院关于适用《中华人民共和国婚姻法》若干问题的解释(二) ★★★★★ 299
最高人民法院关于审理人身损害赔偿案件适用法律若干问题的解释 ★★★★ 302
最高人民法院关于适用《中华人民共和国婚姻法》若干问题的解释(一) ★★★★ 306
最高人民法院关于人民法院审理离婚案件如何认定夫妻感情确已破裂的若干具体意见 ★★★★ 310
最高人民法院关于贯彻执行《中华人民共和国民法通则》若干问题的意见(试行) ★★★★ 311
最高人民法院关于人民法院审理未办结婚登记而以夫妻名义同居生活案件的若干意见 ★★★★ 314
最高人民法院关于贯彻执行《中华人民共和国继承法》若干问题的意见 ★★★★ 315

最高人民法院关于适用《中华人民共和国婚姻法》若干
　问题的解释(三)··★★★ 316
最高人民法院关于确定民事侵权精神损害赔偿责任若干
　问题的解释···★★★ 318
最高人民法院关于审理道路交通事故损害赔偿案件适用
　法律若干问题的解释···★★ 319
最高人民法院关于审理民间借贷案件适用法律若干问题
　的规定···★★ 320
最高人民法院关于审理买卖合同纠纷案件适用法律问题
　的解释···★ 321
最高人民法院关于人民法院审理离婚案件处理财产分割
　问题的若干具体意见···★ 322
最高人民法院民事审判庭关于贯彻执行最高人民法院《关于
　人民法院审理未办结婚登记而以夫妻名义同居生活
　案件的若干意见》有关问题的电话答复 ·······················★ 323
最高人民法院关于审理涉及农村土地承包纠纷案件适用
　法律问题的解释···★ 323
最高人民法院关于审理劳动争议案件适用法律若干问题
　的解释(二)···★ 324
最高人民法院关于审理商标民事纠纷案件适用法律若干
　问题的解释··· 325
最高人民法院关于人民法院民事执行中查封、扣押、冻结
　财产的规定·· 325
最高人民法院关于适用《中华人民共和国合同法》若干
　问题的解释(二)··· 326
最高人民法院关于审理交通肇事刑事案件具体应用法律
　若干问题的解释·· 326
最高人民法院、最高人民检察院、公安部、民政部《关于依法
　处理监护人侵害未成年人权益行为若干问题的意见》·········· 327

法律规范性文件简全称对照索引表 ················· 329
后记 ·· 335

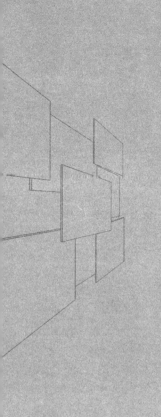

第一编
案由关联法条索引

M2　婚姻家庭、继承纠纷

主要适用的法条及其相关度

	主要适用的法条	相关度	
继承法	第10条【继承人范围及继承顺序】	★★★★★	109
	第13条【遗产分配】	★★★★★	
	第3条【遗产范围】	★★★★	
	第5条【继承方式】	★★★★	
	第26条【遗产的认定】	★★★	
	第2条【继承开始】	★★	
	第17条【遗嘱的形式】	★★	
	第9条【继承权男女平等】	★	
	第11条【代位继承】	★	
	第16条【公民可以立遗嘱处分其财产】	★	
	第29条【遗产分割的规则和方法】	★	
	第33条【继承遗产与清偿债务】	★	
民法通则	第5条【民事权益受法律保护】	★★	254
	第4条【民事活动的基本原则：自愿、公平、等价有偿、诚实信用】	★	
	第78条【财产共有制度：按份共有、共同共有、共有人的优先购买权】	★	
婚姻法	第32条【诉讼外调解和诉讼离婚】	★	045

M2.2

M2.2 婚姻家庭纠纷 ★★

主要适用的法条及其相关度

	主要适用的法条	相关度
婚姻法	第21条【父母与子女间的抚养赡养义务】	★★★★★
	第4条【夫妻及家庭成员间的行为准则】	★★★
	第17条【夫妻共有财产的范围】	★★★
	第25条【非婚生子女】	★★★
	第32条【诉讼外调解和诉讼离婚】	★★★
	第36条【离婚后父母子女关系】	★★★
	第37条【离婚后子女抚养费的负担】	★★★
	第39条【离婚时夫妻共同财产的处理】	★★★
	第2条【我国的婚姻制度和原则】	★★
	第3条【禁止的婚姻行为】	★★
	第20条【夫妻扶养义务】	★★
	第27条【继父母子女关系】	★★
	第5条【结婚自愿】	★
	第11条【可撤销婚姻】	★
	第18条【夫妻个人财产的范围】	★
	第19条【夫妻财产约定制】	★
	第31条【协议离婚】	★
	第38条【离婚后的子女探望权】	★
	第41条【离婚时夫妻共同债务的清偿】	★
民法通则	第4条【民事活动的基本原则：自愿、平等、等价有偿、诚实信用】	★★★
	第5条【民事权益受法律保护】	★★★
	第78条【财产共有制度：按份共有、共同共有、共有人的优先购买权】	★★★

	主要适用的法条	相关度	
民法通则	第84条【债的定义】	★★★	254
	第75条【个人财产:合法财产受法律保护】	★★	
	第106条【民事责任归责原则:违约责任;过错侵权责任;无过错侵权责任】	★★	
	第108条【债务清偿:分期偿还、强制偿还】	★★	
	第7条【公序良俗原则】	★	
	第16条【未成年人的监护人】	★	
	第18条【监护人的职责、权利与民事责任】	★	
	第55条【民事法律行为的生效条件】	★	
	第57条【民事法律行为的效力】	★	
	第58条【民事行为无效的法定情形】	★	
	第71条【财产所有权的定义】	★	
	第117条【侵害财产权的责任承担方式:返还财产、折价赔偿;恢复原状、折价赔偿;赔偿损失】	★	
	第134条【承担民事责任的主要方式】	★	
继承法	第10条【继承人范围及继承顺序】	★★★	109
	第13条【遗产分配】	★★	
	第3条【遗产范围】	★	
	第5条【继承方式】	★	
合同法	第60条【合同履行的原则】	★★★	249
	第2条【合同法的调整对象;合同的定义】	★	
	第8条【依法成立的合同的约束力】	★	
	第107条【违约的基本形态和承担违约责任的种类】	★	
	第185条【赠与合同的概念】	★	
物权法	第99条【共有物的分割规则】	★	276

		主要适用的法条	相关度
316	婚姻法司法解释三	第2条【请求确认亲子关系存在与否时的举证责任】	★★★★★
		第4条【婚姻关系存续期间共同财产分割的重大理由】	★★★
299	婚姻法司法解释二	第8条【离婚财产分割协议的效力】	★★★★
		第10条【允许返还彩礼的情形】	★★★★
		第24条【夫妻一方所欠债务的处理】	★★★
		第9条【协议离婚后的财产分割诉讼】	★
318	精神损害赔偿司法解释	第1条【人格权益精神损害赔偿的受理范围】	★
		第8条【致人精神损害的责任方式】	★
		第10条【精神损害赔偿数额的确定因素】	★
297	审理离婚案件处理子女抚养问题意见	第1条【两周岁以下的子女可随父方生活的情形】	★
314	审理未结婚而同居案件意见	第1条【《婚姻登记办法》施行前未婚以夫妻名义共同生活起诉离婚时的处理原则】	★
302	人身损害赔偿司法解释	第28条【被扶养人生活费数额的确定】	★
311	民通意见	第1条【公民民事权利能力的开始:户籍证明、出生证明、其他证明】	★

M2.2.10 婚约财产纠纷 ·················· ★★★★★

一、主要适用的法条及其相关度

	主要适用的法条	相关度	
婚姻法	第3条【禁止的婚姻行为】	★★★	043
婚姻法	第18条【夫妻个人财产的范围】	★	
婚姻法司法解释二	第10条【允许返还彩礼的情形】	★★★★★	299

二、常见适用的其他法条

	常见适用的其他法条	相关度	
婚姻法	第10条【婚姻无效】		045
民法通则	第134条【承担民事责任的主要方式】		254

M2.2.11 离婚纠纷 ·················· ★★★★★

一、主要适用的法条及其相关度

	主要适用的法条	相关度	
婚姻法	第32条【诉讼外调解和诉讼离婚】	★★★★★	045
婚姻法	第36条【离婚后父母子女关系】	★★	
婚姻法	第37条【离婚后子女抚养费的负担】	★★	
婚姻法	第39条【离婚时夫妻共同财产的处理】	★	

二、常见适用的其他法条

	常见适用的其他法条	相关度
婚姻法	第18条【夫妻个人财产的范围】	
	第38条【离婚后的子女探望权】	
	第41条【离婚时夫妻共同债务的清偿】	
审理离婚案件处理子女抚养问题意见	第1条【两周岁以下的子女可随父方生活的情形】	

页码标注：045、297

M2.2.12 离婚后财产纠纷 ★★★★

主要适用的法条及其相关度

	主要适用的法条	相关度
婚姻法	第39条【离婚时夫妻共同财产的处理】	★★★★★
	第17条【夫妻共同财产的范围】	★★★
	第18条【夫妻个人财产的范围】	★
	第41条【离婚时夫妻共同债务的清偿】	★
	第47条【对离婚时一方隐藏、变卖、毁损夫妻共同财产或伪造债务行为的处理规则】	★
合同法	第60条【合同履行的原则】	★★
	第8条【依法成立的合同的约束力】	★
	第107条【违约的基本形态和承担违约责任的种类】	★
民法通则	第108条【债务清偿:分期偿还、强制偿还】	★★
	第84条【债的定义】	★
	第106条【民事责任归责原则:违约责任;过错侵权责任;无过错侵权责任】	★

页码标注：045、249、254

	主要适用的法条	相关度	
婚姻法司法解释二	第8条【离婚财产分割协议的效力】	★★★★★	299
	第9条【协议离婚后的财产分割诉讼】	★★	
婚姻法司法解释三	第18条【离婚后对未处理的夫妻共同财产的分割】	★★	316

M2.2.13 离婚后损害责任纠纷 ★★

M2.2.13

主要适用的法条及其相关度

	主要适用的法条	相关度	
婚姻法	第46条【离婚损害赔偿】	★★★★★	045
	第4条【夫妻及家庭成员间的行为准则】	★★★★	
	第42条【离婚经济帮助】	★	
侵权责任法	第6条【过错责任原则;过错推定责任原则】	★★★	268
	第2条【侵权责任一般条款;民事权益的范围】	★	
	第15条【侵权责任的主要承担方式】	★	
	第22条【严重精神损害的赔偿请求权】	★	
民法通则	第106条【民事责任归责原则;违约责任;过错侵权责任;无过错侵权责任】	★★	254
	第92条【不当得利应返还】	★	
精神损害赔偿司法解释	第8条【致人精神损害的责任方式】	★★★	318
	第10条【精神损害赔偿数额的确定因素】	★★★	
	第1条【人格权益精神损害赔偿的受理范围】	★★	
婚姻法司法解释一	第28条【离婚损害赔偿的内容及其法律适用】	★★	306
	第30条【婚姻法第四十六条的适用】	★★	

		主要适用的法条	相关度
299	婚姻法司法解释二	第27条【离婚后的损害赔偿请求】	★★

M2.2.14 婚姻无效纠纷 ★★★★

■ 主要适用的法条及其相关度

		主要适用的法条	相关度
045	婚姻法	第10条【婚姻无效】	★★★★★
		第7条【禁止结婚的情形】	★★★★
		第12条【婚姻无效或被撤销的法律后果】	★★★
306	婚姻法司法解释一	第9条【宣告婚姻无效案件的裁判方式】	★★★★
		第7条【申请宣告婚姻无效的主体】	★
299	婚姻法司法解释二	第3条【婚姻无效诉讼的处理规则】	★★
		第4条【婚姻无效和其他纠纷分别裁判规则】	★★
		第2条【申请宣告婚姻无效诉讼不得撤销】	★

M2.2.15 撤销婚姻纠纷 ★

■ 常见适用的法条

		常见适用的法条	相关度
045	婚姻法	第5条【结婚自愿】	
		第8条【结婚登记】	
		第11条【可撤销婚姻】	
		第12条【婚姻无效或被撤销的法律后果】	

	常见适用的法条	相关度
婚姻法司法解释一	第8条【婚姻无效情形消失后诉权的不支持】	
	第10条【婚姻法中"胁迫"的定义;胁迫婚姻的撤销请求权】	
	第11条【胁迫婚姻撤销的诉讼程序】	
	第12条【胁迫婚姻撤销的诉讼时效】	

306

M2.2.16 夫妻财产约定纠纷 ★★

主要适用的法条及其相关度

	主要适用的法条	相关度
婚姻法	第19条【夫妻财产约定制】	★★★★★
	第39条【离婚时夫妻共同财产的处理】	★★★
合同法	第60条【合同履行的原则】	★★★
	第8条【依法成立的合同的约束力】	★
	第44条【合同生效时间】	★
	第54条【合同的变更和撤销】	★
	第107条【违约的基本形态和承担违约责任的种类】	★
	第186条【赠与的任意撤销及限制】	★
民法通则	第57条【民事法律行为的效力】	★★★
	第84条【债的定义】	★★
	第54条【民事法律行为的定义】	★
	第55条【民事法律行为的生效条件】	★
	第106条【民事责任归责原则:违约责任;过错侵权责任;无过错侵权责任】	★
	第108条【债务清偿:分期偿还、强制偿还】	★

045

249

254

		主要适用的法条	相关度
299	法解释二 婚姻法司	第8条【离婚财产分割协议的效力】	★★★★★
		第9条【协议离婚后的财产分割诉讼】	★

M2.2.17 同居关系纠纷 ★★★★

一、主要适用的法条及其相关度

		主要适用的法条	相关度
045	婚姻法	第25条【非婚生子女】	★★★★★
		第21条【父母与子女间的抚养赡养义务】	★★★
		第36条【离婚后父母子女关系】	★★★
		第37条【离婚后子女抚养费的负担】	★★★
		第8条【结婚登记】	★★
		第18条【夫妻个人财产的范围】	★★
		第39条【离婚时夫妻共同财产的处理】	★★
		第38条【离婚后的子女探望权】	★
314	审理未结婚而同居案件意见	第1条【《婚姻登记办法》施行前未婚以夫妻名义共同生活起诉离婚时的处理原则】	★★★★
		第9条【解除非法同居关系时的非婚生子女的抚养】	★★
		第8条【非法同居关系案件中的非婚生子女抚养和财产分割问题】	★
		第10条【解除同居关系时的财产分割:按一般共有财产处理以及对赠与、索取财物的处理】	★
299	法解释二 婚姻法司	第1条【解除同居关系诉讼的受理规则】	★★★
		第10条【允许返还彩礼的情形】	★★★
306	法解释一 婚姻法司	第5条【未婚以夫妻名义共同生活起诉离婚时的处理原则】	★★★

	主要适用的法条	相关度	
审理离婚案件子女抚养问题处理意见	第1条【两周岁以下的子女可随父方生活的情形】	★★	297
	第7条【子女抚育费的确定标准】	★	
未婚以夫妻名义同居案件电话答复	第1条【按登记婚姻处理：结婚时隐瞒年龄以及近亲属关系骗取结婚证】	★	323

二、常见适用的其他法条

	常见适用的其他法条	相关度	
婚姻法	第3条【禁止的婚姻行为】		045
	第12条【婚姻无效或被撤销的法律后果】		
	第32条【诉讼外调解和诉讼离婚】		
	第41条【离婚时夫妻共同债务的清偿】		
审理离婚案件子女抚养问题处理意见	第3条【绝对抚养优先权】		297
	第11条【抚育费给付期限】		
审理未结婚而同居案件意见	第7条【同居关系的判决解除】		314
	第11条【解除非法同居关系时的债权债务处理】		

M2.2.17.1 同居关系析产纠纷 ★★★★

一、主要适用的法条及其相关度

	主要适用的法条	相关度
婚姻法	第18条【夫妻个人财产的范围】	★★★
	第3条【禁止的婚姻行为】	★★
	第8条【结婚登记】	★★
	第12条【婚姻无效或被撤销的法律后果】	★
	第39条【离婚时夫妻共同财产的处理】	★
民法通则	第78条【财产共有制度:按份共有、共同共有、共有人的优先购买权】	★
婚姻法司法解释二	第10条【允许返还彩礼的情形】	★★★★★
	第1条【解除同居关系诉讼的受理规则】	★★★★
同居案件审理未结婚而意见	第1条【《婚姻登记办法》施行前未婚以夫妻名义共同生活起诉离婚时的处理原则】	★★★
	第10条【解除同居关系时的财产分割:按一般共有财产处理以及对赠与、索取财物的处理】	★★★
	第8条【非法同居关系案件中的非婚生子女抚养和财产分割问题】	★
婚姻法司法解释一	第5条【未婚以夫妻名义共同生活起诉离婚时的处理原则】	★★

二、常见适用的其他法条

	常见适用的其他法条	相关度
合同法	第60条【合同履行的原则】	

		常见适用的其他法条	相关度	
婚姻法		第17条【夫妻共同财产的范围】		045
		第25条【非婚生子女】		
通则	民法	第75条【个人财产:合法财产受法律保护】		254
		第84条【债的定义】		
		第108条【债务清偿:分期偿还、强制偿还】		
物权法		第99条【共有物的分割规则】		276
		第100条【共有物分割的方法】		
		第103条【没有约定、约定不明时共有物共有性质的认定】		
		第104条【按份共有人共有份额的认定规则】		
民通意见		第1条【公民民事权利能力的开始:户籍证明、出生证明、其他证明】		311
		第90条【共有财产的分割】		
审理未结婚而同居案件意见	同居案件	第7条【同居关系的判决解除】		314
		第11条【解除非法同居关系时的债权债务处理】		
未婚以夫妻名义同居案件电话答复		第1条【按登记婚姻处理:结婚时隐瞒年龄以及近亲属关系骗取结婚证】		323

M2.2.17.2　同居关系子女抚养纠纷 ★★★★

一、主要适用的法条及其相关度

		主要适用的法条	相关度
045	婚姻法	第25条【非婚生子女】	★★★★★
		第21条【父母与子女间的抚养赡养义务】	★★★
		第36条【离婚后父母子女关系】	★★★
		第37条【离婚后子女抚养费的负担】	★★
		第8条【结婚登记】	★
		第38条【离婚后的子女探望权】	★
297	审理离婚案件处理子女抚养问题意见	第1条【两周岁以下的子女可随父方生活的情形】	★★★
299	婚姻法司法解释二	第1条【解除同居关系诉讼的受理规则】	★★
314	审理未结婚而同居案件意见	第1条【《婚姻登记办法》施行前未婚以夫妻名义共同生活起诉离婚时的处理原则】	★★
		第9条【解除非法同居关系时的非婚生子女的抚养】	★★
306	婚姻法司法解释一	第5条【未婚以夫妻名义共同生活起诉离婚时的处理原则】	★

■ 二、常见适用的其他法条

	常见适用的其他法条	相关度	
子女抚养问题意见 审理离婚案件处理	第3条【绝对抚养优先权】		297
	第7条【子女抚育费的确定标准】		
同居案件意见 审理未结婚而	第8条【非法同居关系案件中的非婚生子女抚养和财产分割问题】		314

M2.2.18 抚养纠纷 ★★★★

■ 一、主要适用的法条及其相关度

	主要适用的法条	相关度	
婚姻法	第25条【非婚生子女】	★★★★★	045
	第36条【离婚后父母子女关系】	★★★★★	
	第37条【离婚后子女抚养费的负担】	★★★★★	
	第21条【父母与子女间的抚养赡养义务】	★★★★	
	第8条【结婚登记】	★★	
	第38条【离婚后的子女探望权】	★★	
子女抚养问题意见 审理离婚案件处理	第1条【两周岁以下的子女可随父方生活的情形】	★★★★	297
	第7条【子女抚育费的确定标准】	★★	
	第16条【允许一方变更子女抚养关系的法定情形】	★★	

		主要适用的法条	相关度
299	婚姻法司法解释二	第1条【解除同居关系诉讼的受理规则】	★★
		第10条【允许返还彩礼的情形】	★
314	审理未结婚而同居案件意见	第1条【《婚姻登记办法》施行前未婚以夫妻名义共同生活起诉离婚时的处理原则】	★★
		第9条【解除非法同居关系时的非婚生子女的抚养】	★★
		第8条【非法同居关系案件中的非婚生子女抚养和财产分割问题】	★
306	婚姻法司法解释一	第5条【未婚以夫妻名义共同生活起诉离婚时的处理原则】	★★

二、常见适用的其他法条

		常见适用的其他法条	相关度
045	婚姻法	第1条【婚姻法的立法目的】	
		第12条【婚姻无效或被撤销的法律后果】	
		第18条【夫妻个人财产的范围】	
		第39条【离婚时夫妻共同财产的处理】	
254	民法通则	第16条【未成年人的监护人】	
297	审理离婚案件处理子女抚养问题意见	第3条【绝对抚养优先权】	
		第5条【父母双方争夺十周岁以上的未成年子女的抚养权应考虑子女的意见】	
		第11条【抚育费给付期限】	
314	审理未结婚而同居案件意见	第10条【解除同居关系时的财产分割:按一般共有财产处理以及对赠与、索取财物的处理】	

	常见适用的其他法条	相关度	
婚姻法司法解释一	第21条【抚养费的定义】		306

M2.2.18.1 抚养费纠纷 ★★★★★

一、主要适用的法条及其相关度

	主要适用的法条	相关度	
婚姻法	第37条【离婚后子女抚养费的负担】	★★★★★	045
	第21条【父母与子女间的抚养赡养义务】	★★★	
	第36条【离婚后父母子女关系】	★★★	
	第25条【非婚生子女】	★★	
子女抚养问题意见审理离婚案件处理	第1条【两周岁以下的子女可随父方生活的情形】	★★★	297
	第7条【子女抚育费的确定标准】	★★	
	第18条【子女可要求增加抚育费的情形】	★	
婚姻法司法解释一	第21条【抚养费的定义】	★★	306

二、常见适用的其他法条

	常见适用的其他法条	相关度	
子女抚养问题意见审理离婚案件处理	第8条【抚育费的给付:定期、一次性】		297
	第11条【抚育费给付期限】		

		常见适用的其他法条	相关度
316	法解释三	婚姻法司	第3条【父母拒不履行抚养子女义务时子女的请求权】	
306	法解释一	婚姻法司	第20条【对不能独立生活子女的界定】	

M2.2.18.2 变更抚养关系纠纷 ★★★★

一、主要适用的法条及其相关度

		主要适用的法条	相关度
045	婚姻法	第36条【离婚后父母子女关系】	★★★★★
		第37条【离婚后子女抚养费的负担】	★★★
		第21条【父母与子女间的抚养赡养义务】	★★
		第38条【离婚后的子女探望权】	★
297	子女抚养问题意见	审理离婚案件处理	第1条【两周岁以下的子女可随父方生活的情形】	★★★★★
		第16条【允许一方变更子女抚养关系的法定情形】	★★★

二、常见适用的其他法条

		常见适用的其他法条	相关度
045	婚姻法	第25条【非婚生子女】	

		常见适用的其他法条	相关度
子女抚养问题意见	审理离婚案件处理	第3条【绝对抚养优先权】	
		第5条【父母双方争夺十周岁以上的未成年子女的抚养权应考虑子女的意见】	
		第7条【子女抚育费的确定标准】	

M2.2.19　扶养纠纷 ★★★

■ **主要适用的法条及其相关度**

	主要适用的法条	相关度
婚姻法	第20条【夫妻扶养义务】	★★★★★

M2.2.19.1　扶养费纠纷 ★★★

■ **主要适用的法条及其相关度**

	主要适用的法条	相关度
婚姻法	第20条【夫妻扶养义务】	★★★★★

M2.2.19.2　变更扶养关系纠纷 ★★

■ **主要适用的法条及其相关度**

	主要适用的法条	相关度
婚姻法	第36条【离婚后父母子女关系】	★★★★★
	第37条【离婚后子女抚养费的负担】	★★★
	第21条【父母与子女间的抚养赡养义务】	★★
	第38条【离婚后的子女探望权】	★

		主要适用的法条	相关度
297	子女抚养问题意见 审理离婚案件处理	第1条【两周岁以下的子女可随父方生活的情形】	★★★★
		第16条【允许一方变更子女抚养关系的法定情形】	★★★
		第3条【绝对抚养优先权】	★
		第5条【父母双方争夺十周岁以上的未成年子女的抚养权应考虑子女的意见】	★
		第7条【子女抚育费的确定标准】	★

M2.2.20 赡养纠纷 ★★★★★

一、主要适用的法条及其相关度

		主要适用的法条	相关度
045	婚姻法	第21条【父母与子女间的抚养赡养义务】	★★★★★
265	老年人权益保障法	第14条【赡养人的赡养义务；赡养人的定义；赡养人配偶的协助赡养义务】	★★★
		第11条【老年人的法定义务】	★★
		第15条【赡养人对患病或经济困难老年人的义务】	★★
		第19条【对赡养人的禁止性规定】	★★
		第12条【老年节日期】	★
		第13条【老年人养老】	★

二、常见适用的其他法条

		常见适用的其他法条	相关度
045	婚姻法	第27条【继父母子女关系】	

	常见适用的其他法条	相关度
老年人权益保障法	第10条【表彰或者奖励】	
	第16条【赡养人对老年人住房的妥善安排、维修义务】	
	第18条【家庭成员的看望、问候义务以及赡养人的探亲休假权】	

265

M2.2.20.1 赡养费纠纷 ★★★★

一、主要适用的法条及其相关度

	主要适用的法条	相关度
婚姻法	第21条【父母与子女间的抚养赡养义务】	★★★★★
老年人权益保障法	第14条【赡养人的赡养义务；赡养人的定义；赡养人配偶的协助赡养义务】	★★★
	第15条【赡养人对患病或经济困难老年人的义务】	★★
	第11条【老年人的法定义务】	★
	第19条【对赡养人的禁止性规定】	★

045

265

二、常见适用的其他法条

	常见适用的其他法条	相关度
婚姻法	第27条【继父母子女关系】	
老年人权益保障法	第12条【老年节日期】	
	第13条【老年人养老】	
	第18条【家庭成员的看望、问候义务以及赡养人的探亲休假权】	

045

265

M2.2.20.2　变更赡养关系纠纷　★

常见适用的法条

		常见适用的法条	相关度
249	合同法	第5条【合同公平原则；合同权利义务确定的原则】	
		第6条【诚实信用原则】	
		第8条【依法成立的合同的约束力】	
		第94条【合同的法定解除；法定解除权】	
045	婚姻法	第2条【我国的婚姻制度和原则】	
		第21条【父母与子女间的抚养赡养义务】	
		第27条【继父母子女关系】	
109	继承法	第31条【遗赠扶养协议】	
265	老年人权益保障法	第11条【老年人的法定义务】	
		第12条【老年节日期】	
		第13条【老年人养老】	
		第14条【赡养人的赡养义务；赡养人的定义；赡养人配偶的协助赡养义务】	
		第15条【赡养人对患病或经济困难老年人的义务】	
		第16条【赡养人对老年人住房的妥善安排、维修义务】	
		第17条【赡养人对老年人田地、林木和牲畜等的耕种、照管义务】	
		第19条【对赡养人的禁止性规定】	
254	民法通则	第13条【精神病人的民事行为能力】	
		第55条【民事法律行为的生效条件】	
306	婚姻法司法解释一	第5条【未婚以夫妻名义共同生活起诉离婚时的处理原则】	

M2.2.21 收养关系纠纷 ★★

■ 主要适用的法条及其相关度

	主要适用的法条	相关度	
收养法	第15条【收养关系的成立】	★★★★★	160
	第25条【收养的无效】	★★★★★	
	第27条【收养解除的条件之二】	★★★★	
收养法	第6条【收养人的条件】	★★★	160
	第30条【收养关系解除后的补偿】	★★★	
	第4条【被收养人的条件】	★★	
	第10条【生父母送养与有配偶者收养】	★	
民法通则	第55条【民事法律行为的生效条件】	★	254
	第58条【民事行为无效的法定情形】	★	
	第61条【民事行为被确认为无效或者被撤销后的法律后果】	★	

M2.2.21.1 确认收养关系纠纷 ★★

■ 主要适用的法条及其相关度

	主要适用的法条	相关度	
收养法	第15条【收养关系的成立】	★★★★★	160
	第6条【收养人的条件】	★★★★	
	第25条【收养的无效】	★★★★	
	第2条【收养法的基本原则】	★	
	第4条【被收养人的条件】	★	
	第24条【养子女的姓氏】	★	
民法通则	第55条【民事法律行为的生效条件】	★★	254
	第58条【民事行为无效的法定情形】	★	
婚姻法	第26条【收养关系】	★	045

M2.2.21.2 解除收养关系纠纷 ★★★

■ 主要适用的法条及其相关度

	主要适用的法条	相关度
160	收养法 第27条【收养解除的条件之二】	★★★★★
	收养法 第30条【收养关系解除后的补偿】	★★
	收养法 第15条【收养关系的成立】	★

M2.2.22 监护权纠纷 ★★★

■ 主要适用的法条及其相关度

		主要适用的法条	相关度
254	民法通则	第16条【未成年人的监护人】	★★★★★
		第18条【监护人的职责、权利与民事责任】	★★★
		第17条【精神病人的监护人】	★
045	婚姻法	第21条【父母与子女间的抚养赡养义务】	★
311	民通意见	第1条【公民民事权利能力的开始:户籍证明、出生证明、其他证明】	★★

M2.2.23 探望权纠纷 ★★★★

■ 主要适用的法条及其相关度

		主要适用的法条	相关度
045	婚姻法	第38条【离婚后的子女探望权】	★★★★★
		第36条【离婚后父母子女关系】	★★

M2.2.24 分家析产纠纷 ★★★★

一、主要适用的法条及其相关度

	主要适用的法条	相关度	
物权法	第99条【共有物的分割规则】	★★★★★	276
	第100条【共有物分割的方法】	★★★★	
	第93条【共有的界定及其类型】	★★★	
	第95条【共同共有权】	★★★	
	第33条【利害关系人的物权确认请求权】	★★	
	第39条【所有权的内容】	★★	
	第94条【按份共有人对共有物的权利】	★★	
	第103条【没有约定、约定不明时共有物共有性质的认定】	★★	
	第9条【不动产物权变动登记生效；国有自然资源所有权登记的特殊规定】	★	
民法通则	第78条【财产共有制度：按份共有、共同共有、共有人的优先购买权】	★★★★	254
	第5条【民事权益受法律保护】	★★★	
	第71条【财产所有权的定义】	★★	
	第75条【个人财产：合法财产受法律保护】	★★	
	第4条【民事活动的基本原则：自愿、公平、等价有偿、诚实信用】	★	
	第57条【民事法律行为的效力】	★	
	第72条【财产所有权的取得；动产所有权自交付时转移】	★	

		主要适用的法条	相关度
109	继承法	第10条【继承人范围及继承顺序】	★★★★
		第3条【遗产范围】	★★★
		第5条【继承方式】	★★★
		第13条【遗产分配】	★★★
		第2条【继承开始】	★★
		第26条【遗产的认定】	★★
		第29条【遗产分割的规则和方法】	★★
		第11条【代位继承】	★
		第25条【对继承和遗赠作出接受或放弃表示的期间及效力】	★
045	婚姻法	第17条【夫妻共同财产的范围】	★★
		第39条【离婚时夫妻共同财产的处理】	★★
249	合同法	第8条【依法成立的合同的约束力】	★
		第60条【合同履行的原则】	★
311	民通意见	第1条【公民民事权利能力的开始:户籍证明、出生证明、其他证明】	★★★
		第90条【共有财产的分割】	★★

■ 二、常见适用的其他法条

		常见适用的其他法条	相关度
249	合同法	第44条【合同生效时间】	
		第52条【合同无效的情形】	
		第185条【赠与合同的概念】	
045	婚姻法	第18条【夫妻个人财产的范围】	
109	继承法	第9条【继承权男女平等】	
		第16条【公民可以立遗嘱处分其财产】	
		第17条【遗嘱的形式】	

第一编 案由关联法条索引

	常见适用的其他法条	相关度	
民法通则	第6条【民事活动遵守法律和国家政策】		254
	第55条【民事法律行为的生效条件】		
	第76条【财产继承权】		
	第117条【侵害财产权的责任承担方式:返还财产、折价赔偿;恢复原状、折价赔偿;赔偿损失】		
土地管理法	第62条【农村村民的住宅用地】		286
物权法	第17条【不动产权属证书与不动产登记簿的关系】		276
	第30条【因事实行为设立或者消灭物权的生效时间确定】		
	第64条【私人所有权的范围】		
	第104条【按份共有人共有份额的认定规则】		
	第152条【宅基地使用权人的权利】		
意见 继承法	第1条【继承开始时间】		315
民事执行查封扣押冻结财产规定	第14条【查封、扣押、冻结对与他人共有的财产的效力】		325

M2.3 继承纠纷 ★★★★

一、主要适用的法条及其相关度

	主要适用的法条	相关度	
继承法	第3条【遗产范围】	★★★★★	109
	第10条【继承人范围及继承顺序】	★★★★★	
	第13条【遗产分配】	★★★★★	

		主要适用的法条	相关度
109	继承法	第5条【继承方式】	★★★★
		第2条【继承开始】	★★★
		第16条【公民可以立遗嘱处分其财产】	★★★
		第17条【遗嘱的形式】	★★★
		第26条【遗产的认定】	★★★
		第9条【继承权男女平等】	★★
		第11条【代位继承】	★★
		第29条【遗产分割的规则和方法】	★★
		第15条【继承问题的处理原则与方法】	★
		第25条【对继承和遗赠作出接受或放弃表示的期间及效力】	★
045	婚姻法	第17条【夫妻共同财产的范围】	★
315	意见 继承法	第1条【继承开始时间】	★

■ 二、常见适用的其他法条

		常见适用的其他法条	相关度
109	继承法	第8条【继承诉讼时效】	
		第14条【继承人以外的遗产取得人】	
		第20条【遗嘱的撤销、变更以及不同形式遗嘱之间的效力】	
		第27条【法定继承的适用范围】	
		第33条【继承遗产与清偿债务】	
254	民法通则	第5条【民事权益受法律保护】	
		第76条【财产继承权】	
		第78条【财产共有制度:按份共有、共同共有、共有人的优先购买权】	

M2.3.25　法定继承纠纷 ……………………………… ★★★★

■ 一、主要适用的法条及其相关度

	主要适用的法条	相关度	
继承法	第10条【继承人范围及继承顺序】	★★★★★	109
	第13条【遗产分配】	★★★★★	
	第3条【遗产范围】	★★★★	
	第5条【继承方式】	★★★★	
	第2条【继承开始】	★★★	
	第26条【遗产的认定】	★★★	
	第11条【代位继承】	★★	
	第29条【遗产分割的规则和方法】	★★	
	第9条【继承权男女平等】	★	
	第17条【遗嘱的形式】	★	
	第25条【对继承和遗赠作出接受或放弃表示的期间及效力】	★	
意见继承法	第1条【继承开始时间】	★	315

■ 二、常见适用的其他法条

	常见适用的其他法条	相关度	
婚姻法	第17条【夫妻共同财产的范围】		045
继承法	第8条【继承诉讼时效】		109
	第15条【继承问题的处理原则与方法】		
	第16条【公民可以立遗嘱处分其财产】		
	第33条【继承遗产与清偿债务】		
民法通则	第76条【财产继承权】		254

M2.3.25.1 转继承纠纷 ★★

■ 主要适用的法条及其相关度

		主要适用的法条	相关度
109	继承法	第10条【继承人范围及继承顺序】	★★★★★
		第3条【遗产范围】	★★★★
		第13条【遗产分配】	★★★★
		第2条【继承开始】	★★★
		第5条【继承方式】	★★★
		第11条【代位继承】	★★
		第26条【遗产的认定】	★★
		第17条【遗嘱的形式】	★
		第25条【对继承和遗赠作出接受或放弃表示的期间及效力】	★
		第29条【遗产分割的规则和方法】	★
254	民法通则	第5条【民事权益受法律保护】	★
315	意见继承法	第1条【继承开始时间】	★★
		第52条【继承开始后遗产分割前继承人死亡的遗产处理】	★

M2.3.25.2 代位继承纠纷 ★★

■ 主要适用的法条及其相关度

		主要适用的法条	相关度
109	继承法	第11条【代位继承】	★★★★★
		第10条【继承人范围及继承顺序】	★★★★
		第13条【遗产分配】	★★★★
		第3条【遗产范围】	★★★

	主要适用的法条	相关度	
继承法	第5条【继承方式】	★★★	109
	第2条【继承开始】	★★	
	第9条【继承权男女平等】	★	
	第26条【遗产的认定】	★	
意见继承法	第1条【继承开始时间】	★	315

M2.3.26 遗嘱继承纠纷 ······ ★★★★

一、主要适用的法条及其相关度

	主要适用的法条	相关度	
继承法	第16条【公民可以立遗嘱处分其财产】	★★★★★	109
	第17条【遗嘱的形式】	★★★★★	
	第3条【遗产范围】	★★★★	
	第5条【继承方式】	★★★★	
	第2条【继承开始】	★★★	
	第10条【继承人范围及继承顺序】	★★★	
	第13条【遗产分配】	★★	
	第26条【遗产的认定】	★★	
	第29条【遗产分割的规则和方法】	★	
意见继承法	第1条【继承开始时间】	★	315

二、常见适用的其他法条

	常见适用的其他法条	相关度
婚姻法	第17条【夫妻共同财产的范围】	
继承法	第11条【代位继承】	
	第18条【遗嘱见证人】	
	第19条【特留份规定】	
	第20条【遗嘱的撤销、变更以及不同形式遗嘱之间的效力】	
	第22条【遗嘱的无效】	
	第25条【对继承和遗赠作出接受或放弃表示的期间及效力】	
	第27条【法定继承的适用范围】	

M2.3.27 被继承人债务清偿纠纷 ★★★★

一、主要适用的法条及其相关度

	主要适用的法条	相关度
继承法	第33条【继承遗产与清偿债务】	★★★★★
	第10条【继承人范围及继承顺序】	★★★
	第25条【对继承和遗赠作出接受或放弃表示的期间及效力】	★★
	第3条【遗产范围】	★
合同法	第206条【借款期限的认定】	★★★
	第207条【逾期还款利息的支付】	★★
	第60条【合同履行的原则】	★
	第107条【违约的基本形态和承担违约责任的种类】	★
	第196条【借款合同的定义】	★
	第205条【借款利息支付期限的确定】	★
	第211条【自然人之间借款合同利息的规制:没有约定、约定不明时不支付利息;利率不得违反国家规定】	★

	主要适用的法条	相关度	
民法通则	第108条【债务清偿:分期偿还、强制偿还】	★★★	254
	第84条【债的定义】	★★	
	第90条【合法借贷关系受法律保护】	★	
婚姻法司法解释二	第24条【夫妻一方所欠债务的处理】	★★	299
	第26条【生存一方对夫妻共同债务的连带清偿责任】	★	

二、常见适用的其他法条

	常见适用的其他法条	相关度	
合同法	第8条【依法成立的合同的约束力】		249
	第44条【合同生效时间】		
	第210条【自然人之间借款合同的生效:提供借款时】		
继承法	第2条【继承开始】		109
	第5条【继承方式】		
	第26条【遗产的认定】		

M2.3.28 遗赠纠纷 ★★★

M2.3.28

主要适用的法条及其相关度

	主要适用的法条	相关度	
继承法	第16条【公民可以立遗嘱处分其财产】	★★★★★	109
	第17条【遗嘱的形式】	★★★★	
	第3条【遗产范围】	★★★	
	第5条【继承方式】	★★★	
	第2条【继承开始】	★★	
	第25条【对继承和遗赠作出接受或放弃表示的期间及效力】	★★	
	第10条【继承人范围及继承顺序】	★	
	第26条【遗产的认定】	★	

M2.3.29　遗赠扶养协议纠纷 ★★★

■ 主要适用的法条及其相关度

		主要适用的法条	相关度
109	继承法	第31条【遗赠扶养协议】	★★★★★
		第5条【继承方式】	★
249	合同法	第93条【合同的约定解除：协商一致；约定条件成就】	★
		第94条【合同的法定解除；法定解除权】	★
315	意见 继承法	第56条【遗赠扶养协议解除后的费用承担】	★★
		第1条【继承开始时间】	★

M10　适用特殊程序案件案由

说明：本案由尚无足够数量判决书可供法律大数据分析。

M10.32　宣告失踪、宣告死亡案件 ★

■ 常见适用的法条

		常见适用的法条	相关度
254	民法通则	第20条【宣告失踪的条件】	
		第21条【宣告失踪的法律后果】	
		第23条【宣告死亡的条件】	
311	民通意见	第1条【公民民事权利能力的开始：户籍证明、出生证明、其他证明】	

M10.32.372　申请宣告公民失踪 ·················· ★★★

▨ 主要适用的法条及其相关度

	主要适用的法条	相关度	
通则民法	第20条【宣告失踪的条件】	★★★★★	254
	第21条【宣告失踪的法律后果】	★★★★	

M10.32.373　申请撤销宣告失踪 ·················· ★

▨ 常见适用的法条

	常见适用的法条	相关度	
通则民法	第22条【宣告失踪的撤销】		254
	第23条【宣告死亡的条件】		

M10.32.374　申请为失踪人财产指定、变更代管人 ········ ★

▨ 常见适用的法条

	常见适用的法条	相关度	
通则民法	第21条【宣告失踪的法律后果】		254

M10.32.375　失踪人债务支付纠纷

说明:本案由尚无足够数量判决书可供法律大数据分析。

M10.32.376　申请宣告公民死亡 ·················· ★★★★

▨ 一、主要适用的法条及其相关度

	主要适用的法条	相关度	
通则民法	第23条【宣告死亡的条件】	★★★★★	254

二、常见适用的其他法条

		常见适用的其他法条	相关度
311	意见民通	第1条【公民民事权利能力的开始：户籍证明、出生证明、其他证明】	

M10.32.377　申请撤销宣告公民死亡 ★★

主要适用的法条及其相关度

		主要适用的法条	相关度
254	民法通则	第24条【死亡宣告的撤销】	★★★★★

M10.32.378　被撤销死亡宣告人请求返还财产纠纷

说明：本案由尚无足够数量判决书可供法律大数据分析。

M10.33　认定公民无民事行为能力、限制民事行为能力案件 ★★

主要适用的法条及其相关度

		主要适用的法条	相关度
254	民法通则	第17条【精神病人的监护人】	★★★★★
		第19条【精神病人民事行为能力的宣告】	★★★★★
		第13条【精神病人的民事行为能力】	★★★
311	意见民通	第14条【监护人的指定顺序】	★

M10.33.379　申请宣告公民无民事行为能力 ……… ★★★★

一、主要适用的法条及其相关度

	主要适用的法条	相关度	
民法通则	第17条【精神病人的监护人】	★★★★★	254
民法通则	第19条【精神病人民事行为能力的宣告】	★★★★	
民法通则	第13条【精神病人的民事行为能力】	★★★	
民通意见	第1条【公民民事权利能力的开始:户籍证明、出生证明、其他证明】	★★	311
民通意见	第14条【监护人的指定顺序】	★	

二、常见适用的其他法条

	常见适用的其他法条	相关度	
民法通则	第18条【监护人的职责、权利与民事责任】		254
民通意见	第5条【对精神病人的认定:不能或不能完全辨认自己行为的人】		311
民通意见	第11条【监护人监护能力的认定】		

M10.33.380　申请宣告公民限制民事行为能力 ……… ★★★

主要适用的法条及其相关度

	主要适用的法条	相关度	
民法通则	第17条【精神病人的监护人】	★★★★★	254
民法通则	第19条【精神病人民事行为能力的宣告】	★★★★	
民法通则	第13条【精神病人的民事行为能力】	★★★	
民通意见	第1条【公民民事权利能力的开始:户籍证明、出生证明、其他证明】	★	311
民通意见	第14条【监护人的指定顺序】	★	

M10.33.381　申请宣告公民恢复限制民事行为能力

说明:本案由尚无足够数量判决书可供法律大数据分析。

M10.33.382　申请宣告公民恢复完全民事行为能力 …… ★

■ 常见适用的法条

		常见适用的法条	相关度
254	民法通则	第17条【精神病人的监护人】	
		第19条【精神病人民事行为能力的宣告】	

M10.35　监护权特别程序案件 …… ★

■ 常见适用的法条

		常见适用的法条	相关度
254	民法通则	第17条【精神病人的监护人】	
		第60条【民事行为部分无效】	

M10.35.385　申请确定监护人 …… ★★★

■ 主要适用的法条及其相关度

		主要适用的法条	相关度
254	民法通则	第17条【精神病人的监护人】	★★★★
		第16条【未成年人的监护人】	★★
		第18条【监护人的职责、权利与民事责任】	★★
311	民通意见	第1条【公民民事权利能力的开始:户籍证明、出生证明、其他证明】	★★★★★
		第11条【监护人监护能力的认定】	★
		第14条【监护人的指定顺序】	★
		第20条【不合格监护人的审理程序】	★

M10.35.386 申请变更监护人 ★★★

主要适用的法条及其相关度

	主要适用的法条	相关度	
民法通则	第17条【精神病人的监护人】	★★★★	254
	第16条【未成年人的监护人】	★★★	
	第18条【监护人的职责、权利与民事责任】	★★★	
民通意见	第1条【公民民事权利能力的开始:户籍证明、出生证明、其他证明】	★★★★★	311
	第11条【监护人监护能力的认定】	★★	
	第20条【不合格监护人的审理程序】	★★	
	第10条【监护人的监护职责】	★	
	第14条【监护人的指定顺序】	★	

M10.35.387 申请撤销监护人资格 ★★

主要适用的法条及其相关度

	主要适用的法条	相关度	
民法通则	第18条【监护人的职责、权利与民事责任】	★★★★★	254
	第16条【未成年人的监护人】	★★★	
	第17条【精神病人的监护人】	★★★	
保护法未成年人	第53条【撤销监护人资格:不履行监护职责、侵害被监护未成年人权益、另行指定监护人】	★	291
民通意见	第1条【公民民事权利能力的开始:户籍证明、出生证明、其他证明】	★★★★	311
	第14条【监护人的指定顺序】	★★	
	第10条【监护人的监护职责】	★	
	第11条【监护人监护能力的认定】	★	

		主要适用的法条	相关度
311	民通意见	第17条【有关组织指定监护人的法律后果及救济方式】	★
		第20条【不合格监护人的审理程序】	★
327	处理监护人侵害未成年人权益问题的意见	第35条【撤销监护人资格:不履行监护职责、侵害被监护未成年人权益、另行指定监护人】	★

第二编
核心法律条文主要适用案由及关联法条索引

中华人民共和国婚姻法[①]

★★★★★

(1980年9月10日第五届全国人民代表大会第三次会议通过,根据2001年4月28日第九届全国人民代表大会常务委员会第二十一次会议《关于修改〈中华人民共和国婚姻法〉的决定》修正,自2001年4月28日起施行)

第一章 总则

第1条【婚姻法的立法目的】 ★★

本法是婚姻家庭关系的基本准则。

一、主要适用的案由及其相关度

案由编号	主要适用的案由	相关度
M2.2.11	离婚纠纷	★★★★★

二、同时适用的法条及其相关度

	同时适用的法条	相关度	
婚姻法	第32条【诉讼外调解和诉讼离婚】	★★★★★	045
	第36条【离婚后父母子女关系】	★★	
	第37条【离婚后子女抚养费的负担】	★★	
民法通则	第1条【民法通则的立法目的】	★★★	254
合同法	第1条【合同法的立法目的】	★★★	249

---

① 简称《婚姻法》。

		同时适用的法条	相关度
297	子女抚养问题意见 审理离婚案件处理	第1条【两周岁以下的子女可随父方生活的情形】	★★★★★
299	婚姻法司法解释二	第1条【解除同居关系诉讼的受理规则】	★★★
		第10条【允许返还彩礼的情形】	★★
310	认定夫妻感情破裂具体意见	第1条【视为夫妻感情确已破裂的情形】	★★★
		第12条【视为夫妻感情确已破裂的情形】	★
314	同居案件意见 审理未结婚而	第1条【《婚姻登记办法》施行前未婚以夫妻名义共同生活起诉离婚时的处理原则】	★
306	婚姻法司法解释一	第1条【婚姻法中"家庭暴力"的定义;持续性、经常性的家庭暴力构成虐待】	★

第2条【我国的婚姻制度和原则】 ★★

实行婚姻自由、一夫一妻、男女平等的婚姻制度。

保护妇女、儿童和老人的合法权益。

实行计划生育。

■ 一、主要适用的案由及其相关度

案由编号	主要适用的案由	相关度
M2.2.11	离婚纠纷	★★★★★

二、同时适用的法条及其相关度

	同时适用的法条	相关度	
婚姻法	第32条【诉讼外调解和诉讼离婚】	★★★★★	045
	第36条【离婚后父母子女关系】	★★★	
	第37条【离婚后子女抚养费的负担】	★★★	
	第21条【父母与子女间的抚养赡养义务】	★★	
	第4条【夫妻及家庭成员间的行为准则】	★	
	第17条【夫妻共同财产的范围】	★	
	第18条【夫妻个人财产的范围】	★	
老年人权益保障法	第14条【赡养人的赡养义务;赡养人的定义;赡养人配偶的协助赡养义务】	★★	265
	第15条【赡养人对患病或经济困难老年人的义务】	★★	
	第19条【对赡养人的禁止性规定】	★	
审理离婚案件处理子女抚养问题意见	第1条【两周岁以下的子女可随父方生活的情形】	★★★★★	297
	第7条【子女抚育费的确定标准】	★★	
	第3条【绝对抚养优先权】	★	
认定夫妻感情破裂具体意见	第1条【视为夫妻感情确已破裂的情形】	★★★	310
	第7条【视为夫妻感情确已破裂的情形】	★	
婚姻法司法解释二	第10条【允许返还彩礼的情形】	★★★	299

第3条【禁止的婚姻行为】　　　　　　　　　　　　　　★★★★

禁止包办、买卖婚姻和其他干涉婚姻自由的行为。禁止借婚姻索取财物。

禁止重婚。禁止有配偶者与他人同居。禁止家庭暴力。禁止家庭成员间的虐待和遗弃。

一、主要适用的案由及其相关度

案由编号	主要适用的案由	相关度
M2.2.10	婚约财产纠纷	★★★★★
M2.2.11	离婚纠纷	★★

二、同时适用的法条及其相关度

		同时适用的法条	相关度
婚姻法		第32条【诉讼外调解和诉讼离婚】	★★
		第18条【夫妻个人财产的范围】	★
婚姻法司法解释二		第10条【允许返还彩礼的情形】	★★★★★

第4条【夫妻及家庭成员间的行为准则】　★★

夫妻应当互相忠实，互相尊重；家庭成员间应当敬老爱幼，互相帮助，维护平等、和睦、文明的婚姻家庭关系。

一、主要适用的案由及其相关度

案由编号	主要适用的案由	相关度
M2.2.11	离婚纠纷	★★★★★
M2.2.13	离婚后损害责任纠纷	★
M2.2	婚姻家庭纠纷	★

二、同时适用的法条及其相关度

	同时适用的法条	相关度
婚姻法	第32条【诉讼外调解和诉讼离婚】	★★★★★

	同时适用的法条	相关度	
侵权责任法	第22条【严重精神损害的赔偿请求权】	★★★	268
	第6条【过错责任原则;过错推定责任原则】	★★	
	第2条【侵权责任一般条款;民事权益的范围】	★	
	第15条【侵权责任的主要承担方式】	★	
民法通则	第106条【民事责任归责原则;违约责任;过错侵权责任;无过错侵权责任】	★★	254
	第4条【民事活动的基本原则:自愿、公平、等价有偿、诚实信用】	★	
	第7条【公序良俗原则】	★	
	第58条【民事行为无效的法定情形】	★	
	第61条【民事行为被确认为无效或者被撤销后的法律后果】	★	
	第92条【不当得利应返还】	★	
精神损害赔偿司法解释	第1条【人格权益精神损害赔偿的受理范围】	★★★★★	318
	第8条【致人精神损害的责任方式】	★★★★★	
	第10条【精神损害赔偿数额的确定因素】	★★★★★	
	第9条【精神损害抚慰金的方式;残疾、死亡及其他赔偿金】	★★	
子女抚养问题意见审理离婚案件处理	第1条【两周岁以下的子女可随父方生活的情形】	★★★★★	297
	第7条【子女抚育费的确定标准】	★★★	
	第3条【绝对抚养优先权】	★	
	第5条【父母双方争夺十周岁以上的未成年子女的抚养权应考虑子女的意见】	★	
	第8条【抚育费的给付:定期、一次性】	★	
	第11条【抚育费给付期限】	★	

		同时适用的法条	相关度
306	婚姻法司法解释一	第28条【离婚损害赔偿的内容及其法律适用】	★★★★
		第5条【未婚以夫妻名义共同生活起诉离婚时的处理原则】	★★★
		第1条【婚姻法中"家庭暴力"的定义；持续性、经常性的家庭暴力构成虐待】	★
		第2条【有配偶与他人同居的界定】	★
		第21条【抚养费的定义】	★
		第29条【离婚损害赔偿之诉】	★
316	婚姻法司法解释三	第2条【请求确认亲子关系存在与否时的举证责任】	★★★
310	认定夫妻感情破裂具体意见	第1条【视为夫妻感情确已破裂的情形】	★★★
		第7条【视为夫妻感情确已破裂的情形】	★★★
		第12条【视为夫妻感情确已破裂的情形】	★
299	婚姻法司法解释二	第10条【允许返还彩礼的情形】	★★
		第11条【其他应当归为夫妻共有财产的认定】	★
		第21条【对尚未取得或完全取得所有权房屋的处理】	★

第二章 结婚

第5条【结婚自愿】 ★★

结婚必须男女双方完全自愿，不许任何一方对他方加以强迫或任何第三者加以干涉。

一、主要适用的案由及其相关度

案由编号	主要适用的案由	相关度
M2.2.11	离婚纠纷	★★★★★

二、同时适用的法条及其相关度

	同时适用的法条	相关度	
婚姻法	第32条【诉讼外调解和诉讼离婚】	★★★★★	045
	第36条【离婚后父母子女关系】	★★	
	第6条【法定婚龄】	★	
	第8条【结婚登记】	★	
	第11条【可撤销婚姻】	★	
	第25条【非婚生子女】	★	
	第37条【离婚后子女抚养费的负担】	★	
婚姻登记条例	第5条【结婚登记应当出具的材料】	★★	293
	第1条【婚姻登记条例的立法目的】	★	
	第2条【婚姻登记机关】	★	
	第7条【婚姻登记机关的审查义务】	★	
审理未结婚而同居案件意见	第1条【《婚姻登记办法》施行前未婚以夫妻名义共同生活起诉离婚时的处理原则】	★★★★★	314
	第6条【审理事实婚姻关系的离婚案件的规定】	★★	
	第9条【解除非法同居关系时的非婚生子女的抚养】	★★	
婚姻法司法解释二	第1条【解除同居关系诉讼的受理规则】	★★★★	299
	第10条【允许返还彩礼的情形】	★★★★	
审理离婚案件处理子女抚养问题意见	第1条【两周岁以下的子女可随父方生活的情形】	★★★★	297
	第7条【子女抚育费的确定标准】	★★	
婚姻法司法解释一	第5条【未婚以夫妻名义共同生活起诉离婚时的处理原则】	★★★	306
	第1条【婚姻法中"家庭暴力"的定义；持续性、经常性的家庭暴力构成虐待】	★★	
	第9条【宣告婚姻无效案件的裁判方式】	★	
	第10条【婚姻法中"胁迫"的定义；胁迫婚姻的撤销请求权】	★	

第6条【法定婚龄】 ★★

结婚年龄,男不得早于二十二周岁,女不得早于二十周岁。晚婚晚育应予鼓励。

一、主要适用的案由及其相关度

案由编号	主要适用的案由	相关度
M2.2.11	离婚纠纷	★★★★★
M2.2.14	婚姻无效纠纷	★★★★
M2.2.17	同居关系纠纷	★★
M2.2.17.1	同居关系析产纠纷	★
M2.2.17.2	同居关系子女抚养纠纷	★★
M2.2.10	婚约财产纠纷	★★
M2.2.18	抚养纠纷	★

二、同时适用的法条及其相关度

	同时适用的法条	相关度
婚姻法	第10条【婚姻无效】	★★★★★
	第8条【结婚登记】	★★★★
	第32条【诉讼外调解和诉讼离婚】	★★★★
	第25条【非婚生子女】	★★★
	第37条【离婚后子女抚养费的负担】	★★
	第5条【结婚自愿】	★
	第7条【禁止结婚的情形】	★
	第9条【互为家庭成员】	★
	第12条【婚姻无效或被撤销的法律后果】	★
	第21条【父母与子女间的抚养赡养义务】	★
	第36条【离婚后父母子女关系】	★

		同时适用的法条	相关度	
法解释一	婚姻法司	第5条【未婚以夫妻名义共同生活起诉离婚时的处理原则】	★★★★★	306
		第9条【宣告婚姻无效案件的裁判方式】	★★★	
		第8条【婚姻无效情形消失后诉权的不支持】	★	
同居案件意见	审理未结婚而	第1条【《婚姻登记办法》施行前未婚以夫妻名义共同生活起诉离婚时的处理原则】	★★	314
法解释二	婚姻法司	第1条【解除同居关系诉讼的受理规则】	★★	299
		第10条【允许返还彩礼的情形】	★★	
		第2条【申请宣告婚姻无效诉讼不得撤销】	★	
		第3条【婚姻无效诉讼的处理规则】	★	
子女抚养问题意见	审理离婚案件处理	第1条【两周岁以下的子女可随父方生活的情形】	★	297

第7条【禁止结婚的情形】　　★★★

有下列情形之一的,禁止结婚:

(一)直系血亲和三代以内的旁系血亲;

(二)患有医学上认为不应当结婚的疾病。

一、主要适用的案由及其相关度

案由编号	主要适用的案由	相关度
M2.2.14	婚姻无效纠纷	★★★★★
M2.2.11	离婚纠纷	★★

二、同时适用的法条及其相关度

		同时适用的法条	相关度
045	婚姻法	第10条【婚姻无效】	★★★★★
		第12条【婚姻无效或被撤销的法律后果】	★★★
		第32条【诉讼外调解和诉讼离婚】	★
306	法解释一婚姻法司	第9条【宣告婚姻无效案件的裁判方式】	★★★★★
299	法解释二婚姻法司	第3条【婚姻无效诉讼的处理规则】	★★★
		第4条【婚姻无效和其他纠纷分别裁判规则】	★★
		第2条【申请宣告婚姻无效诉讼不得撤销】	★

第8条【结婚登记】 ★★★

要求结婚的男女双方必须亲自到婚姻登记机关进行结婚登记。符合本法规定的,予以登记,发给结婚证。取得结婚证,即确立夫妻关系。未办理结婚登记的,应当补办登记。

一、主要适用的案由及其相关度

案由编号	主要适用的案由	相关度
M2.2.11	离婚纠纷	★★★★★
M2.2.17	同居关系纠纷	★★
M2.2.17.1	同居关系析产纠纷	★
M2.2.17.2	同居关系子女抚养纠纷	★★★★★
M2.2.10	婚约财产纠纷	★★
M2.2.18	抚养纠纷	★★
M2.2.12	离婚后财产纠纷	★

二、同时适用的法条及其相关度

	同时适用的法条	相关度	
婚姻法	第25条【非婚生子女】	★★★★★	045
	第32条【诉讼外调解和诉讼离婚】	★★★★★	
	第21条【父母与子女间的抚养赡养义务】	★★★	
	第36条【离婚后父母子女关系】	★★★	
	第37条【离婚后子女抚养费的负担】	★★★	
	第3条【禁止的婚姻行为】	★	
	第6条【法定婚龄】	★	
	第18条【夫妻个人财产的范围】	★	
法解释一 婚姻法司	第5条【《婚姻登记办法》施行前未婚以夫妻名义共同生活起诉离婚时的处理原则】	★★★★★	306
同居案件意见 审理未结婚而	第1条【未婚以夫妻名义共同生活起诉离婚时的处理原则】	★★★	314
	第9条【解除非法同居关系时的非婚生子女的抚养】	★★	
	第8条【非法同居关系案件中的非婚生子女抚养和财产分割问题】	★	
法解释二 婚姻法司	第1条【解除同居关系诉讼的受理规则】	★★★	299
	第10条【允许返还彩礼的情形】	★★★	
子女抚养问题意见 审理离婚案件处理	第1条【两周岁以下的子女可随父方生活的情形】	★	297

第9条【互为家庭成员】　　　　　　　　　　　　　　★★

　　登记结婚后,根据男女双方约定,女方可以成为男方家庭的成员,男方可以成为女方家庭的成员。

一、主要适用的案由及其相关度

案由编号	主要适用的案由	相关度
M2.2.14	婚姻无效纠纷	★★★★★
M3.6.39	侵害集体经济组织成员权益纠纷	★★★
M3.7.55.2	承包地征收补偿费用分配纠纷	★★★
M2.2.12	离婚后财产纠纷	★★★
M2.2.11	离婚纠纷	★★
M4.10.89.4	民间借贷纠纷	★

二、同时适用的法条及其相关度

		同时适用的法条	相关度
288	妇女权益保障法	第33条【禁止因妇女婚姻状况变化或男方到女方落户而侵害其合法权益】	★★★★★
276	物权法	第63条【集体财产权受法律保护】	★★★★★
045	婚姻法	第10条【婚姻无效】	★★★★★
		第7条【禁止结婚的情形】	★★★★
		第8条【结婚登记】	★★
		第12条【婚姻无效或被撤销的法律后果】	★★
		第2条【我国的婚姻制度和原则】	★
		第4条【夫妻及家庭成员间的行为准则】	★
		第6条【法定婚龄】	★
		第13条【夫妻平等】	★
		第14条【夫妻姓名权】	★
		第32条【诉讼外调解和诉讼离婚】	★
		第37条【离婚后子女抚养费的负担】	★

	同时适用的法条	相关度	
民法通则	第5条【民事权益受法律保护】	★	254
农村土地承包纠纷司法解释	第24条【土地补偿费的分配】	★★★★★	323
婚姻法司法解释二	第3条【婚姻无效诉讼的处理规则】	★	299
	第4条【婚姻无效和其他纠纷分别裁判规则】	★	
	第24条【夫妻一方所欠债务的处理】	★	

第10条【婚姻无效】　　　　　　　　　　　　★★★★

有下列情形之一的,婚姻无效:

(一)重婚的;

(二)有禁止结婚的亲属关系的;

(三)婚前患有医学上认为不应当结婚的疾病,婚后尚未治愈的;

(四)未到法定婚龄的。

■ 一、主要适用的案由及其相关度

案由编号	主要适用的案由	相关度
M2.2.14	婚姻无效纠纷	★★★★★
M2.2.11	离婚纠纷	★★★
M2.2.10	婚约财产纠纷	★★

■ 二、同时适用的法条及其相关度

	同时适用的法条	相关度	
婚姻法	第7条【禁止结婚的情形】	★★★★★	045
	第12条【婚姻无效或被撤销的法律后果】	★★★	
	第32条【诉讼外调解和诉讼离婚】	★★★	
	第3条【禁止的婚姻行为】	★★	
	第6条【法定婚龄】	★	

		同时适用的法条	相关度
306	婚姻法司法解释一	第9条【宣告婚姻无效案件的裁判方式】	★★★★★
		第7条【申请宣告婚姻无效的主体】	★★
299	婚姻法司法解释二	第3条【婚姻无效诉讼的处理规则】	★★★
		第4条【婚姻无效和其他纠纷分别裁判规则】	★★★
		第2条【申请宣告婚姻无效诉讼不得撤销】	★★

第 11 条【可撤销婚姻】 ★

因胁迫结婚的,受胁迫的一方可以向婚姻登记机关或人民法院请求撤销该婚姻。受胁迫的一方撤销婚姻的请求,应当自结婚登记之日起一年内提出。被非法限制人身自由的当事人请求撤销婚姻的,应当自恢复人身自由之日起一年内提出。

■ 一、主要适用的案由及其相关度

案由编号	主要适用的案由	相关度
M2.2.11	离婚纠纷	★★★★★
M2.2	婚姻家庭纠纷	★★
M2.2.15	撤销婚姻纠纷	★
M2.3	继承纠纷	★
M2.2.12	离婚后财产纠纷	★
M2.3.25	法定继承纠纷	★

■ 二、同时适用的法条及其相关度

	同时适用的法条	相关度
045 婚姻法	第32条【诉讼外调解和诉讼离婚】	★★★★★
	第5条【结婚自愿】	★★★
	第17条【夫妻共同财产的范围】	★★★
	第37条【离婚后子女抚养费的负担】	★★★
	第7条【禁止结婚的情形】	★★

	同时适用的法条	相关度	
婚姻法	第10条【婚姻无效】	★★	045
	第36条【离婚后父母子女关系】	★★	
	第3条【禁止的婚姻行为】	★	
	第8条【结婚登记】	★	
	第12条【婚姻无效或被撤销的法律后果】	★	
	第18条【夫妻个人财产的范围】	★	
继承法	第3条【遗产范围】	★★★	109
	第10条【继承人范围及继承顺序】	★★★	
	第5条【继承方式】	★★	
	第26条【遗产的认定】	★★	
	第13条【遗产分配】	★	
	第29条【遗产分割的规则和方法】	★	
民法通则	第5条【民事权益受法律保护】	★	254
	第76条【财产继承权】	★	
婚姻法司法解释二	第10条【允许返还彩礼的情形】	★★	299
	第13条【军人的两金一费属个人财产】	★	
婚姻法司法解释一	第10条【婚姻法中"胁迫"的定义;胁迫婚姻的撤销请求权】	★★	306
审理离婚案件处理财产分割问题意见	第2条【夫妻共同财产的认定】	★	322

第12条【婚姻无效或被撤销的法律后果】 ★★★

无效或被撤销的婚姻,自始无效。当事人不具有夫妻的权利和义务。同居期间所得的财产,由当事人协议处理;协议不成时,由人民法院根据照顾无过错方的原则判决。对重婚导致的婚姻无效的财产处理,不得侵害合法婚姻当事人的财产权益。当事人所生的子女,适用本法有关父母子女的规定。

■ 一、主要适用的案由及其相关度

案由编号	主要适用的案由	相关度
M2.2.14	婚姻无效纠纷	★★★★★
M2.2.11	离婚纠纷	★★
M2.2.17	同居关系纠纷	★
M2.2.17.1	同居关系析产纠纷	★★
M2.2.17.2	同居关系子女抚养纠纷	★★
M2.2.18	抚养纠纷	★

■ 二、同时适用的法条及其相关度

		同时适用的法条	相关度
045	婚姻法	第7条【禁止结婚的情形】	★★★★★
		第10条【婚姻无效】	★★★★★
		第25条【非婚生子女】	★★★
		第36条【离婚后父母子女关系】	★★
		第37条【离婚后子女抚养费的负担】	★★
		第21条【父母与子女间的抚养赡养义务】	★
306	法解释一婚姻法司	第9条【宣告婚姻无效案件的裁判方式】	★★★★★
		第5条【未婚以夫妻名义共同生活起诉离婚时的处理原则】	★
299	法解释二婚姻法司	第4条【婚姻无效和其他纠纷分别裁判规则】	★★★
		第1条【解除同居关系诉讼的受理规则】	★★
		第3条【婚姻无效诉讼的处理规则】	★★
		第2条【申请宣告婚姻无效诉讼不得撤销】	★
		第10条【允许返还彩礼的情形】	★

	同时适用的法条	相关度	
子女抚养问题意见	审理离婚案件处理	第1条【两周岁以下的子女可随父方生活的情形】	★	297
同居案件意见	审理未结婚而	第1条【《婚姻登记办法》施行前未婚以夫妻名义共同生活起诉离婚时的处理原则】	★	314

第三章　家庭关系

第13条【夫妻平等】　　　　　　　　　　　　　　　　　★

夫妻在家庭中地位平等。

一、主要适用的案由及其相关度

案由编号	主要适用的案由	相关度
M2.2.11	离婚纠纷	★★★★★
M2.2.12	离婚后财产纠纷	★
M4.10.89.4	民间借贷纠纷	★
M2.2.14	婚姻无效纠纷	★

二、同时适用的法条及其相关度

	同时适用的法条	相关度	
婚姻法	第17条【夫妻共同财产的范围】	★★★★★	045
	第32条【诉讼外调解和诉讼离婚】	★★★★★	
	第4条【夫妻及家庭成员间的行为准则】	★★★★	
	第7条【禁止结婚的情形】	★★★	
	第2条【我国的婚姻制度和原则】	★★	
	第10条【婚姻无效】	★★	

		同时适用的法条	相关度
045	婚姻法	第14条【夫妻姓名权】	★★
		第20条【夫妻扶养义务】	★★
		第1条【婚姻法的立法目的】	★
		第3条【禁止的婚姻行为】	★
		第9条【互为家庭成员】	★
		第12条【婚姻无效或被撤销的法律后果】	★
		第15条【夫妻人身自由权】	★
		第18条【夫妻个人财产的范围】	★
		第19条【夫妻财产约定制】	★
		第21条【父母与子女间的抚养赡养义务】	★
		第24条【遗产继承权】	★
		第26条【收养关系】	★
		第29条【兄弟姐妹间的扶养义务】	★
		第31条【协议离婚】	★
		第36条【离婚后父母子女关系】	★
		第37条【离婚后子女抚养费的负担】	★
254	民法通则	第32条【合伙财产的归属、管理和使用】	★
		第78条【财产共有制度:按份共有、共同共有、共有人的优先购买权】	★
		第84条【债的定义】	★
		第90条【合法借贷关系受法律保护】	★
		第108条【债务清偿:分期偿还、强制偿还】	★
109	继承法	第2条【继承开始】	★
		第7条【继承权的丧失】	★
		第10条【继承人范围及继承顺序】	★
		第33条【继承遗产与清偿债务】	★

	同时适用的法条	相关度	
合同法	第44条【合同生效时间】	★	249
	第60条【合同履行的原则】	★	
	第107条【违约的基本形态和承担违约责任的种类】	★	
	第196条【借款合同的定义】	★	
	第206条【借款期限的认定】	★	
婚姻法司法解释一	第17条【对夫妻共有财产平等处理权的理解】	★★	306
子女抚养问题意见审理离婚案件处理	第1条【两周岁以下的子女可随父方生活的情形】	★	297
贷案件规定审理民间借	第29条【逾期利率的处理规则】	★	320
婚姻法司法解释二	第8条【离婚财产分割协议的效力】	★	299
	第9条【协议离婚后的财产分割诉讼】	★	

第14条【夫妻姓名权】

夫妻双方都有各用自己姓名的权利。

一、主要适用的案由及其相关度

案由编号	主要适用的案由	相关度
M2.2.11	离婚纠纷	

二、同时适用的法条及其相关度

	同时适用的法条	相关度
婚姻法	第1条【婚姻法的立法目的】	
	第2条【我国的婚姻制度和原则】	
	第7条【禁止结婚的情形】	
	第9条【互为家庭成员】	
	第10条【婚姻无效】	
	第11条【可撤销婚姻】	
	第12条【婚姻无效或被撤销的法律后果】	
	第13条【夫妻平等】	
	第15条【夫妻人身自由权】	
	第17条【夫妻共同财产的范围】	
	第18条【夫妻个人财产的范围】	
	第19条【夫妻财产约定制】	
	第21条【父母与子女间的抚养赡养义务】	
	第24条【遗产继承权】	
	第26条【收养关系】	
	第27条【继父母子女关系】	
	第28条【祖与孙的抚养赡养义务】	
	第31条【协议离婚】	
	第32条【诉讼外调解和诉讼离婚】	
	第36条【离婚后父母子女关系】	
	第37条【离婚后子女抚养费的负担】	

第15条【夫妻人身自由权】

夫妻双方都有参加生产、工作、学习和社会活动的自由,一方不得对他方加以限制或干涉。

说明:本法条尚无足够数量判决书可供法律大数据分析。

第16条【计划生育义务】 ★

夫妻双方都有实行计划生育的义务。

一、主要适用的案由及其相关度

案由编号	主要适用的案由	相关度
M2.2.11	离婚纠纷	★★★★★
M2.2.18.2	变更抚养关系纠纷	★★
M2.2.12	离婚后财产纠纷	★
M2.2.11	离婚纠纷	

二、同时适用的法条及其相关度

	同时适用的法条	相关度	
婚姻法	第32条【诉讼外调解和诉讼离婚】	★★★★★	045
	第37条【离婚后子女抚养费的负担】	★★★★	
	第17条【夫妻共同财产的范围】	★★★	
	第36条【离婚后父母子女关系】	★★★	
	第10条【婚姻无效】	★	
	第12条【婚姻无效或被撤销的法律后果】	★	
	第18条【夫妻个人财产的范围】	★	
	第19条【夫妻财产约定制】	★	
	第21条【父母与子女间的抚养赡养义务】	★	
	第22条【子女的姓氏】	★	
子女抚养问题意见 审理离婚案件处理	第1条【两周岁以下的子女可随父方生活的情形】	★	297

第17条【夫妻共同财产的范围】 ★★★★

夫妻在婚姻关系存续期间所得的下列财产,归夫妻共同所有:

（一）工资、奖金;

（二）生产、经营的收益;

（三）知识产权的收益;

（四）继承或赠与所得的财产,但本法第十八条第三项规定的除外;

（五）其他应当归共同所有的财产。

夫妻对共同所有的财产,有平等的处理权。

一、主要适用的案由及其相关度

案由编号	主要适用的案由	相关度
M2.2.11	离婚纠纷	★★★★★
M2.2.12	离婚后财产纠纷	★★
M4.10.89.4	民间借贷纠纷	★

二、同时适用的法条及其相关度

	同时适用的法条	相关度
婚姻法	第32条【诉讼外调解和诉讼离婚】	★★★★★
	第18条【夫妻个人财产的范围】	★★★
	第36条【离婚后父母子女关系】	★★★
	第37条【离婚后子女抚养费的负担】	★★★
	第19条【夫妻财产约定制】	★★
合同法	第60条【合同履行的原则】	★★★★★
	第114条【违约金的约定及其调整】	★★★★★
	第107条【违约的基本形态和承担违约责任的种类】	★★★★
	第206条【借款期限的认定】	★★★
	第207条【逾期还款利息的支付】	★★★
	第8条【依法成立的合同的约束力】	★★
	第44条【合同生效时间】	★★

	同时适用的法条	相关度	
合同法	第52条【合同无效的情形】	★★	249
	第159条【买受人应支付价款数额的认定】	★★	
	第196条【借款合同的定义】	★★	
	第205条【借款利息支付期限的确定】	★★	
	第242条【租赁物的所有权】	★★	
	第248条【承租人的租金支付义务；出租人的租金支付请求权以及合同解除权】	★★	
	第58条【合同无效或被撤销的法律后果】	★	
	第109条【违约责任的承担：付款义务的继续履行】	★	
	第161条【买受人支付价款的时间】	★	
	第211条【自然人之间借款合同利息的规制：没有约定、约定不明时不支付利息；利率不得违反国家规定】	★	
继承法	第10条【继承人范围及继承顺序】	★★★★★	109
	第13条【遗产分配】	★★★★	
	第2条【继承开始】	★★★	
	第3条【遗产范围】	★★★	
	第5条【继承方式】	★★★	
	第26条【遗产的认定】	★★★	
	第16条【公民可以立遗嘱处分其财产】	★★	
	第11条【代位继承】	★	
	第17条【遗嘱的形式】	★	
	第25条【对继承和遗赠作出接受或放弃表示的期间及效力】	★	
	第29条【遗产分割的规则和方法】	★	
	第33条【继承遗产与清偿债务】	★	

		同时适用的法条	相关度
254	民法通则	第84条【债的定义】	★★★★
		第106条【民事责任归责原则:违约责任;过错侵权责任;无过错侵权责任】	★★★★
		第108条【债务清偿:分期偿还、强制偿还】	★★★
		第90条【合法借贷关系受法律保护】	★★
		第112条【赔偿责任;约定违约金数额、约定损失赔偿额的计算方法】	★★
		第5条【民事权益受法律保护】	★
		第78条【财产共有制度:按份共有、共同共有、共有人的优先购买权】	★
267	担保法	第18条【连带责任保证的定义及连带责任的承担】	★★★
		第21条【保证担保的范围;没有约定、约定不明时的担保范围】	★★★
		第31条【保证人的追偿权】	★★★
276	物权法	第95条【共同共有权】	★★
		第99条【共有物的分割规则】	★★
		第9条【不动产物权变动登记生效;国有自然资源所有权登记的特殊规定】	★
		第93条【共有的界定及其类型】	★
		第100条【共有物分割的方法】	★
297	子女抚养问题意见 审理离婚案件处理	第1条【两周岁以下的子女可随父方生活的情形】	★★★
		第7条【子女抚育费的确定标准】	★★
		第3条【绝对抚养优先权】	★

		同时适用的法条	相关度	
婚姻法司法解释二		第11条【其他应当归为夫妻共有财产的认定】	★★★	299
		第24条【夫妻一方所欠债务的处理】	★★★	
		第8条【离婚财产分割协议的效力】	★★	
		第10条【允许返还彩礼的情形】	★★	
		第20条【对夫妻共有房屋价值及归属的处理】	★★	
		第21条【对尚未取得或完全取得所有权房屋的处理】	★★	
		第22条【对父母出资购房的认定】	★	
婚姻法司法解释三		第18条【离婚后对未处理的夫妻共同财产的分割】	★★★	316
		第10条【婚前一方首付款购房的产权归属】	★★	
		第7条【父母出资为子女购房的处理】	★	
		第13条【离婚时养老保险金的分割问题】	★	
婚姻法司法解释一		第17条【对夫妻共有财产平等处理权的理解】	★★★	306
财产分割问题意见	审理离婚案件处理	第1条【夫妻双方对财产的约定效力】	★★	322
意见	民通	第1条【公民民事权利能力的开始:户籍证明、出生证明、其他证明】	★★	311
意见	继承法	第1条【继承开始时间】	★	315

第18条【夫妻个人财产的范围】 ★★★★

有下列情形之一的,为夫妻一方的财产:

(一)一方的婚前财产;

(二)一方因身体受到伤害获得的医疗费、残疾人生活补助费等费用;

（三）遗嘱或赠与合同中确定只归夫或妻一方的财产；
（四）一方专用的生活用品；
（五）其他应当归一方的财产。

■ 一、主要适用的案由及其相关度

案由编号	主要适用的案由	相关度
M2.2.11	离婚纠纷	★★★★★
M2.2.10	婚约财产纠纷	★

■ 二、同时适用的法条及其相关度

		同时适用的法条	相关度
045	婚姻法	第32条【诉讼外调解和诉讼离婚】	★★★★★
		第17条【夫妻共同财产的范围】	★★★
		第36条【离婚后父母子女关系】	★★★
		第37条【离婚后子女抚养费的负担】	★★★
299	婚姻法司法解释二	第10条【允许返还彩礼的情形】	★★★★★
297	子女抚养问题意见（审理离婚案件处理）	第1条【两周岁以下的子女可随父方生活的情形】	★★★
		第7条【子女抚育费的确定标准】	★

第19条【夫妻财产约定制】　　　　　　　　　　　★★★★★

夫妻可以约定婚姻关系存续期间所得的财产以及婚前财产归各自所有、共同所有或部分各自所有、部分共同所有。约定应当采用书面形式。没有约定或约定不明确的，适用本法第十七条、第十八条的规定。

夫妻对婚姻关系存续期间所得的财产以及婚前财产的约定，对双方具有约束力。

夫妻对婚姻关系存续期间所得的财产约定归各自所有的，夫或妻一方对外所负的债务,第三人知道该约定的,以夫或妻一方所有的财产清偿。

一、主要适用的案由及其相关度

案由编号	主要适用的案由	相关度
M4.10.89.4	民间借贷纠纷	★★★★★
M4.10.89.1	金融借款合同纠纷	★★
M2.2.11	离婚纠纷	★★

二、同时适用的法条及其相关度

	同时适用的法条	相关度	
合同法	第206条【借款期限的认定】	★★★★	249
	第107条【违约的基本形态和承担违约责任的种类】	★★★	
	第205条【借款利息支付期限的确定】	★★★	
	第207条【逾期还款利息的支付】	★★★	
	第211条【自然人之间借款合同利息的规制:没有约定、约定不明时不支付利息;利率不得违反国家规定】	★★★	
	第60条【合同履行的原则】	★★	
	第196条【借款合同的定义】	★★	
	第210条【自然人之间借款合同的生效:提供借款时】	★★	
	第8条【依法成立的合同的约束力】	★	
	第114条【违约金的约定及其调整】	★	
民法通则	第90条【合法借贷关系受法律保护】	★★★	254
	第108条【债务清偿:分期偿还、强制偿还】	★★★	
	第84条【债的定义】	★★	
	第106条【民事责任归责原则:违约责任;过错侵权责任;无过错侵权责任】	★	

		同时适用的法条	相关度
267	担保法	第18条【连带责任保证的定义及连带责任的承担】	★★
		第21条【保证担保的范围；没有约定、约定不明时的担保范围】	★★
		第31条【保证人的追偿权】	★★
		第19条【保证方式不明时的连带责任担保】	★
045	婚姻法	第17条【夫妻共同财产的范围】	★★
		第32条【诉讼外调解和诉讼离婚】	★
299	法解释二婚姻法司	第24条【夫妻一方所欠债务的处理】	★★★★★
306	法解释一婚姻法司	第18条【第三人知道夫妻财产约定的举证责任】	★
320	审理民间借贷案件规定	第29条【逾期利率的处理规则】	★

第20条【夫妻扶养义务】 ★★

夫妻有互相扶养的义务。

一方不履行扶养义务时，需要扶养的一方，有要求对方付给扶养费的权利。

■ 一、主要适用的案由及其相关度

案由编号	主要适用的案由	相关度
M2.2.11	离婚纠纷	★★★★★
M2.2.19	扶养纠纷	★★
M2.2.19.1	扶养费纠纷	★★★

二、同时适用的法条及其相关度

	同时适用的法条	相关度	
婚姻法	第32条【诉讼外调解和诉讼离婚】	★★★★★	045
	第21条【父母与子女间的抚养赡养义务】	★★	
	第37条【离婚后子女抚养费的负担】	★★	
	第4条【夫妻及家庭成员间的行为准则】	★	
	第18条【夫妻个人财产的范围】	★	
	第36条【离婚后父母子女关系】	★	
道路交通安全法	第76条【交通事故的赔偿责任】	★★★	271
侵权责任法	第16条【人身损害赔偿项目:一般人身损害赔偿项目、伤残赔偿项目、死亡赔偿项目】	★★★	268
	第48条【机动车交通事故责任的法律适用】	★★★	
	第6条【过错责任原则;过错推定责任原则】	★★	
	第22条【严重精神损害的赔偿请求权】	★★	
老年人权益保障法	第14条【赡养人的赡养义务;赡养人的定义;赡养人配偶的协助赡养义务】	★★	265
	第15条【赡养人对患病或经济困难老年人的义务】	★★	
人身损害赔偿司法解释	第17条【人身损害赔偿项目】	★★★	302
	第18条【精神损害抚慰金的法律适用及其请求权】	★★★	
	第19条【医疗费计算标准】	★★★	
	第28条【被扶养人生活费数额的确定】	★★★	
	第20条【误工费计算标准】	★★	
	第21条【护理费计算标准】	★★	
	第22条【交通费计算标准】	★★	
	第23条【伙食费、住宿费计算标准】	★★	
	第27条【丧葬费计算标准】	★★	
	第29条【死亡赔偿金计算标准】	★★	

		同时适用的法条	相关度
297	子女抚养问题意见 审理离婚案件处理	第1条【两周岁以下的子女可随父方生活的情形】	★★★
299	婚姻法司法解释二	第10条【允许返还彩礼的情形】	★★
319	道路交通事故司法解释	第16条【交强险和商业三者险并存时的赔付规则】	★★
306	婚姻法司法解释一	第27条【对夫妻一方生活困难的认定】	★★
310	认定夫妻感情破裂具体意见	第1条【视为夫妻感情确已破裂的情形】	★★
318	精神损害赔偿司法解释	第10条【精神损害赔偿数额的确定因素】	★★

第21条【父母与子女间的抚养赡养义务】　　　　　　★★★★

父母对子女有抚养教育的义务;子女对父母有赡养扶助的义务。

父母不履行抚养义务时,未成年的或不能独立生活的子女,有要求父母付给抚养费的权利。

子女不履行赡养义务时,无劳动能力的或生活困难的父母,有要求子女付给赡养费的权利。

禁止溺婴、弃婴和其他残害婴儿的行为。

一、主要适用的案由及其相关度

案由编号	主要适用的案由	相关度
M2.2.20	赡养纠纷	★★★★★
M2.2.20.1	赡养费纠纷	★★★
M2.2.11	离婚纠纷	★★★
M2.2.17.2	同居关系子女抚养纠纷	★★★
M2.2.18	抚养纠纷	★★
M2.2.18.1	抚养费纠纷	★★★★★
M2.2.18.2	变更抚养关系纠纷	★★

二、同时适用的法条及其相关度

	同时适用的法条	相关度	
婚姻法	第37条【离婚后子女抚养费的负担】	★★★★★	045
	第32条【诉讼外调解和诉讼离婚】	★★★★	
	第36条【离婚后父母子女关系】	★★★★	
	第25条【非婚生子女】	★★★	
	第27条【继父母子女关系】	★	
老年人权益保障法	第14条【赡养人的赡养义务；赡养人的定义；赡养人配偶的协助赡养义务】	★★★★★	265
	第15条【赡养人对患病或经济困难老年人的义务】	★★★★	
	第11条【老年人的法定义务】	★★★	
	第19条【对赡养人的禁止性规定】	★★★	
	第12条【老年节日期】	★★	
	第13条【老年人养老】	★★	
	第16条【赡养人对老年人住房的妥善安排、维修义务】	★	
	第18条【家庭成员的看望、问候义务以及赡养人的探亲休假权】	★	

		同时适用的法条	相关度
297	审理离婚案件处理子女抚养问题意见	第1条【两周岁以下的子女可随父方生活的情形】	★★★★★
		第7条【子女抚育费的确定标准】	★★★
		第11条【抚育费给付期限】	★★
		第18条【子女可要求增加抚育费的情形】	★
306	婚姻法司法解释一	第21条【抚养费的定义】	★★★
		第20条【对不能独立生活子女的界定】	★★
299	婚姻法司法解释二	第1条【解除同居关系诉讼的受理规则】	★★
314	审理未结婚而同居案件意见	第1条【《婚姻登记办法》施行前未婚以夫妻名义共同生活起诉离婚时的处理原则】	★
		第9条【解除非法同居关系时的非婚生子女的抚养】	★
316	婚姻法司法解释三	第3条【父母拒不履行抚养子女义务时子女的请求权】	★

第22条【子女的姓氏】 ★★

子女可以随父姓,可以随母姓。

一、主要适用的案由及其相关度

案由编号	主要适用的案由	相关度
M2.2.11	离婚纠纷	★★★★★
M2.2.17.2	同居关系子女抚养纠纷	★
M1.1.2	姓名权纠纷	★
M2.2.18	抚养纠纷	★
M2.2.18.1	抚养费纠纷	★★★

二、同时适用的法条及其相关度

	同时适用的法条	相关度	
婚姻法	第36条【离婚后父母子女关系】	★★★★★	045
	第37条【离婚后子女抚养费的负担】	★★★★★	
	第21条【父母与子女间的抚养赡养义务】	★★★★	
	第32条【诉讼外调解和诉讼离婚】	★★★★	
	第25条【非婚生子女】	★★★	
	第17条【夫妻共同财产的范围】	★	
	第18条【夫妻个人财产的范围】	★	
子女抚养问题意见审理离婚案件处理	第1条【两周岁以下的子女可随父方生活的情形】	★★★★	297
	第7条【子女抚育费的确定标准】	★★	
	第8条【抚育费的给付:定期、一次性】	★	
	第11条【抚育费给付期限】	★	
	第19条【子女变更姓氏不影响父母抚育费支付】	★	
婚姻法司法解释一	第21条【抚养费的定义】	★★	306
	第20条【对不能独立生活子女的界定】	★	
人身损害赔偿司法解释	第22条【交通费计算标准】	★	302
	第28条【被扶养人生活费数额的确定】	★	

第23条【父母对未成年子女的保护和教育】 ★★

父母有保护和教育未成年子女的权利和义务。在未成年子女对国家、集体或他人造成损害时,父母有承担民事责任的义务。

一、主要适用的案由及其相关度

案由编号	主要适用的案由	相关度
M2.2.11	离婚纠纷	★★★★★
M2.2.18	抚养纠纷	★★★

案由编号	主要适用的案由	相关度
M2.2.18.1	抚养费纠纷	★★
M2.2.18.2	变更抚养关系纠纷	★★★
M1.1.1	生命权、健康权、身体权纠纷	★
M9.30.350	机动车交通事故责任纠纷	★
M2.2.17	同居关系纠纷	★
M2.2.17.2	同居关系子女抚养纠纷	★★★★
M2.2.22	监护权纠纷	★

二、同时适用的法条及其相关度

		同时适用的法条	相关度
045	婚姻法	第21条【父母与子女间的抚养赡养义务】	★★★★★
		第25条【非婚生子女】	★★★★
		第32条【诉讼外调解和诉讼离婚】	★★★
		第36条【离婚后父母子女关系】	★★★
		第37条【离婚后子女抚养费的负担】	★★★
254	民法通则	第16条【未成年人的监护人】	★
268	侵权责任法	第6条【过错责任原则;过错推定责任原则】	★
		第16条【人身损害赔偿项目:一般人身损害赔偿项目、伤残赔偿项目、死亡赔偿项目】	★
297	审理离婚案件处理子女抚养问题意见	第1条【两周岁以下的子女可随父方生活的情形】	★★

	同时适用的法条	相关度	
人身损害赔偿司法解释	第17条【人身损害赔偿项目】	★	302
	第19条【医疗费计算标准】	★	
	第21条【护理费计算标准】	★	
	第22条【交通费计算标准】	★	
	第23条【伙食费、住宿费计算标准】	★	
	第24条【营养费计算标准】	★	
婚姻法司法解释二	第1条【解除同居关系诉讼的受理规则】	★	299

第24条【遗产继承权】 ★★★★

夫妻有相互继承遗产的权利。

父母和子女有相互继承遗产的权利。

一、主要适用的案由及其相关度

案由编号	主要适用的案由	相关度
M4.10.89.4	民间借贷纠纷	★★★★★
M4.10.89.1	金融借款合同纠纷	★★★

二、同时适用的法条及其相关度

	同时适用的法条	相关度	
合同法	第206条【借款期限的认定】	★★★★★	249
	第205条【借款利息支付期限的确定】	★★★★	
	第207条【逾期还款利息的支付】	★★★★	
	第107条【违约的基本形态和承担违约责任的种类】	★★★	
	第60条【合同履行的原则】	★★	
	第196条【借款合同的定义】	★★	
	第210条【自然人之间借款合同的生效:提供借款时】	★★	

		同时适用的法条	相关度
249	合同法	第211条【自然人之间借款合同利息的规制：没有约定、约定不明时不支付利息；利率不得违反国家规定】	★★
254	民法通则	第108条【债务清偿：分期偿还、强制偿还】	★★★
		第84条【债的定义】	★★
		第90条【合法借贷关系受法律保护】	★★
267	担保法	第18条【连带责任保证的定义及连带责任的承担】	★★★
		第21条【保证担保的范围；没有约定、约定不明时的担保范围】	★★★
		第31条【保证人的追偿权】	★★
		第19条【保证方式不明时的连带责任担保】	★
109	继承法	第10条【继承人范围及继承顺序】	★
045	婚姻法	第19条【夫妻财产约定制】	★

第25条【非婚生子女】　★★★★

非婚生子女享有与婚生子女同等的权利，任何人不得加以危害和歧视。

不直接抚养非婚生子女的生父或生母，应当负担子女的生活费和教育费，直至子女能独立生活为止。

一、主要适用的案由及其相关度

案由编号	主要适用的案由	相关度
M2.2.18	抚养纠纷	★★
M2.2.18.1	抚养费纠纷	★★
M2.2.17	同居关系纠纷	★★
M2.2.17.2	同居关系子女抚养纠纷	★★★★★

二、同时适用的法条及其相关度

	同时适用的法条	相关度	
婚姻法	第21条【父母与子女间的抚养赡养义务】	★★★★★	045
婚姻法	第36条【离婚后父母子女关系】	★★★★	
婚姻法	第37条【离婚后子女抚养费的负担】	★★★	
婚姻法	第8条【结婚登记】	★★	
子女抚养问题意见（审理离婚案件处理）	第1条【两周岁以下的子女可随父方生活的情形】	★★★★	297
子女抚养问题意见（审理离婚案件处理）	第7条【子女抚育费的确定标准】	★★	
子女抚养问题意见（审理离婚案件处理）	第11条【抚育费给付期限】	★	
法解释二（婚姻法司）	第1条【解除同居关系诉讼的受理规则】	★★★	299
法解释二（婚姻法司）	第10条【允许返还彩礼的情形】	★	
同居案件意见（审理未结婚而）	第1条【《婚姻登记办法》施行前未婚以夫妻名义共同生活起诉离婚时的处理原则】	★★★	314
同居案件意见（审理未结婚而）	第9条【解除非法同居关系时的非婚生子女的抚养】	★★★	
同居案件意见（审理未结婚而）	第8条【非法同居关系案件中的非婚生子女抚养和财产分割问题】	★	
法解释一（婚姻法司）	第5条【未婚以夫妻名义共同生活起诉离婚时的处理原则】	★★	306

第26条【收养关系】　　★★

国家保护合法的收养关系。养父母和养子女间的权利和义务，适用本法对父母子女关系的有关规定。

养子女和生父母间的权利和义务，因收养关系的成立而消除。

■ 一、主要适用的案由及其相关度

案由编号	主要适用的案由	相关度
M2.2.11	离婚纠纷	★★★★★
M2.2.20	赡养纠纷	★★★
M2.2.20.1	赡养费纠纷	★★
M2.3	继承纠纷	★
M2.2.18.1	抚养费纠纷	★
M2.2.21.2	解除收养关系纠纷	★
M2.3.25	法定继承纠纷	★

■ 二、同时适用的法条及其相关度

	同时适用的法条	相关度
婚姻法	第21条【父母与子女间的抚养赡养义务】	★★★★★
	第32条【诉讼外调解和诉讼离婚】	★★★★★
	第37条【离婚后子女抚养费的负担】	★★★★★
	第36条【离婚后父母子女关系】	★★★★
	第24条【遗产继承权】	★★★
	第17条【夫妻共同财产的范围】	★★
	第18条【夫妻个人财产的范围】	★
	第19条【夫妻财产约定制】	★
	第25条【非婚生子女】	★
	第27条【继父母子女关系】	★
合同法	第206条【借款期限的认定】	★★
	第60条【合同履行的原则】	★
	第107条【违约的基本形态和承担违约责任的种类】	★
	第207条【逾期还款利息的支付】	★

	同时适用的法条	相关度	
继承法	第10条【继承人范围及继承顺序】	★★	109
	第3条【遗产范围】	★	
	第5条【继承方式】	★	
	第13条【遗产分配】	★	
	第26条【遗产的认定】	★	
	第33条【继承遗产与清偿债务】	★	
民法通则	第90条【合法借贷关系受法律保护】	★	254
	第108条【债务清偿:分期偿还、强制偿还】	★	
收养法	第15条【收养关系的成立】	★	160
	第23条【收养的效力】	★	
	第27条【收养解除的条件之二】	★	
老年人权益保障法	第14条【赡养人的赡养义务;赡养人的定义;赡养人配偶的协助赡养义务】	★	265
	第15条【赡养人对患病或经济困难老年人的义务】	★	
子女抚养问题意见审理离婚案件处理	第1条【两周岁以下的子女可随父方生活的情形】	★	297

第27条【继父母子女关系】 ★★

继父母与继子女间,不得虐待或歧视。

继父或继母和受其抚养教育的继子间的权利和义务,适用本法对父母子女关系的有关规定。

一、主要适用的案由及其相关度

案由编号	主要适用的案由	相关度
M2.2.20	赡养纠纷	★★★★★
M2.2.20.1	赡养费纠纷	★★★

案由编号	主要适用的案由	相关度
M2.2.11	离婚纠纷	★★★★★
M9.30.350	机动车交通事故责任纠纷	★
M2.3	继承纠纷	★
M2.3.25	法定继承纠纷	★

■ 二、同时适用的法条及其相关度

	同时适用的法条	相关度
045 婚姻法	第21条【父母与子女间的抚养赡养义务】	★★★★★
	第32条【诉讼外调解和诉讼离婚】	★★★
	第17条【夫妻共同财产的范围】	★
	第36条【离婚后父母子女关系】	★
	第37条【离婚后子女抚养费的负担】	★
265 老年人权益保障法	第14条【赡养人的赡养义务；赡养人的定义；赡养人配偶的协助赡养义务】	★
	第15条【赡养人对患病或经济困难老年人的义务】	★
109 继承法	第10条【继承人范围及继承顺序】	★
	第13条【遗产分配】	★

第28条【祖与孙的抚养赡养义务】 ★★

有负担能力的祖父母、外祖父母,对于父母已经死亡或父母无力抚养的未成年的孙子女、外孙子女,有抚养的义务。有负担能力的孙子女、外孙子女,对于子女已经死亡或子女无力赡养的祖父母、外祖父母,有赡养的义务。

■ 一、主要适用的案由及其相关度

案由编号	主要适用的案由	相关度
M2.2.20	赡养纠纷	★★★★★
M2.2.20.1	赡养费纠纷	★★★
M2.2.11	离婚纠纷	★★★★★

案由编号	主要适用的案由	相关度
M2.2.18	抚养纠纷	★★★★
M2.2.18.1	抚养费纠纷	★★★★
M2.2.18.2	变更抚养关系纠纷	★★★★
M9.30.350	机动车交通事故责任纠纷	★★★
M2.3	继承纠纷	★
M2.2.22	监护权纠纷	★

二、同时适用的法条及其相关度

	同时适用的法条	相关度	
婚姻法	第21条【父母与子女间的抚养赡养义务】	★★★★★	045
	第32条【诉讼外调解和诉讼离婚】	★★★	
	第25条【非婚生子女】	★	
	第29条【兄弟姐妹间的扶养义务】	★	
	第36条【离婚后父母子女关系】	★	
	第37条【离婚后子女抚养费的负担】	★	
民法通则	第16条【未成年人的监护人】	★★	254
	第93条【无因管理必要费用的偿付请求权】	★	
道路交通安全法	第76条【交通事故的赔偿责任】	★	271
侵权责任法	第16条【人身损害赔偿项目：一般人身损害赔偿项目、伤残赔偿项目、死亡赔偿项目】	★	268
	第22条【严重精神损害的赔偿请求权】	★	
	第48条【机动车交通事故责任的法律适用】	★	
老年人权益保障法	第14条【赡养人的赡养义务；赡养人的定义；赡养人配偶的协助赡养义务】	★	265

		同时适用的法条	相关度
109	继承法	第10条【继承人范围及继承顺序】	★
		第11条【代位继承】	★
297	子女抚养问题意见 审理离婚案件处理	第1条【两周岁以下的子女可随父方生活的情形】	★
302	偿司法解释 人身损害赔	第17条【人身损害赔偿项目】	★
		第28条【被扶养人生活费数额的确定】	★

第29条【兄弟姐妹间的扶养义务】　★

有负担能力的兄、姐，对于父母已经死亡或父母无力抚养的未成年的弟、妹，有扶养的义务。由兄、姐扶养长大的有负担能力的弟、妹，对于缺乏劳动能力又缺乏生活来源的兄、姐，有扶养的义务。

■ 一、主要适用的案由及其相关度

案由编号	主要适用的案由	相关度
M2.2.11	离婚纠纷	★★★★★
M9.30.350	机动车交通事故责任纠纷	★★★
M2.2.18.1	抚养费纠纷	★★★
M2.2.18.2	变更抚养关系纠纷	★
M3.6.48	共有纠纷	★
M2.2.19	扶养纠纷	★

二、同时适用的法条及其相关度

	同时适用的法条	相关度	
婚姻法	第32条【诉讼外调解和诉讼离婚】	★★★★★	045
	第30条【尊重父母的婚姻权利】	★★★★	
	第21条【父母与子女间的抚养赡养义务】	★★	
	第28条【祖与孙的抚养赡养义务】	★★	
	第37条【离婚后子女抚养费的负担】	★★	
	第5条【结婚自愿】	★	
	第13条【夫妻平等】	★	
	第15条【夫妻人身自由权】	★	
	第17条【夫妻共同财产的范围】	★	
	第18条【夫妻个人财产的范围】	★	
	第19条【夫妻财产约定制】	★	
	第24条【遗产继承权】	★	
	第25条【非婚生子女】	★	
	第26条【收养关系】	★	
	第27条【继父母子女关系】	★	
	第31条【协议离婚】	★	
	第36条【离婚后父母子女关系】	★	
道路交通安全法	第76条【交通事故的赔偿责任】		271
侵权责任法	第6条【过错责任原则;过错推定责任原则】		268
	第16条【人身损害赔偿项目:一般人身损害赔偿项目、伤残赔偿项目、死亡赔偿项目】		
	第22条【严重精神损害的赔偿请求权】		
	第48条【机动车交通事故责任的法律适用】		

		同时适用的法条	相关度
285	保险法	第65条【责任保险的赔偿规则】	
302	人身损害赔偿司法解释	第17条【人身损害赔偿项目】	
		第18条【精神损害抚慰金的法律适用及其请求权】	
		第28条【被扶养人生活费数额的确定】	
		第29条【死亡赔偿金计算标准】	
297	子女抚养问题意见	审理离婚案件处理 第1条【两周岁以下的子女可随父方生活的情形】	
319	道路交通事故司法解释	第16条【交强险和商业三者险并存时的赔付规则】	

第30条【尊重父母的婚姻权利】　★★

子女应当尊重父母的婚姻权利,不得干涉父母再婚以及婚后的生活。子女对父母的赡养义务,不因父母的婚姻关系变化而终止。

一、主要适用的案由及其相关度

案由编号	主要适用的案由	相关度
M2.2.11	离婚纠纷	★★★★★
M2.2.20	赡养纠纷	★★★
M2.2.20.1	赡养费纠纷	★
M2.2.18.1	抚养费纠纷	★

二、同时适用的法条及其相关度

	同时适用的法条	相关度	
婚姻法	第21条【父母与子女间的抚养赡养义务】	★★★★★	045
	第32条【诉讼外调解和诉讼离婚】	★★★★★	
	第37条【离婚后子女抚养费的负担】	★★★	
	第27条【继父母子女关系】	★★	
	第29条【兄弟姐妹间的扶养义务】	★★	
	第36条【离婚后父母子女关系】	★★	
	第2条【我国的婚姻制度和原则】	★	
	第25条【非婚生子女】	★	
老年人权益保障法	第14条【赡养人的赡养义务；赡养人的定义；赡养人配偶的协助赡养义务】	★★	265
	第15条【赡养人对患病或经济困难老年人的义务】	★	
	第18条【家庭成员的看望、问候义务以及赡养人的探亲休假权】	★	
	第19条【对赡养人的禁止性规定】	★	
子女抚养问题意见 审理离婚案件处理	第1条【两周岁以下的子女可随父方生活的情形】	★★★	297
	第7条【子女抚育费的确定标准】	★	

第四章 离婚

第31条【协议离婚】 ★★★

男女双方自愿离婚的,准予离婚。双方必须到婚姻登记机关申请离婚。婚姻登记机关查明双方确实是自愿并对子女和财产问题已有适当处理时,发给离婚证。

一、主要适用的案由及其相关度

案由编号	主要适用的案由	相关度
M2.2.11	离婚纠纷	★★★★★
M2.2.12	离婚后财产纠纷	★★

二、同时适用的法条及其相关度

		同时适用的法条	相关度
045	婚姻法	第37条【离婚后子女抚养费的负担】	★★★★★
		第36条【离婚后父母子女关系】	★★★★
		第32条【诉讼外调解和诉讼离婚】	★★★
		第17条【夫妻共同财产的范围】	★★
		第18条【夫妻个人财产的范围】	★★
		第21条【父母与子女间的抚养赡养义务】	★
249	合同法	第60条【合同履行的原则】	★
297	子女抚养问题意见 审理离婚案件处理	第1条【两周岁以下的子女可随父方生活的情形】	★★★★★
		第7条【子女抚育费的确定标准】	★★
		第3条【绝对抚养优先权】	★
		第11条【抚育费给付期限】	★
299	婚姻法司法解释二	第8条【离婚财产分割协议的效力】	★★★★★
		第10条【允许返还彩礼的情形】	★★★
		第9条【协议离婚后的财产分割诉讼】	★★
		第21条【对尚未取得或完全取得所有权房屋的处理】	★

	同时适用的法条	相关度
财产分割问题意见 / 审理离婚案件处理	第1条【夫妻双方对财产的约定效力】	★

第32条【诉讼外调解和诉讼离婚】 ★★★★★

男女一方要求离婚的,可由有关部门进行调解或直接向人民法院提出离婚诉讼。

人民法院审理离婚案件,应当进行调解;如感情确已破裂,调解无效,应准予离婚。

有下列情形之一,调解无效的,应准予离婚:

（一）重婚或有配偶者与他人同居的;

（二）实施家庭暴力或虐待、遗弃家庭成员的;

（三）有赌博、吸毒等恶习屡教不改的;

（四）因感情不和分居满二年的;

（五）其他导致夫妻感情破裂的情形。

一方被宣告失踪,另一方提出离婚诉讼的,应准予离婚。

一、主要适用的案由及其相关度

案由编号	主要适用的案由	相关度
M2.2.11	离婚纠纷	★★★★★

二、同时适用的法条及其相关度

	同时适用的法条	相关度
婚姻法	第36条【离婚后父母子女关系】	★★★★★
	第37条【离婚后子女抚养费的负担】	★★★★★
	第18条【夫妻个人财产的范围】	★★
	第17条【夫妻共同财产的范围】	★
	第21条【父母与子女间的抚养赡养义务】	★

		同时适用的法条	相关度
297	子女抚养问题意见 / 审理离婚案件处理	第1条【两周岁以下的子女可随父方生活的情形】	★★★★★
		第7条【子女抚育费的确定标准】	★★★
		第3条【绝对抚养优先权】	★★
		第5条【父母双方争夺十周岁以上的未成年子女的抚养权应考虑子女的意见】	★★
		第11条【抚育费给付期限】	★★
		第8条【抚育费的给付:定期、一次性】	★
310	破裂具体意见 / 认定夫妻感情	第1条【视为夫妻感情确已破裂的情形】	★★★
		第7条【视为夫妻感情确已破裂的情形】	★★★
		第12条【视为夫妻感情确已破裂的情形】	★★★
		第2条【视为夫妻感情确已破裂的情形】	★
299	法解释二 / 婚姻法司	第10条【允许返还彩礼的情形】	★★★
		第21条【对尚未取得或完全取得所有权房屋的处理】	★★
306	法解释一 / 婚姻法司	第5条【未婚以夫妻名义共同生活起诉离婚时的处理原则】	★★★
		第27条【对夫妻一方生活困难的认定】	★
316	法解释三 / 婚姻法司	第10条【婚前一方首付款购房的产权归属】	★
314	同居案件意见 / 审理未结婚而	第1条【《婚姻登记办法》施行前未婚以夫妻名义共同生活起诉离婚时的处理原则】	★

第33条【军人配偶要求离婚】　　★

现役军人的配偶要求离婚,须得军人同意,但军人一方有重大过错的除外。

一、主要适用的案由及其相关度

案由编号	主要适用的案由	相关度
M2.2.11	离婚纠纷	★★★★★

二、同时适用的法条及其相关度

	同时适用的法条	相关度	
婚姻法	第32条【诉讼外调解和诉讼离婚】	★★★★★	045
	第37条【离婚后子女抚养费的负担】	★★	
	第36条【离婚后父母子女关系】	★	

第34条【对男方离婚请求权的限制】 ★★

女方在怀孕期间、分娩后一年内或中止妊娠后六个月内,男方不得提出离婚。女方提出离婚的,或人民法院认为确有必要受理男方离婚请求的,不在此限。

一、主要适用的案由及其相关度

案由编号	主要适用的案由	相关度
M2.2.11	离婚纠纷	★★★★★

二、同时适用的法条及其相关度

	同时适用的法条	相关度	
婚姻法	第32条【诉讼外调解和诉讼离婚】	★★★★★	045
	第36条【离婚后父母子女关系】	★★★	
	第37条【离婚后子女抚养费的负担】	★★★	
子女抚养问题意见（审理离婚案件处理）	第1条【两周岁以下的子女可随父方生活的情形】	★	297

299	婚姻法司法解释二	同时适用的法条	相关度
		第10条【允许返还彩礼的情形】	★

第35条【复婚】 ★

离婚后,男女双方自愿恢复夫妻关系的,必须到婚姻登记机关进行复婚登记。

一、主要适用的案由及其相关度

案由编号	主要适用的案由	相关度
M2.2.11	离婚纠纷	★★★★★

二、同时适用的法条及其相关度

		同时适用的法条	相关度
045	婚姻法	第32条【诉讼外调解和诉讼离婚】	★★★★★
		第37条【离婚后子女抚养费的负担】	★★★★
		第36条【离婚后父母子女关系】	★★★
297	子女抚养问题意见审理离婚案件处理	第1条【两周岁以下的子女可随父方生活的情形】	★

第36条【离婚后父母子女关系】 ★★★★★

父母与子女间的关系,不因父母离婚而消除。离婚后,子女无论由父或母直接抚养,仍是父母双方的子女。

离婚后,父母对于子女仍有抚养和教育的权利和义务。

离婚后,哺乳期内的子女,以随哺乳的母亲抚养为原则。哺乳期后的子女,如双方因抚养问题发生争执不能达成协议时,由人民法院根据子女的权益和双方的具体情况判决。

一、主要适用的案由及其相关度

案由编号	主要适用的案由	相关度
M2.2.11	离婚纠纷	★★★★★
M2.2.18.1	抚养费纠纷	★
M2.2.18.2	变更抚养关系纠纷	★

二、同时适用的法条及其相关度

	同时适用的法条	相关度
婚姻法	第32条【诉讼外调解和诉讼离婚】	★★★★★
	第37条【离婚后子女抚养费的负担】	★★★★★
	第18条【夫妻个人财产的范围】	★
	第21条【父母与子女间的抚养赡养义务】	★
审理离婚案件处理子女抚养问题意见	第1条【两周岁以下的子女可随父方生活的情形】	★★

第37条【离婚后子女抚养费的负担】　★★★★★

离婚后,一方抚养的子女,另一方应负担必要的生活费和教育费的一部或全部,负担费用的多少和期限的长短,由双方协议;协议不成时,由人民法院判决。

关于子女生活费和教育费的协议或判决,不妨碍子女在必要时向父母任何一方提出超过协议或判决原定数额的合理要求。

一、主要适用的案由及其相关度

案由编号	主要适用的案由	相关度
M2.2.11	离婚纠纷	★★★★★
M2.2.18.1	抚养费纠纷	★★

■ 二、同时适用的法条及其相关度

		同时适用的法条	相关度
婚姻法		第32条【诉讼外调解和诉讼离婚】	★★★★★
		第36条【离婚后父母子女关系】	★★★★
		第18条【夫妻个人财产的范围】	★
		第21条【父母与子女间的抚养赡养义务】	★
子女抚养问题意见	审理离婚案件处理	第1条【两周岁以下的子女可随父方生活的情形】	★★
		第7条【子女抚育费的确定标准】	★

第38条【离婚后的子女探望权】 ★★★★

离婚后,不直接抚养子女的父或母,有探望子女的权利,另一方有协助的义务。

行使探望权利的方式、时间由当事人协议;协议不成时,由人民法院判决。

父或母探望子女,不利于子女身心健康的,由人民法院依法中止探望的权利;中止的事由消失后,应当恢复探望的权利。

■ 一、主要适用的案由及其相关度

案由编号	主要适用的案由	相关度
M2.2.11	离婚纠纷	★★★★★
M2.2.23	探望权纠纷	★

■ 二、同时适用的法条及其相关度

	同时适用的法条	相关度
婚姻法	第32条【诉讼外调解和诉讼离婚】	★★★★★
	第36条【离婚后父母子女关系】	★★★★★
	第37条【离婚后子女抚养费的负担】	★★★★★
	第18条【夫妻个人财产的范围】	★

	同时适用的法条	相关度	
子女抚养问题意见 / 审理离婚案件处理	第1条【两周岁以下的子女可随父方生活的情形】	★★	297
	第7条【子女抚育费的确定标准】	★	

第39条【离婚时夫妻共同财产的处理】　　★★★★

离婚时，夫妻的共同财产由双方协议处理；协议不成时，由人民法院根据财产的具体情况，照顾子女和女方权益的原则判决。

夫或妻在家庭土地承包经营中享有的权益等，应当依法予以保护。

一、主要适用的案由及其相关度

案由编号	主要适用的案由	相关度
M2.2.11	离婚纠纷	★★★★★
M2.2.12	离婚后财产纠纷	★★

二、同时适用的法条及其相关度

	同时适用的法条	相关度	
婚姻法	第32条【诉讼外调解和诉讼离婚】	★★★★★	045
	第36条【离婚后父母子女关系】	★★★	
	第37条【离婚后子女抚养费的负担】	★★★	
	第17条【夫妻共同财产的范围】	★★	
	第18条【夫妻个人财产的范围】	★★	
子女抚养问题意见 / 审理离婚案件处理	第1条【两周岁以下的子女可随父方生活的情形】	★	297

		同时适用的法条	相关度
299	婚姻法司法解释二	第8条【离婚财产分割协议的效力】	★

第40条【离婚时的经济补偿权】　★★

夫妻书面约定婚姻关系存续期间所得的财产归各自所有,一方因抚育子女、照料老人、协助另一方工作等付出较多义务的,离婚时有权向另一方请求补偿,另一方应当予以补偿。

一、主要适用的案由及其相关度

案由编号	主要适用的案由	相关度
M2.2.11	离婚纠纷	★★★★★
M2.2.12	离婚后财产纠纷	★

二、同时适用的法条及其相关度

		同时适用的法条	相关度
045	婚姻法	第32条【诉讼外调解和诉讼离婚】	★★★★★
		第36条【离婚后父母子女关系】	★★★
		第37条【离婚后子女抚养费的负担】	★★★

第41条【离婚时夫妻共同债务的清偿】　★★★★

离婚时,原为夫妻共同生活所负的债务,应当共同偿还。共同财产不足清偿的,或财产归各自所有的,由双方协议清偿;协议不成时,由人民法院判决。

一、主要适用的案由及其相关度

案由编号	主要适用的案由	相关度
M2.2.11	离婚纠纷	★★★★★
M4.10.89.4	民间借贷纠纷	★★★
M4.10.89.1	金融借款合同纠纷	★

二、同时适用的法条及其相关度

	同时适用的法条	相关度	
婚姻法	第32条【诉讼外调解和诉讼离婚】	★★★★★	045
	第37条【离婚后子女抚养费的负担】	★★★★	
	第36条【离婚后父母子女关系】	★★★	
	第17条【夫妻共同财产的范围】	★	
	第18条【夫妻个人财产的范围】	★	
	第19条【夫妻财产约定制】	★	
合同法	第206条【借款期限的认定】	★★★	249
	第207条【逾期还款利息的支付】	★★★	
	第60条【合同履行的原则】	★★	
	第107条【违约的基本形态和承担违约责任的种类】	★★	
	第196条【借款合同的定义】	★★	
	第205条【借款利息支付期限的确定】	★★	
	第211条【自然人之间借款合同利息的规制：没有约定、约定不明时不支付利息；利率不得违反国家规定】	★★	
	第8条【依法成立的合同的约束力】	★	
	第210条【自然人之间借款合同的生效：提供借款时】	★	
民法通则	第84条【债的定义】	★★	254
	第90条【合法借贷关系受法律保护】	★★	
	第108条【债务清偿：分期偿还、强制偿还】	★★	
担保法	第18条【连带责任保证的定义及连带责任的承担】	★★	267
	第21条【保证担保的范围；没有约定、约定不明时的担保范围】	★	
	第31条【保证人的追偿权】	★	
婚姻法司法解释二	第24条【夫妻一方所欠债务的处理】	★★★	299

		同时适用的法条	相关度
297	子女抚养问题意见 审理离婚案件处理	第1条【两周岁以下的子女可随父方生活的情形】	★

第42条【离婚经济帮助】 ★★★

离婚时,如一方生活困难,另一方应从其住房等个人财产中给予适当帮助。具体办法由双方协议;协议不成时,由人民法院判决。

■ 一、主要适用的案由及其相关度

案由编号	主要适用的案由	相关度
M2.2.11	离婚纠纷	★★★★★

■ 二、同时适用的法条及其相关度

		同时适用的法条	相关度
045	婚姻法	第32条【诉讼外调解和诉讼离婚】	★★★★★
		第36条【离婚后父母子女关系】	★★★
		第37条【离婚后子女抚养费的负担】	★★★
		第18条【夫妻个人财产的范围】	★
306	婚姻法司法解释一	第27条【对夫妻一方生活困难的认定】	★

第五章 救助措施与法律责任

第43条【家庭暴力与虐待家庭成员】 ★

实施家庭暴力或虐待家庭成员,受害人有权提出请求,居民委员会、村民委员会以及所在单位应当予以劝阻、调解。

对正在实施的家庭暴力,受害人有权提出请求,居民委员会应当予以劝阻;公安机关应当予以制止。

实施家庭暴力或虐待家庭成员,受害人提出请求的,公安机关应当依照治安管理处罚的法律规定予以行政处罚。

一、主要适用的案由及其相关度

案由编号	主要适用的案由	相关度
M2.2.11	离婚纠纷	★★★★★

二、同时适用的法条及其相关度

	同时适用的法条	相关度	
婚姻法	第32条【诉讼外调解和诉讼离婚】	★★★★★	045
	第39条【离婚时夫妻共同财产的处理】	★★★	
	第36条【离婚后父母子女关系】	★★	
	第37条【离婚后子女抚养费的负担】	★★	
	第18条【夫妻个人财产的范围】	★	
	第38条【离婚后的子女探望权】	★	
婚姻法司法解释一	第1条【婚姻法中"家庭暴力"的定义;持续性、经常性的家庭暴力构成虐待】	★	306
精神损害赔偿司法解释	第8条【致人精神损害的责任方式】	★	318

第44条【遗弃家庭成员】 ★

对遗弃家庭成员,受害人有权提出请求,居民委员会、村民委员会以及所在单位应当予以劝阻、调解。

对遗弃家庭成员,受害人提出请求的,人民法院应当依法作出支付扶养费、抚养费、赡养费的判决。

一、主要适用的案由及其相关度

案由编号	主要适用的案由	相关度
M2.2.11	离婚纠纷	
M2.2.20	赡养纠纷	
M2.2.20.1	赡养费纠纷	
M2.2.18.1	抚养费纠纷	
M2.2.19	扶养纠纷	
M2.2.19.1	扶养费纠纷	

二、同时适用的法条及其相关度

		同时适用的法条	相关度
045	婚姻法	第4条【夫妻及家庭成员间的行为准则】	
		第20条【夫妻扶养义务】	
		第21条【父母与子女间的抚养赡养义务】	
		第32条【诉讼外调解和诉讼离婚】	
		第36条【离婚后父母子女关系】	
		第37条【离婚后子女抚养费的负担】	
		第41条【离婚时夫妻共同债务的清偿】	
		第42条【离婚经济帮助】	
265	老年人权益保障法	第12条【老年节日期】	
		第15条【赡养人对患病或经济困难老年人的义务】	
297	子女抚养问题意见	审理离婚案件处理	第7条【子女抚育费的确定标准】	
			第8条【抚育费的给付:定期、一次性】	

第45条【构成重婚、家庭暴力、虐待、遗弃犯罪】
对重婚的,对实施家庭暴力或虐待、遗弃家庭成员构成犯罪的,依法追究刑事责任。受害人可以依照刑事诉讼法的有关规定,向人民法院自诉;公安机关应当依法侦查,人民检察院应当依法提起公诉。

一、主要适用的案由及其相关度

案由编号	主要适用的案由	相关度
M2.2.11	离婚纠纷	

二、同时适用的法条及其相关度

	同时适用的法条	相关度
婚姻法	第32条【诉讼外调解和诉讼离婚】	
	第36条【离婚后父母子女关系】	

第46条【离婚损害赔偿】　　　　　　　　★★★
有下列情形之一,导致离婚的,无过错方有权请求损害赔偿:
(一)重婚的;
(二)有配偶者与他人同居的;
(三)实施家庭暴力的;
(四)虐待、遗弃家庭成员的。

一、主要适用的案由及其相关度

案由编号	主要适用的案由	相关度
M2.2.11	离婚纠纷	★★★★★
M2.2.13	离婚后损害责任纠纷	★

二、同时适用的法条及其相关度

	同时适用的法条	相关度
婚姻法	第32条【诉讼外调解和诉讼离婚】	★★★★
	第36条【离婚后父母子女关系】	★★★
	第37条【离婚后子女抚养费的负担】	★★★

	同时适用的法条	相关度
045 婚姻法	第 39 条【离婚时夫妻共同财产的处理】	★★★
	第 38 条【离婚后的子女探望权】	★★
	第 41 条【离婚时夫妻共同债务的清偿】	★★
	第 17 条【夫妻共同财产的范围】	★
	第 18 条【夫妻个人财产的范围】	★
	第 42 条【离婚经济帮助】	★
306 婚姻法司法解释一	第 28 条【离婚损害赔偿的内容及其法律适用】	★
297 审理离婚案件处理子女抚养问题意见	第 1 条【两周岁以下的子女可随父方生活的情形】	★

第 47 条【对离婚时一方隐藏、变卖、毁损夫妻共同财产或伪造债务行为的处理规则】 ★★

离婚时,一方隐藏、转移、变卖、毁损夫妻共同财产,或伪造债务企图侵占另一方财产的,分割夫妻共同财产时,对隐藏、转移、变卖、毁损夫妻共同财产或伪造债务的一方,可以少分或不分。离婚后,另一方发现有上述行为的,可以向人民法院提起诉讼,请求再次分割夫妻共同财产。

人民法院对前款规定的妨害民事诉讼的行为,依照民事诉讼法的规定予以制裁。

一、主要适用的案由及其相关度

案由编号	主要适用的案由	相关度
M2.2.11	离婚纠纷	★★★★★
M2.2.12	离婚后财产纠纷	★★★★★

二、同时适用的法条及其相关度

	同时适用的法条	相关度	
婚姻法	第32条【诉讼外调解和诉讼离婚】	★★★★★	045
	第39条【离婚时夫妻共同财产的处理】	★★★★★	
	第17条【夫妻共同财产的范围】	★★★	
	第36条【离婚后父母子女关系】	★★★	
	第37条【离婚后子女抚养费的负担】	★★★	
	第18条【夫妻个人财产的范围】	★	
	第38条【离婚后的子女探望权】	★	
	第41条【离婚时夫妻共同债务的清偿】	★	
	第46条【离婚损害赔偿】	★	
婚姻法司法解释二	第8条【离婚财产分割协议的效力】	★	299
	第9条【协议离婚后的财产分割诉讼】	★	
婚姻法司法解释一	第31条【请求再次分割夫妻共同财产的诉讼时效】	★	306
婚姻法司法解释三	第18条【离婚后对未处理的夫妻共同财产的分割】	★	316
子女抚养问题意见 审理离婚案件处理	第1条【两周岁以下的子女可随父方生活的情形】	★	297

第48条【对拒不执行抚养费等判决、裁定的强制执行】 ★★

对拒不执行有关扶养费、抚养费、赡养费、财产分割、遗产继承、探望子女等判决或裁定的,由人民法院依法强制执行。有关个人和单位应负协助执行的责任。

一、主要适用的案由及其相关度

案由编号	主要适用的案由	相关度
M2.2.11	离婚纠纷	★★★★★
M2.2.20	赡养纠纷	★★★
M2.2.23	探望权纠纷	★★★
M2.2.18.1	抚养费纠纷	★★★
M2.2.12	离婚后财产纠纷	★★
M2.2.18.2	变更抚养关系纠纷	★

二、同时适用的法条及其相关度

		同时适用的法条	相关度
045	婚姻法	第32条【诉讼外调解和诉讼离婚】	★★★★★
		第36条【离婚后父母子女关系】	★★★★★
		第37条【离婚后子女抚养费的负担】	★★★★★
		第38条【离婚后的子女探望权】	★★★★★
		第21条【父母与子女间的抚养赡养义务】	★★★★
		第39条【离婚时夫妻共同财产的处理】	★★★
		第17条【夫妻共同财产的范围】	★
265	老年人权益保障法	第10条【表彰或者奖励】	★
		第11条【老年人的法定义务】	★
		第12条【老年节日期】	★
		第13条【老年人养老】	★
		第15条【赡养人对患病或经济困难老年人的义务】	★
297	子女抚养问题意见审理离婚案件处理	第1条【两周岁以下的子女可随父方生活的情形】	★★★★
		第3条【绝对抚养优先权】	★
		第4条【相对抚养优先权】	★
		第7条【子女抚育费的确定标准】	★
		第8条【抚育费的给付:定期、一次性】	★
		第10条【一方承担全部抚育费义务的协议与禁止】	★
		第11条【抚育费给付期限】	★
		第16条【允许一方变更子女抚养关系的法定情形】	★

	同时适用的法条	相关度	
婚姻法司法解释一	第24条【探望权可另行起诉】	★	306
	第32条【对拒不执行有关探望子女等裁判强制执行的界定】	★	

第49条【对其他法律规定的适用】 ★

其他法律对有关婚姻家庭的违法行为和法律责任另有规定的,依照其规定。

一、主要适用的案由及其相关度

案由编号	主要适用的案由	相关度
M2.2.11	离婚纠纷	
M2.2	婚姻家庭纠纷	
M2.2.10	婚约财产纠纷	

二、同时适用的法条及其相关度

	同时适用的法条	相关度	
婚姻法	第32条【诉讼外调解和诉讼离婚】		045
	第36条【离婚后父母子女关系】		
	第37条【离婚后子女抚养费的负担】		
	第38条【离婚后的子女探望权】		
	第39条【离婚时夫妻共同财产的处理】		
婚姻法司法解释二	第1条【解除同居关系诉讼的受理规则】		299

第六章 附则

第50条【变通规定】

民族自治地方的人民代表大会有权结合当地民族婚姻家庭的具体情况,制定变通规定。自治州、自治县制定的变通规定,报省、自治区、直辖市人民代表大会常务委员会批准后生效。自治区制定的变通规定,报全国人民代表大会常务委员会批准后生效。

说明:本法条尚无足够数量判决书可供法律大数据分析。

第51条【施行日期与旧法的废止】

本法自1981年1月1日起施行。

1950年5月1日颁行的《中华人民共和国婚姻法》,自本法施行之日起废止。

说明:本法条尚无足够数量判决书可供法律大数据分析。

中华人民共和国继承法[①]

(1985年4月10日第六届全国人民代表大会第三次会议通过,自1985年10月1日起施行)

第一章 总则

第1条【继承法的立法目的】 ★★

根据《中华人民共和国宪法》规定,为保护公民的私有财产的继承权,制定本法。

一、主要适用的案由及其相关度

案由编号	主要适用的案由	相关度
M2.3	继承纠纷	★★★★★
M2.3.25	法定继承纠纷	★★★
M4.10.89.4	民间借贷纠纷	★
M2.3.26	遗嘱继承纠纷	★
M2.2.11	离婚纠纷	

二、同时适用的法条及其相关度

	同时适用的法条	相关度
继承法	第3条【遗产范围】	★★★★★
	第5条【继承方式】	★★★★★
	第10条【继承人范围及继承顺序】	★★★★★

---

① 简称《继承法》。

		同时适用的法条	相关度
109	继承法	第2条【继承开始】	★★★★
		第13条【遗产分配】	★★★★
		第26条【遗产的认定】	★★★
		第9条【继承权男女平等】	★★
		第16条【公民可以立遗嘱处分其财产】	★★
		第17条【遗嘱的形式】	★★
		第29条【遗产分割的规则和方法】	★★
		第25条【对继承和遗赠作出接受或放弃表示的期间及效力】	★
		第27条【法定继承的适用范围】	★
		第33条【继承遗产与清偿债务】	★
249	合同法	第1条【合同法的立法目的】	★★★★★
254	民法通则	第1条【民法通则的立法目的】	★★★★
		第76条【财产继承权】	★★★
276	物权法	第1条【物权法的立法目的】	★★
290	宪法	第10条【土地制度:国有土地、集体所有的土地、土地的征收或征用、禁止非法转让土地、合理利用土地】	★★
		第13条【公民私有财产的保护】	★★
315	意见 继承法	第1条【继承开始时间】	★★

第2条【继承开始】 ★★★

继承从被继承人死亡时开始。

一、主要适用的案由及其相关度

案由编号	主要适用的案由	相关度
M2.3	继承纠纷	★★★★★
M2.3.25	法定继承纠纷	★★★★★
M2.3.26	遗嘱继承纠纷	★★★
M4.10.89.4	民间借贷纠纷	★★
M5.14.142	著作权权属、侵权纠纷	★

二、同时适用的法条及其相关度

	同时适用的法条	相关度	
继承法	第3条【遗产范围】	★★★★★	109
	第5条【继承方式】	★★★★★	
	第10条【继承人范围及继承顺序】	★★★★★	
	第13条【遗产分配】	★★★★	
	第16条【公民可以立遗嘱处分其财产】	★★★	
	第26条【遗产的认定】	★★★	
	第11条【代位继承】	★★	
	第17条【遗嘱的形式】	★★	
	第25条【对继承和遗赠作出接受或放弃表示的期间及效力】	★★	
	第29条【遗产分割的规则和方法】	★★	
	第33条【继承遗产与清偿债务】	★★	
	第9条【继承权男女平等】	★	
合同法	第206条【借款期限的认定】	★★★★★	249
	第60条【合同履行的原则】	★★★	
	第107条【违约的基本形态和承担违约责任的种类】	★★★	
	第207条【逾期还款利息的支付】	★★★	
	第8条【依法成立的合同的约束力】	★★	

		同时适用的法条	相关度
249	合同法	第196条【借款合同的定义】	★★
		第205条【借款利息支付期限的确定】	★★
		第210条【自然人之间借款合同的生效:提供借款时】	★★
		第211条【自然人之间借款合同利息的规制:没有约定、约定不明时不支付利息;利率不得违反国家规定】	★★
045	婚姻法	第17条【夫妻共同财产的范围】	★★★★
		第18条【夫妻个人财产的范围】	★
		第24条【遗产继承权】	★
254	民法通则	第66条【无权代理的法律后果;代理人不履行职责、损害代理人利益的民事责任;第三人和行为人的连带责任】	★★★
		第76条【财产继承权】	★★★
		第108条【债务清偿:分期偿还、强制偿还】	★★★
		第135条【诉讼时效期间:两年】	★★★
		第137条【诉讼时效期间的起算日和最长保护期限】	★★★
		第78条【财产共有制度:按份共有、共同共有、共有人的优先购买权】	★★
		第84条【债的定义】	★★
		第90条【合法借贷关系受法律保护】	★★
279	著作权法	第1条【著作权法的立法目的】	★★★
		第19条【著作财产权的继承和承受】	★★★
		第21条【发表权、著作财产权的保护期限】	★★★
		第30条【图书出版者的义务】	★★★
		第32条【著作权人和图书出版者的义务】	★★★

	同时适用的法条	相关度	
物权法	第9条【不动产物权变动登记生效;国有自然资源所有权登记的特殊规定】	★★	276
	第29条【以继承或者遗赠方式取得物权的生效时间】	★★	
	第99条【共有物的分割规则】	★★	
	第33条【利害关系人的物权确认请求权】	★	
	第93条【共有的界定及其类型】	★	
出版管理条例	第28条【出版物必须载明的事项;符合国家标准和规范】	★★★	293
继承法意见	第1条【继承开始时间】	★★★★★	315
	第52条【继承开始后遗产分割前继承人死亡的遗产处理】	★★	
婚姻法司法解释二	第24条【夫妻一方所欠债务的处理】	★★★	299
民通意见	第1条【公民民事权利能力的开始:户籍证明、出生证明、其他证明】	★	311

第3条【遗产范围】　　　　　　　　　　　　　　　★★★★

遗产是公民死亡时遗留的个人合法财产,包括:

(一) 公民的收入;

(二) 公民的房屋、储蓄和生活用品;

(三) 公民的林木、牲畜和家禽;

(四) 公民的文物、图书资料;

(五) 法律允许公民所有的生产资料;

(六) 公民的著作权、专利权中的财产权利;

(七) 公民的其他合法财产。

一、主要适用的案由及其相关度

案由编号	主要适用的案由	相关度
M2.3	继承纠纷	★★★★★
M2.3.25	法定继承纠纷	★★★★★
M2.3.26	遗嘱继承纠纷	★★★
M4.10.89.4	民间借贷纠纷	★★★

二、同时适用的法条及其相关度

	同时适用的法条	相关度
继承法	第10条【继承人范围及继承顺序】	★★★★★
继承法	第5条【继承方式】	★★★★
继承法	第13条【遗产分配】	★★★★
继承法	第2条【继承开始】	★★★
继承法	第16条【公民可以立遗嘱处分其财产】	★★★
继承法	第17条【遗嘱的形式】	★★★
继承法	第26条【遗产的认定】	★★★
继承法	第9条【继承权男女平等】	★★
继承法	第11条【代位继承】	★★
继承法	第25条【对继承和遗赠作出接受或放弃表示的期间及效力】	★★
继承法	第29条【遗产分割的规则和方法】	★★
继承法	第33条【继承遗产与清偿债务】	★★
继承法	第15条【继承问题的处理原则与方法】	★
合同法	第206条【借款期限的认定】	★★
合同法	第60条【合同履行的原则】	★
合同法	第107条【违约的基本形态和承担违约责任的种类】	★
合同法	第207条【逾期还款利息的支付】	★

	同时适用的法条	相关度	
婚姻法	第17条【夫妻共同财产的范围】	★★	045
民法通则	第108条【债务清偿：分期偿还、强制偿还】	★	254
继承法意见	第1条【继承开始时间】	★★	315

第4条【个人承包收益的继承】 ★★

个人承包应得的个人收益，依照本法规定继承。个人承包，依照法律允许由继承人继续承包的，按照承包合同办理。

一、主要适用的案由及其相关度

案由编号	主要适用的案由	相关度
M2.3	继承纠纷	★★★★★
M2.3.25	法定继承纠纷	★★★★
M3.7.55	土地承包经营权纠纷	★
M3.7.55.2	承包地征收补偿费用分配纠纷	★
M3.7.55.3	土地承包经营权继承纠纷	★
M4.10.89.4	民间借贷纠纷	★
M2.3.26	遗嘱继承纠纷	★

二、同时适用的法条及其相关度

	同时适用的法条	相关度	
继承法	第3条【遗产范围】	★★★★★	109
	第10条【继承人范围及继承顺序】	★★★★	
	第2条【继承开始】	★★★	
	第5条【继承方式】	★★★	
	第13条【遗产分配】	★★★	

		同时适用的法条	相关度
109	继承法	第9条【继承权男女平等】	★
		第11条【代位继承】	★
		第25条【对继承和遗赠作出接受或放弃表示的期间及效力】	★
		第26条【遗产的认定】	★
		第29条【遗产分割的规则和方法】	★
		第33条【继承遗产与清偿债务】	★
283	农村土地承包法	第15条【家庭承包方的定义】	★★★
		第31条【承包收益与林地承包权的继承】	★★★
		第3条【农村土地承包经营制度;农村土地承包方式:家庭承包方式,招标、拍卖、公开协商等】	★
		第16条【土地承包方的权利:使用、收益、流转、组织生产、获得补偿】	★
		第50条【土地承包经营权的取得以及承包收益的继承】	★
315	意见 继承法	第1条【继承开始时间】	★

第5条【继承方式】 ★★★

继承开始后,按照法定继承办理;有遗嘱的,按照遗嘱继承或者遗赠办理;有遗赠扶养协议的,按照协议办理。

▇ 一、主要适用的案由及其相关度

案由编号	主要适用的案由	相关度
M2.3	继承纠纷	★★★★★
M2.3.25	法定继承纠纷	★★★★★
M2.3.26	遗嘱继承纠纷	★★★
M2.2.24	分家析产纠纷	★

二、同时适用的法条及其相关度

	同时适用的法条	相关度	
继承法	第3条【遗产范围】	★★★★★	109
	第10条【继承人范围及继承顺序】	★★★★★	
	第13条【遗产分配】	★★★★★	
	第2条【继承开始】	★★★★	
	第16条【公民可以立遗嘱处分其财产】	★★★	
	第17条【遗嘱的形式】	★★★	
	第26条【遗产的认定】	★★★	
	第11条【代位继承】	★★	
	第25条【对继承和遗赠作出接受或放弃表示的期间及效力】	★★	
	第29条【遗产分割的规则和方法】	★★	
	第9条【继承权男女平等】	★	
婚姻法	第17条【夫妻共同财产的范围】	★	045
意见继承法	第1条【继承开始时间】	★	315

第6条【无行为能力人、限制行为能力人的继承权、受遗赠权的行使】★★

无行为能力人的继承权、受遗赠权,由他的法定代理人代为行使。

限制行为能力人的继承权、受遗赠权,由他的法定代理人代为行使,或者征得法定代理人同意后行使。

一、主要适用的案由及其相关度

案由编号	主要适用的案由	相关度
M2.3.25	法定继承纠纷	★★★★★
M2.3	继承纠纷	★★★★★

案由编号	主要适用的案由	相关度
M4.10.89.4	民间借贷纠纷	★★★
M2.3.27	被继承人债务清偿纠纷	★
M2.3.26	遗嘱继承纠纷	★
M9.30.350	机动车交通事故责任纠纷	★

■ 二、同时适用的法条及其相关度

	同时适用的法条	相关度
继承法	第3条【遗产范围】	★★★★★
	第10条【继承人范围及继承顺序】	★★★★★
	第5条【继承方式】	★★★★
	第13条【遗产分配】	★★★★
	第2条【继承开始】	★★★
	第26条【遗产的认定】	★★★
	第29条【遗产分割的规则和方法】	★★
	第33条【继承遗产与清偿债务】	★★
	第9条【继承权男女平等】	★
	第15条【继承问题的处理原则与方法】	★
	第16条【公民可以立遗嘱处分其财产】	★
	第17条【遗嘱的形式】	★
	第25条【对继承和遗赠作出接受或放弃表示的期间及效力】	★
意见继承法	第1条【继承开始时间】	★

第7条【继承权的丧失】 ★★

继承人有下列行为之一的,丧失继承权:

(一) 故意杀害被继承人的;

(二)为争夺遗产而杀害其他继承人的;
(三)遗弃被继承人的,或者虐待被继承人情节严重的;
(四)伪造、篡改或者销毁遗嘱,情节严重的。

一、主要适用的案由及其相关度

案由编号	主要适用的案由	相关度
M2.3	继承纠纷	★★★★★
M2.3.25	法定继承纠纷	★★★★
M2.3.26	遗嘱继承纠纷	★

二、同时适用的法条及其相关度

	同时适用的法条	相关度	
继承法	第10条【继承人范围及继承顺序】	★★★★★	109
	第3条【遗产范围】	★★★★	
	第5条【继承方式】	★★★★	
	第13条【遗产分配】	★★★★	
	第2条【继承开始】	★★★	
	第26条【遗产的认定】	★★★	
	第9条【继承权男女平等】	★	
	第11条【代位继承】	★	
	第16条【公民可以立遗嘱处分其财产】	★	
	第17条【遗嘱的形式】	★	
	第29条【遗产分割的规则和方法】	★	
婚姻法	第17条【夫妻共同财产的范围】	★	045
	第24条【遗产继承权】	★	
意见 继承法	第1条【继承开始时间】	★★	315

第8条【继承诉讼时效】 ★★

继承权纠纷提起诉讼的期限为二年,自继承人知道或者应当知道其权利被侵犯之日起计算。但是,自继承开始之日起超过二十年的,不得再提起诉讼。

一、主要适用的案由及其相关度

案由编号	主要适用的案由	相关度
M2.3	继承纠纷	★★★★★
M2.3.25	法定继承纠纷	★★★★★
M2.3.26	遗嘱继承纠纷	★
M3.5.32.1	所有权确认纠纷	★

二、同时适用的法条及其相关度

	同时适用的法条	相关度
继承法	第2条【继承开始】	★★★★★
	第3条【遗产范围】	★★★★★
	第10条【继承人范围及继承顺序】	★★★★★
	第13条【遗产分配】	★★★★★
	第5条【继承方式】	★★★★
	第26条【遗产的认定】	★★★
	第9条【继承权男女平等】	★★
	第11条【代位继承】	★★
	第16条【公民可以立遗嘱处分其财产】	★★
	第17条【遗嘱的形式】	★★
	第25条【对继承和遗赠作出接受或放弃表示的期间及效力】	★★
	第29条【遗产分割的规则和方法】	★★
	第15条【继承问题的处理原则与方法】	★

	同时适用的法条	相关度	
民法通则	第135条【诉讼时效期间:两年】	★	254
	第137条【诉讼时效期间的起算日和最长保护期限】	★	
物权法	第9条【不动产物权变动登记生效;国有自然资源所有权登记的特殊规定】	★	276
意见 继承法	第1条【继承开始时间】	★★★	315

第二章 法定继承

第9条【继承权男女平等】　　　★★

继承权男女平等。

一、主要适用的案由及其相关度

案由编号	主要适用的案由	相关度
M2.3	继承纠纷	★★★★★
M2.3.25	法定继承纠纷	★★★★★
M2.2.24	分家析产纠纷	★

二、同时适用的法条及其相关度

	同时适用的法条	相关度	
继承法	第10条【继承人范围及继承顺序】	★★★★★	109
	第13条【遗产分配】	★★★★★	
	第3条【遗产范围】	★★★★	
	第2条【继承开始】	★★★	
	第5条【继承方式】	★★★	
	第26条【遗产的认定】	★★★	
	第11条【代位继承】	★★	

		同时适用的法条	相关度
109	继承法	第29条【遗产分割的规则和方法】	★★
		第15条【继承问题的处理原则与方法】	★
		第16条【公民可以立遗嘱处分其财产】	★
		第17条【遗嘱的形式】	★
		第25条【对继承和遗赠作出接受或放弃表示的期间及效力】	★
045	婚姻法	第17条【夫妻共同财产的范围】	★
254	民法通则	第76条【财产继承权】	★
		第78条【财产共有制度：按份共有、共同共有、共有人的优先购买权】	★
315	意见 继承法	第1条【继承开始时间】	★★

第10条【继承人范围及继承顺序】　　　　　　　　　★★★★

遗产按照下列顺序继承：

第一顺序：配偶、子女、父母。

第二顺序：兄弟姐妹、祖父母、外祖父母。

继承开始后，由第一顺序继承人继承，第二顺序继承人不继承。没有第一顺序继承人继承的，由第二顺序继承人继承。

本法所说的子女，包括婚生子女、非婚生子女、养子女和有扶养关系的继子女。

本法所说的父母，包括生父母、养父母和有扶养关系的继父母。

本法所说的兄弟姐妹，包括同父母的兄弟姐妹、同父异母或者同母异父的兄弟姐妹、养兄弟姐妹、有扶养关系的继兄弟姐妹。

一、主要适用的案由及其相关度

案由编号	主要适用的案由	相关度
M2.3	继承纠纷	★★★★★
M2.3.25	法定继承纠纷	★★★★★
M4.10.89.4	民间借贷纠纷	★★★
M2.3.27	被继承人债务清偿纠纷	★
M2.3.26	遗嘱继承纠纷	★
M2.2.24	分家析产纠纷	★

二、同时适用的法条及其相关度

	同时适用的法条	相关度
继承法	第3条【遗产范围】	★★★★★
	第13条【遗产分配】	★★★★★
	第5条【继承方式】	★★★★
	第2条【继承开始】	★★★
	第25条【对继承和遗赠作出接受或放弃表示的期间及效力】	★★★
	第26条【遗产的认定】	★★★
	第29条【遗产分割的规则和方法】	★★★
	第33条【继承遗产与清偿债务】	★★★
	第9条【继承权男女平等】	★★
	第11条【代位继承】	★★
	第16条【公民可以立遗嘱处分其财产】	★★
	第17条【遗嘱的形式】	★★
	第15条【继承问题的处理原则与方法】	★

		同时适用的法条	相关度
249	合同法	第206条【借款期限的认定】	★★★
		第60条【合同履行的原则】	★★
		第107条【违约的基本形态和承担违约责任的种类】	★★
		第205条【借款利息支付期限的确定】	★★
		第207条【逾期还款利息的支付】	★★
		第8条【依法成立的合同的约束力】	★
		第196条【借款合同的定义】	★
		第211条【自然人之间借款合同利息的规制:没有约定、约定不明时不支付利息;利率不得违反国家规定】	★
254	民法通则	第108条【债务清偿:分期偿还、强制偿还】	★★
		第76条【财产继承权】	★
		第78条【财产共有制度:按份共有、共同共有、共有人的优先购买权】	★
		第84条【债的定义】	★
		第90条【合法借贷关系受法律保护】	★
045	婚姻法	第17条【夫妻共同财产的范围】	★★
315	意见 继承法	第1条【继承开始时间】	★★
299	法解释二 婚姻法司	第24条【夫妻一方所欠债务的处理】	★★

第11条【代位继承】　　　　　　　　　　　　　　　　　★★★

被继承人的子女先于被继承人死亡的,由被继承人的子女的晚辈直系血亲代位继承。代位继承人一般只能继承他的父亲或者母亲有权继承的遗产份额。

一、主要适用的案由及其相关度

案由编号	主要适用的案由	相关度
M2.3	继承纠纷	★★★★★
M2.3.25	法定继承纠纷	★★★★★
M2.3.26	遗嘱继承纠纷	★
M2.2.24	分家析产纠纷	★

二、同时适用的法条及其相关度

	同时适用的法条	相关度	
继承法	第10条【继承人范围及继承顺序】	★★★★★	109
	第13条【遗产分配】	★★★★★	
	第3条【遗产范围】	★★★★	
	第5条【继承方式】	★★★★	
	第2条【继承开始】	★★★	
	第26条【遗产的认定】	★★★	
	第9条【继承权男女平等】	★★	
	第17条【遗嘱的形式】	★★	
	第29条【遗产分割的规则和方法】	★★	
	第16条【公民可以立遗嘱处分其财产】	★	
	第25条【对继承和遗赠作出接受或放弃表示的期间及效力】	★	
意见 继承法	第1条【继承开始时间】	★★	315

第12条【丧偶儿媳、女婿的继承权】 ★

丧偶儿媳对公、婆,丧偶女婿对岳父、岳母,尽了主要赡养义务的,作为第一顺序继承人。

▨ 一、主要适用的案由及其相关度

案由编号	主要适用的案由	相关度
M2.3	继承纠纷	★★★★★
M2.3.25	法定继承纠纷	★★★★
M2.3.26	遗嘱继承纠纷	★
M2.2.24	分家析产纠纷	★
M3.6.48	共有纠纷	★

▨ 二、同时适用的法条及其相关度

		同时适用的法条	相关度
109	继承法	第10条【继承人范围及继承顺序】	★★★★★
		第11条【代位继承】	★★★★★
		第13条【遗产分配】	★★★★★
		第3条【遗产范围】	★★★
		第5条【继承方式】	★★★
		第2条【继承开始】	★★
		第9条【继承权男女平等】	★★
		第26条【遗产的认定】	★★
		第16条【公民可以立遗嘱处分其财产】	★
		第17条【遗嘱的形式】	★
		第29条【遗产分割的规则和方法】	★
045	婚姻法	第17条【夫妻共同财产的范围】	★
315	意见 继承法	第1条【继承开始时间】	★

第13条【遗产分配】 ★★★★

同一顺序继承人继承遗产的份额,一般应当均等。

对生活有特殊困难的缺乏劳动能力的继承人,分配遗产时,应当予以照顾。

对被继承人尽了主要扶养义务或者与被继承人共同生活的继承人,分配遗产时,可以多分。

有扶养能力和有扶养条件的继承人,不尽扶养义务的,分配遗产时,应当不分或者少分。

继承人协商同意的,也可以不均等。

一、主要适用的案由及其相关度

案由编号	主要适用的案由	相关度
M2.3.25	法定继承纠纷	★★★★★
M2.3	继承纠纷	★★★★★
M2.2.24	分家析产纠纷	★
M2.3.26	遗嘱继承纠纷	★

二、同时适用的法条及其相关度

	同时适用的法条	相关度
继承法	第10条【继承人范围及继承顺序】	★★★★★
	第3条【遗产范围】	★★★★
	第2条【继承开始】	★★★
	第5条【继承方式】	★★★
	第26条【遗产的认定】	★★★
	第29条【遗产分割的规则和方法】	★★★
	第9条【继承权男女平等】	★★
	第11条【代位继承】	★★
	第17条【遗嘱的形式】	★★
	第25条【对继承和遗赠作出接受或放弃表示的期间及效力】	★★
	第15条【继承问题的处理原则与方法】	★
	第16条【公民可以立遗嘱处分其财产】	★
	第33条【继承遗产与清偿债务】	★

		同时适用的法条	相关度
045	婚姻法	第17条【夫妻共同财产的范围】	★
315	意见 继承法	第1条【继承开始时间】	★★

第14条【继承人以外的遗产取得人】 ★★

对继承人以外的依靠被继承人扶养的缺乏劳动能力又没有生活来源的人,或者继承人以外的对被继承人扶养较多的人,可以分给他们适当的遗产。

■ 一、主要适用的案由及其相关度

案由编号	主要适用的案由	相关度
M2.3	继承纠纷	★★★★★
M2.3.25	法定继承纠纷	★★★★

■ 二、同时适用的法条及其相关度

		同时适用的法条	相关度
109	继承法	第10条【继承人范围及继承顺序】	★★★★★
		第3条【遗产范围】	★★★
		第5条【继承方式】	★★★
		第13条【遗产分配】	★★★
		第2条【继承开始】	★★
		第9条【继承权男女平等】	★
		第11条【代位继承】	★
		第17条【遗嘱的形式】	★
		第26条【遗产的认定】	★
		第29条【遗产分割的规则和方法】	★

	同时适用的法条	相关度
意见 继承法	第1条【继承开始时间】	★★

315

第15条【继承问题的处理原则与方法】 ★★

继承人应当本着互谅互让、和睦团结的精神,协商处理继承问题。遗产分割的时间、办法和份额,由继承人协商确定。协商不成的,可以由人民调解委员会调解或者向人民法院提起诉讼。

一、主要适用的案由及其相关度

案由编号	主要适用的案由	相关度
M2.3	继承纠纷	★★★★★
M2.3.25	法定继承纠纷	★★★
M2.3.26	遗嘱继承纠纷	

二、同时适用的法条及其相关度

	同时适用的法条	相关度
继承法	第3条【遗产范围】	★★★★★
	第10条【继承人范围及继承顺序】	★★★★★
	第13条【遗产分配】	★★★★★
	第5条【继承方式】	★★★★
	第2条【继承开始】	★★★
	第9条【继承权男女平等】	★★
	第26条【遗产的认定】	★★
	第29条【遗产分割的规则和方法】	★★
	第11条【代位继承】	★
	第16条【公民可以立遗嘱处分其财产】	★
	第17条【遗嘱的形式】	★
	第25条【对继承和遗赠作出接受或放弃表示的期间及效力】	★

109

	同时适用的法条	相关度
315 意见 继承法	第1条【继承开始时间】	★

第三章 遗嘱继承和遗赠

第16条【公民可以立遗嘱处分其财产】 ★★★

公民可以依照本法规定立遗嘱处分个人财产,并可以指定遗嘱执行人。

公民可以立遗嘱将个人财产指定由法定继承人的一人或者数人继承。

公民可以立遗嘱将个人财产赠给国家、集体或者法定继承人以外的人。

一、主要适用的案由及其相关度

案由编号	主要适用的案由	相关度
M2.3.26	遗嘱继承纠纷	★★★★★
M2.3	继承纠纷	★★★★★
M2.3.25	法定继承纠纷	★★
M2.3.28	遗赠纠纷	★★

二、同时适用的法条及其相关度

	同时适用的法条	相关度
109 继承法	第5条【继承方式】	★★★★★
	第17条【遗嘱的形式】	★★★★★
	第3条【遗产范围】	★★★★
	第2条【继承开始】	★★★
	第10条【继承人范围及继承顺序】	★★★
	第13条【遗产分配】	★★★
	第26条【遗产的认定】	★★★

	同时适用的法条	相关度	
继承法	第29条【遗产分割的规则和方法】	★★	109
	第11条【代位继承】	★	
	第20条【遗嘱的撤销、变更以及不同形式遗嘱之间的效力】	★	
	第25条【对继承和遗赠作出接受或放弃表示的期间及效力】	★	
意见 继承法	第1条【继承开始时间】	★★	315

第17条【遗嘱的形式】 ★★★

公证遗嘱由遗嘱人经公证机关办理。

自书遗嘱由遗嘱人亲笔书写,签名,注明年、月、日。

代书遗嘱应当有两个以上见证人在场见证,由其中一人代书,注明年、月、日,并由代书人、其他见证人和遗嘱人签名。

以录音形式立的遗嘱,应当有两个以上见证人在场见证。

遗嘱人在危急情况下,可以立口头遗嘱。口头遗嘱应当有两个以上见证人在场见证。危急情况解除后,遗嘱人能够用书面或者录音形式立遗嘱的,所立的口头遗嘱无效。

一、主要适用的案由及其相关度

案由编号	主要适用的案由	相关度
M2.3	继承纠纷	★★★★★
M2.3.26	遗嘱继承纠纷	★★★★★
M2.3.25	法定继承纠纷	★★★
M2.3.28	遗赠纠纷	★

二、同时适用的法条及其相关度

		同时适用的法条	相关度
继承法		第5条【继承方式】	★★★★★
		第16条【公民可以立遗嘱处分其财产】	★★★★★
		第3条【遗产范围】	★★★★
		第2条【继承开始】	★★★
		第10条【继承人范围及继承顺序】	★★★
		第13条【遗产分配】	★★★
		第26条【遗产的认定】	★★★
		第29条【遗产分割的规则和方法】	★★
		第11条【代位继承】	★
		第18条【遗嘱见证人】	★
		第25条【对继承和遗赠作出接受或放弃表示的期间及效力】	★
意见	继承法	第1条【继承开始时间】	★

（109）
（315）

第18条【遗嘱见证人】 ★★

下列人员不能作为遗嘱见证人：

（一）无行为能力人、限制行为能力人；

（二）继承人、受遗赠人；

（三）与继承人、受遗赠人有利害关系的人。

一、主要适用的案由及其相关度

案由编号	主要适用的案由	相关度
M2.3	继承纠纷	★★★★★
M2.3.26	遗嘱继承纠纷	★★★★★
M2.3.25	法定继承纠纷	★★★

二、同时适用的法条及其相关度

	同时适用的法条	相关度	
继承法	第17条【遗嘱的形式】	★★★★★	109
	第3条【遗产范围】	★★★	
	第5条【继承方式】	★★★	
	第10条【继承人范围及继承顺序】	★★★	
	第13条【遗产分配】	★★★	
	第16条【公民可以立遗嘱处分其财产】	★★★	
	第2条【继承开始】	★★	
	第11条【代位继承】	★	
	第22条【遗嘱的无效】	★	
	第25条【对继承和遗赠作出接受或放弃表示的期间及效力】	★	
	第26条【遗产的认定】	★	
	第29条【遗产分割的规则和方法】	★	
意见 继承法	第1条【继承开始时间】	★	315

第19条【特留份规定】 ★★

遗嘱应当对缺乏劳动能力又没有生活来源的继承人保留必要的遗产份额。

一、主要适用的案由及其相关度

案由编号	主要适用的案由	相关度
M2.3	继承纠纷	★★★★★
M2.3.26	遗嘱继承纠纷	★★★★★
M2.3.25	法定继承纠纷	★★★

二、同时适用的法条及其相关度

	同时适用的法条	相关度
109 继承法	第 16 条【公民可以立遗嘱处分其财产】	★★★★★
	第 3 条【遗产范围】	★★★★
	第 5 条【继承方式】	★★★★
	第 17 条【遗嘱的形式】	★★★★
	第 2 条【继承开始】	★★★
	第 10 条【继承人范围及继承顺序】	★★★
	第 26 条【遗产的认定】	★★★
	第 13 条【遗产分配】	★★
	第 29 条【遗产分割的规则和方法】	★★
	第 11 条【代位继承】	★
	第 18 条【遗嘱见证人】	★
	第 33 条【继承遗产与清偿债务】	★
045 婚姻法	第 17 条【夫妻共同财产的范围】	★
315 意见 继承法	第 1 条【继承开始时间】	★★★
	第 37 条【必留份】	★

第 20 条【遗嘱的撤销、变更以及不同形式遗嘱之间的效力】 ★★

遗嘱人可以撤销、变更自己所立的遗嘱。

立有数份遗嘱，内容相抵触的，以最后的遗嘱为准。

自书、代书、录音、口头遗嘱，不得撤销、变更公证遗嘱。

一、主要适用的案由及其相关度

案由编号	主要适用的案由	相关度
M2.3	继承纠纷	★★★★★
M2.3.26	遗嘱继承纠纷	★★★★★

案由编号	主要适用的案由	相关度
M2.3.25	法定继承纠纷	★★
M2.3.28	遗赠纠纷	★

二、同时适用的法条及其相关度

	同时适用的法条	相关度	
继承法	第5条【继承方式】	★★★★★	109
	第16条【公民可以立遗嘱处分其财产】	★★★★★	
	第17条【遗嘱的形式】	★★★★★	
	第3条【遗产范围】	★★★★	
	第2条【继承开始】	★★★	
	第10条【继承人范围及继承顺序】	★★★	
	第13条【遗产分配】	★★★	
	第26条【遗产的认定】	★★★	
	第29条【遗产分割的规则和方法】	★★	
	第11条【代位继承】	★	
	第25条【对继承和遗赠作出接受或放弃表示的期间及效力】	★	
	第27条【法定继承的适用范围】	★	
意见 继承法	第1条【继承开始时间】	★★	315

第21条【附义务的遗嘱】 ★★

遗嘱继承或者遗赠附有义务的,继承人或者受遗赠人应当履行义务。没有正当理由不履行义务的,经有关单位或者个人请求,人民法院可以取消他接受遗产的权利。

一、主要适用的案由及其相关度

案由编号	主要适用的案由	相关度
M2.3	继承纠纷	★★★★★
M2.3.26	遗嘱继承纠纷	★★★★★
M2.3.28	遗赠纠纷	★★★
M2.3.29	遗赠扶养协议纠纷	★★★
M2.3.25	法定继承纠纷	★★
M3.5.32.1	所有权确认纠纷	★
M2.2.20.1	赡养费纠纷	★

二、同时适用的法条及其相关度

	同时适用的法条	相关度
继承法	第16条【公民可以立遗嘱处分其财产】	★★★★★
继承法	第5条【继承方式】	★★★★
继承法	第17条【遗嘱的形式】	★★★★
继承法	第3条【遗产范围】	★★★
继承法	第2条【继承开始】	★★
继承法	第10条【继承人范围及继承顺序】	★★
继承法	第31条【遗赠扶养协议】	★★
继承法	第13条【遗产分配】	★
继承法	第20条【遗嘱的撤销、变更以及不同形式遗嘱之间的效力】	★
继承法	第25条【对继承和遗赠作出接受或放弃表示的期间及效力】	★
继承法	第26条【遗产的认定】	★
继承法	第27条【法定继承的适用范围】	★
意见继承法	第1条【继承开始时间】	★★

第22条【遗嘱的无效】　　　　　　　　　　　　　　　　★

无行为能力人或者限制行为能力人所立的遗嘱无效。

遗嘱必须表示遗嘱人的真实意思,受胁迫、欺骗所立的遗嘱无效。

伪造的遗嘱无效。

遗嘱被篡改的,篡改的内容无效。

一、主要适用的案由及其相关度

案由编号	主要适用的案由	相关度
M2.3.26	遗嘱继承纠纷	★★★★★
M2.3	继承纠纷	★★★★
M2.3.25	法定继承纠纷	★★
M2.3.28	遗赠纠纷	★

二、同时适用的法条及其相关度

	同时适用的法条	相关度	
继承法	第16条【公民可以立遗嘱处分其财产】	★★★★★	109
	第17条【遗嘱的形式】	★★★★★	
	第3条【遗产范围】	★★★	
	第5条【继承方式】	★★★	
	第10条【继承人范围及继承顺序】	★★★	
	第2条【继承开始】	★★	
	第13条【遗产分配】	★★	
	第18条【遗嘱见证人】	★★	
	第26条【遗产的认定】	★★	
	第29条【遗产分割的规则和方法】	★★	
	第11条【代位继承】	★	
	第20条【遗嘱的撤销、变更以及不同形式遗嘱之间的效力】	★	
意见 继承法	第1条【继承开始时间】	★	315

第四章 遗产的处理

第23条【继承开始的通知】 ★

继承开始后,知道被继承人死亡的继承人应当及时通知其他继承人和遗嘱执行人。继承人中无人知道被继承人死亡或者知道被继承人死亡而不能通知的,由被继承人生前所在单位或者住所地的居民委员会、村民委员会负责通知。

一、主要适用的案由及其相关度

案由编号	主要适用的案由	相关度
M2.3.25	法定继承纠纷	
M2.3	继承纠纷	

二、同时适用的法条及其相关度

	同时适用的法条	相关度
继承法	第10条【继承人范围及继承顺序】	★★★★★
	第2条【继承开始】	★★★
	第3条【遗产范围】	★★★
	第5条【继承方式】	★★★
	第13条【遗产分配】	★★★
	第16条【公民可以立遗嘱处分其财产】	★★★
	第17条【遗嘱的形式】	★★★
	第25条【对继承和遗赠作出接受或放弃表示的期间及效力】	★★★
	第26条【遗产的认定】	★★★
	第7条【继承权的丧失】	★
	第8条【继承诉讼时效】	★
	第9条【继承权男女平等】	★
	第11条【代位继承】	★
	第24条【遗产的保管】	★
	第29条【遗产分割的规则和方法】	★

	同时适用的法条	相关度	
道路交通安全法	第76条【交通事故的赔偿责任】	★★	271
合同法	第60条【合同履行的原则】	★	249
	第196条【借款合同的定义】	★	
	第205条【借款利息支付期限的确定】	★	
	第206条【借款期限的认定】	★	
	第207条【逾期还款利息的支付】	★	
侵权责任法	第6条【过错责任原则;过错推定责任原则】	★	268
	第16条【人身损害赔偿项目:一般人身损害赔偿项目、伤残赔偿项目、死亡赔偿项目】	★	
	第48条【机动车交通事故责任的法律适用】	★	
民法通则	第66条【无权代理的法律后果;代理人不履行职责、损害代理人利益的民事责任;第三人和行为人的连带责任】	★	254
	第72条【财产所有权的取得;动产所有权自交付时转移】	★	
	第76条【财产继承权】	★	
婚姻法	第18条【夫妻个人财产的范围】	★	045
物权法	第17条【不动产权属证书与不动产登记簿的关系】	★	276
婚姻法司法解释二	第24条【夫妻一方所欠债务的处理】	★	299
婚姻法司法解释一	第19条【夫妻一方的财产不因婚姻的延续而转变】	★	306

		同时适用的法条	相关度
302	人身损害赔偿司法解释	第23条【伙食费、住宿费计算标准】	★

第24条【遗产的保管】 ★★

存有遗产的人,应当妥善保管遗产,任何人不得侵吞或者争抢。

一、主要适用的案由及其相关度

案由编号	主要适用的案由	相关度
M2.3	继承纠纷	★★★★★
M2.3.25	法定继承纠纷	★★★★
M4.10.89.4	民间借贷纠纷	★★
M2.3.27	被继承人债务清偿纠纷	★
M2.3.26	遗嘱继承纠纷	★

二、同时适用的法条及其相关度

		同时适用的法条	相关度
109	继承法	第10条【继承人范围及继承顺序】	★★★★★
		第3条【遗产范围】	★★★★
		第13条【遗产分配】	★★★★
		第2条【继承开始】	★★★
		第5条【继承方式】	★★★
		第26条【遗产的认定】	★★★
		第33条【继承遗产与清偿债务】	★★★
		第9条【继承权男女平等】	★★
		第25条【对继承和遗赠作出接受或放弃表示的期间及效力】	★★
		第29条【遗产分割的规则和方法】	★★

	同时适用的法条	相关度	
继承法	第11条【代位继承】	★	109
	第15条【继承问题的处理原则与方法】	★	
	第16条【公民可以立遗嘱处分其财产】	★	
	第17条【遗嘱的形式】	★	
民法通则	第84条【债的定义】	★	254
	第108条【债务清偿:分期偿还、强制偿还】	★	
合同法	第60条【合同履行的原则】	★	249
	第205条【借款利息支付期限的确定】	★	
婚姻法	第17条【夫妻共同财产的范围】	★	045
意见继承法	第1条【继承开始时间】	★	315

第25条【对继承和遗赠作出接受或放弃表示的期间及效力】 ★★★

继承开始后,继承人放弃继承的,应当在遗产处理前,作出放弃继承的表示。没有表示的,视为接受继承。

受遗赠人应当在知道受遗赠后两个月内,作出接受或者放弃受遗赠的表示。到期没有表示的,视为放弃受遗赠。

一、主要适用的案由及其相关度

案由编号	主要适用的案由	相关度
M4.10.89.4	民间借贷纠纷	★★★★★
M2.3	继承纠纷	★★★★★
M2.3.25	法定继承纠纷	★★★★★
M2.3.27	被继承人债务清偿纠纷	★★
M2.3.26	遗嘱继承纠纷	★
M4.10.89.1	金融借款合同纠纷	★
M2.3.28	遗赠纠纷	★

案由编号	主要适用的案由	相关度
M2.2.24	分家析产纠纷	★
M3.5.32.1	所有权确认纠纷	★

二、同时适用的法条及其相关度

	同时适用的法条	相关度
继承法	第10条【继承人范围及继承顺序】	★★★★★
	第3条【遗产范围】	★★★★
	第5条【继承方式】	★★★★
	第33条【继承遗产与清偿债务】	★★★★
	第2条【继承开始】	★★★
	第13条【遗产分配】	★★★
	第26条【遗产的认定】	★★★
	第16条【公民可以立遗嘱处分其财产】	★★
	第17条【遗嘱的形式】	★★
	第29条【遗产分割的规则和方法】	★★
	第9条【继承权男女平等】	★
	第11条【代位继承】	★
合同法	第206条【借款期限的认定】	★★★
	第60条【合同履行的原则】	★★
	第107条【违约的基本形态和承担违约责任的种类】	★★
	第205条【借款利息支付期限的确定】	★★
	第207条【逾期还款利息的支付】	★★
	第196条【借款合同的定义】	★
	第211条【自然人之间借款合同利息的规制:没有约定、约定不明时不支付利息;利率不得违反国家规定】	★

	同时适用的法条	相关度	
民法通则	第108条【债务清偿:分期偿还、强制偿还】	★★	254
	第84条【债的定义】	★	
	第90条【合法借贷关系受法律保护】	★	
婚姻法司法解释二	第24条【夫妻一方所欠债务的处理】	★★	299
	第26条【生存一方对夫妻共同债务的连带清偿责任】	★	
继承法意见	第1条【继承开始时间】	★★	315

第26条【遗产的认定】 ★★★

夫妻在婚姻关系存续期间所得的共同所有的财产,除有约定的以外,如果分割遗产,应当先将共同所有的财产的一半分出为配偶所有,其余的为被继承人的遗产。

遗产在家庭共有财产之中的,遗产分割时,应当先分出他人的财产。

一、主要适用的案由及其相关度

案由编号	主要适用的案由	相关度
M2.3	继承纠纷	★★★★★
M2.3.25	法定继承纠纷	★★★★★
M2.3.26	遗嘱继承纠纷	★★
M2.2.24	分家析产纠纷	★

二、同时适用的法条及其相关度

	同时适用的法条	相关度	
继承法	第10条【继承人范围及继承顺序】	★★★★★	109
	第13条【遗产分配】	★★★★★	
	第3条【遗产范围】	★★★★	
	第5条【继承方式】	★★★★	

		同时适用的法条	相关度
109	继承法	第2条【继承开始】	★★★
		第16条【公民可以立遗嘱处分其财产】	★★★
		第29条【遗产分割的规则和方法】	★★★
		第11条【代位继承】	★★
		第17条【遗嘱的形式】	★★
		第25条【对继承和遗赠作出接受或放弃表示的期间及效力】	★★
		第9条【继承权男女平等】	★
		第33条【继承遗产与清偿债务】	★
045	婚姻法	第17条【夫妻共同财产的范围】	★★
315	意见 继承法	第1条【继承开始时间】	★

第27条【法定继承的适用范围】 ★★

有下列情形之一的,遗产中的有关部分按照法定继承办理:

(一)遗嘱继承人放弃继承或者受遗赠人放弃受遗赠的;

(二)遗嘱继承人丧失继承权的;

(三)遗嘱继承人、受遗赠人先于遗嘱人死亡的;

(四)遗嘱无效部分所涉及的遗产;

(五)遗嘱未处分的遗产。

■ 一、主要适用的案由及其相关度

案由编号	主要适用的案由	相关度
M2.3	继承纠纷	★★★★★
M2.3.25	法定继承纠纷	★★★
M2.3.26	遗嘱继承纠纷	★★★

二、同时适用的法条及其相关度

	同时适用的法条	相关度	
继承法	第5条【继承方式】	★★★★★	109
	第10条【继承人范围及继承顺序】	★★★★★	
	第13条【遗产分配】	★★★★★	
	第3条【遗产范围】	★★★★	
	第16条【公民可以立遗嘱处分其财产】	★★★★	
	第17条【遗嘱的形式】	★★★★	
	第26条【遗产的认定】	★★★★	
	第2条【继承开始】	★★★	
	第29条【遗产分割的规则和方法】	★★★	
	第11条【代位继承】	★★	
	第25条【对继承和遗赠作出接受或放弃表示的期间及效力】	★★	
	第9条【继承权男女平等】	★	
	第20条【遗嘱的撤销、变更以及不同形式遗嘱之间的效力】	★	
婚姻法	第17条【夫妻共同财产的范围】	★	045
意见 继承法	第1条【继承开始时间】	★★	315

第28条【胎儿预留份】 ★

遗产分割时,应当保留胎儿的继承份额。胎儿出生时是死体的,保留的份额按照法定继承办理。

一、主要适用的案由及其相关度

案由编号	主要适用的案由	相关度
M4.10.89.4	民间借贷纠纷	
M2.3	继承纠纷	

■ 二、同时适用的法条及其相关度

		同时适用的法条	相关度
109	继承法	第1条【继承法的立法目的】	
		第2条【继承开始】	
		第3条【遗产范围】	
		第5条【继承方式】	
		第6条【无行为能力人、限制行为能力人的继承权、受遗赠权的行使】	
		第8条【继承诉讼时效】	
		第10条【继承人范围及继承顺序】	
		第13条【遗产分配】	
		第16条【公民可以立遗嘱处分其财产】	
		第17条【遗嘱的形式】	
		第18条【遗嘱见证人】	
		第25条【对继承和遗赠作出接受或放弃表示的期间及效力】	
		第26条【遗产的认定】	
		第27条【法定继承的适用范围】	
		第29条【遗产分割的规则和方法】	
		第30条【再婚时对所继承遗产的处分权】	
		第33条【继承遗产与清偿债务】	
249	合同法	第196条【借款合同的定义】	
		第210条【自然人之间借款合同的生效:提供借款时】	
		第211条【自然人之间借款合同利息的规制:没有约定、约定不明时不支付利息;利率不得违反国家规定】	
254	民法通则	第16条【未成年人的监护人】	

	同时适用的法条	相关度	
意见 继承法	第1条【继承开始时间】		315
法解释二 婚姻法司	第24条【夫妻一方所欠债务的处理】		299
	第26条【生存一方对夫妻共同债务的连带清偿责任】		
偿司法解释 人身损害赔	第10条【承揽人致害或自害的赔偿责任】		302

第29条【遗产分割的规则和方法】 ★★★

遗产分割应当有利于生产和生活需要,不损害遗产的效用。

不宜分割的遗产,可以采取折价、适当补偿或者共有等方法处理。

一、主要适用的案由及其相关度

案由编号	主要适用的案由	相关度
M2.3.25	法定继承纠纷	★★★★★
M2.3	继承纠纷	★★★★★
M2.3.26	遗嘱继承纠纷	★★
M2.2.24	分家析产纠纷	★

二、同时适用的法条及其相关度

	同时适用的法条	相关度	
继承法	第10条【继承人范围及继承顺序】	★★★★★	109
	第13条【遗产分配】	★★★★★	
	第3条【遗产范围】	★★★★	
	第5条【继承方式】	★★★★	
	第26条【遗产的认定】	★★★★	

	同时适用的法条	相关度
继承法 (109)	第2条【继承开始】	★★★
	第9条【继承权男女平等】	★★
	第11条【代位继承】	★★
	第16条【公民可以立遗嘱处分其财产】	★★
	第17条【遗嘱的形式】	★★
	第25条【对继承和遗赠作出接受或放弃表示的期间及效力】	★
	第33条【继承遗产与清偿债务】	★
意见继承法 (315)	第1条【继承开始时间】	★★

第30条【再婚时对所继承遗产的处分权】 ★

夫妻一方死亡后另一方再婚的,有权处分所继承的财产,任何人不得干涉。

一、主要适用的案由及其相关度

案由编号	主要适用的案由	相关度
M2.3	继承纠纷	
M2.3.25	法定继承纠纷	

二、同时适用的法条及其相关度

	同时适用的法条	相关度
继承法 (109)	第10条【继承人范围及继承顺序】	★★★★★
	第3条【遗产范围】	★★★★
	第26条【遗产的认定】	★★★★
	第2条【继承开始】	★★★
	第5条【继承方式】	★★★
	第11条【代位继承】	★★★

	同时适用的法条	相关度	
继承法	第13条【遗产分配】	★★★	109
	第16条【公民可以立遗嘱处分其财产】	★★★	
	第17条【遗嘱的形式】	★★★	
	第25条【对继承和遗赠作出接受或放弃表示的期间及效力】	★★	
	第29条【遗产分割的规则和方法】	★★	
	第8条【继承诉讼时效】	★	
合同法	第206条【借款期限的认定】	★★	249
	第207条【逾期还款利息的支付】	★	
物权法	第33条【利害关系人的物权确认请求权】	★	276
	第99条【共有物的分割规则】	★	
意见 继承法	第1条【继承开始时间】	★	315
	第38条【处分国家、集体或他人所有的财产的遗嘱无效】	★	

第31条【遗赠扶养协议】 ★★

公民可以与扶养人签订遗赠扶养协议。按照协议,扶养人承担该公民生养死葬的义务,享有受遗赠的权利。

公民可以与集体所有制组织签订遗赠扶养协议。按照协议,集体所有制组织承担该公民生养死葬的义务,享有受遗赠的权利。

一、主要适用的案由及其相关度

案由编号	主要适用的案由	相关度
M2.3.29	遗赠扶养协议纠纷	★★★★★
M2.3	继承纠纷	★★
M2.3.28	遗赠纠纷	★
M3.5.32.1	所有权确认纠纷	★

二、同时适用的法条及其相关度

	同时适用的法条	相关度
继承法 (109)	第 5 条【继承方式】	★★★★★
	第 3 条【遗产范围】	★★★★
	第 10 条【继承人范围及继承顺序】	★★★★
	第 16 条【公民可以立遗嘱处分其财产】	★★★
	第 2 条【继承开始】	★★
	第 13 条【遗产分配】	★★
	第 17 条【遗嘱的形式】	★★
	第 21 条【附义务的遗嘱】	★★
	第 26 条【遗产的认定】	★★
	第 29 条【遗产分割的规则和方法】	★★
	第 9 条【继承权男女平等】	★
	第 11 条【代位继承】	★
	第 25 条【对继承和遗赠作出接受或放弃表示的期间及效力】	★
合同法 (249)	第 44 条【合同生效时间】	★
	第 60 条【合同履行的原则】	★
	第 93 条【合同的约定解除:协商一致;约定条件成就】	★
	第 94 条【合同的法定解除;法定解除权】	★
	第 97 条【合同解除的法律后果】	★
民法通则 (254)	第 4 条【民事活动的基本原则:自愿、公平、等价有偿、诚实信用】	★
	第 5 条【民事权益受法律保护】	★
	第 78 条【财产共有制度:按份共有、共同共有、共有人的优先购买权】	★

	同时适用的法条	相关度
意见 继承法	第56条【遗赠扶养协议解除后的费用承担】	★★★★
	第1条【继承开始时间】	★★★

315

第32条【无人继承、受遗赠的遗产的处理】　★★

无人继承又无人受遗赠的遗产,归国家所有;死者生前是集体所有制组织成员的,归所在集体所有制组织所有。

一、主要适用的案由及其相关度

案由编号	主要适用的案由	相关度
M2.3	继承纠纷	★★★
M9.30.350	机动车交通事故责任纠纷	★★★
M10.34.383	申请认定财产无主	★★
M2.3.25	法定继承纠纷	★★
M4.10.89	借款合同纠纷	★
M4.10.89.1	金融借款合同纠纷	★★★
M4.10.89.4	民间借贷纠纷	★★★★★
M3.5.32.1	所有权确认纠纷	★
M4.10.95	储蓄存款合同纠纷	★
M4.10	合同纠纷	★
M4.11	不当得利纠纷	★
M2.3.27	被继承人债务清偿纠纷	★

二、同时适用的法条及其相关度

	同时适用的法条	相关度
合同法	第206条【借款期限的认定】	★★★★★
	第205条【借款利息支付期限的确定】	★★★★
	第207条【逾期还款利息的支付】	★★★★
	第8条【依法成立的合同的约束力】	★★★

249

		同时适用的法条	相关度
249	合同法	第60条【合同履行的原则】	★★★
		第107条【违约的基本形态和承担违约责任的种类】	★★★
		第93条【合同的约定解除：协商一致；约定条件成就】	★
		第211条【自然人之间借款合同利息的规制：没有约定、约定不明时不支付利息；利率不得违反国家规定】	★
254	民法通则	第84条【债的定义】	★★★★★
		第108条【债务清偿；分期偿还、强制偿还】	★★★★
		第12条【未成年人的民事行为能力】	★
		第14条【法定代理人】	★
		第90条【合法借贷关系受法律保护】	★
		第92条【不当得利应返还】	★
109	继承法	第10条【继承人范围及继承顺序】	★★★★★
		第14条【继承人以外的遗产取得人】	★★★★
		第5条【继承方式】	★★
		第2条【继承开始】	★
		第3条【遗产范围】	★
		第17条【遗嘱的形式】	★
		第25条【对继承和遗赠作出接受或放弃表示的期间及效力】	★
		第26条【遗产的认定】	★
045	婚姻法	第24条【遗产继承权】	★★
271	道路交通安全法	第76条【交通事故的赔偿责任】	★★

	同时适用的法条	相关度	
担保法	第18条【连带责任保证的定义及连带责任的承担】	★★	267
	第21条【保证担保的范围；没有约定、约定不明时的担保范围】	★★	
	第31条【保证人的追偿权】	★	
侵权责任法	第16条【人身损害赔偿项目：一般人身损害赔偿项目、伤残赔偿项目、死亡赔偿项目】	★★	268
	第6条【过错责任原则；过错推定责任原则】	★	
	第19条【财产损失的计算方式】	★	
	第22条【严重精神损害的赔偿请求权】	★	
	第48条【机动车交通事故责任的法律适用】	★	
物权法	第176条【担保合同及其从属性；担保合同无效后的责任承担】	★	276
	第195条【抵押权实现的条件、方式和程序】	★	
民通意见	第1条【公民民事权利能力的开始：户籍证明、出生证明、其他证明】	★★★★	311
婚姻法司法解释二	第24条【夫妻一方所欠债务的处理】	★★	299
	第26条【生存一方对夫妻共同债务的连带清偿责任】	★	
继承法意见	第1条【继承开始时间】	★	315
人身损害赔偿司法解释	第17条【人身损害赔偿项目】	★	302
审理民间借贷案件规定	第26条【民间借贷年利率的限定】	★	320

		同时适用的法条	相关度
319	道路交通事故司法解释	第19条【未投保交强险的机动车交通事故赔偿责任】	★
326	合同法司法解释二	第21条【债务人给付不足以清偿全部债务时的抵充顺序】	★

第33条【继承遗产与清偿债务】　　　　　　　★★★★

继承遗产应当清偿被继承人依法应当缴纳的税款和债务,缴纳税款和清偿债务以他的遗产实际价值为限。超过遗产实际价值部分,继承人自愿偿还的不在此限。

继承人放弃继承的,对被继承人依法应当缴纳的税款和债务可以不负偿还责任。

■ 一、主要适用的案由及其相关度

案由编号	主要适用的案由	相关度
M4.10.89.4	民间借贷纠纷	★★★★★
M2.3.27	被继承人债务清偿纠纷	★★★
M9.30.350	机动车交通事故责任纠纷	★★★
M4.10.89.1	金融借款合同纠纷	★★

■ 二、同时适用的法条及其相关度

		同时适用的法条	相关度
249	合同法	第206条【借款期限的认定】	★★★★★
		第207条【逾期还款利息的支付】	★★★★
		第60条【合同履行的原则】	★★★
		第107条【违约的基本形态和承担违约责任的种类】	★★★
		第196条【借款合同的定义】	★★★

	同时适用的法条	相关度	
合同法	第205条【借款利息支付期限的确定】	★★★	249
	第8条【依法成立的合同的约束力】	★★	
	第210条【自然人之间借款合同的生效:提供借款时】	★★	
	第211条【自然人之间借款合同利息的规制:没有约定、约定不明时不支付利息;利率不得违反国家规定】	★★	
	第44条【合同生效时间】	★	
继承法	第10条【继承人范围及继承顺序】	★★★★	109
	第25条【对继承和遗赠作出接受或放弃表示的期间及效力】	★★★	
	第2条【继承开始】	★★	
	第3条【遗产范围】	★★	
	第5条【继承方式】	★	
	第13条【遗产分配】	★	
	第26条【遗产的认定】	★	
民法通则	第90条【合法借贷关系受法律保护】	★★★	254
	第108条【债务清偿:分期偿还、强制偿还】	★★★	
	第84条【债的定义】	★★	
道路交通安全法	第76条【交通事故的赔偿责任】	★★★	271
担保法	第18条【连带责任保证的定义及连带责任的承担】	★★	267
	第21条【保证担保的范围:没有约定、约定不明时的担保范围】	★★	
	第31条【保证人的追偿权】	★★	

		同时适用的法条	相关度
268	侵权责任法	第6条【过错责任原则;过错推定责任原则】	★★
		第16条【人身损害赔偿项目:一般人身损害赔偿项目、伤残赔偿项目、死亡赔偿项目】	★★
		第48条【机动车交通事故责任的法律适用】	★★
		第22条【严重精神损害的赔偿请求权】	★
299	婚姻法司法解释二	第24条【夫妻一方所欠债务的处理】	★★★★
		第26条【生存一方对夫妻共同债务的连带清偿责任】	★★★
302	人身损害赔偿司法解释	第17条【人身损害赔偿项目】	★★
		第18条【精神损害抚慰金的法律适用及其请求权】	★
		第19条【医疗费计算标准】	★
		第20条【误工费计算标准】	★
		第21条【护理费计算标准】	★
		第22条【交通费计算标准】	★
		第23条【伙食费、住宿费计算标准】	★
319	道路交通事故司法解释	第16条【交强险和商业三者险并存时的赔付规则】	★

第34条【遗赠与债务清偿】　　★★

执行遗赠不得妨碍清偿遗赠人依法应当缴纳的税款和债务。

一、主要适用的案由及其相关度

案由编号	主要适用的案由	相关度
M2.3.27	被继承人债务清偿纠纷	★★★★★
M4.10.89.4	民间借贷纠纷	★
M2.3.28	遗赠纠纷	★
M2.3.26	遗嘱继承纠纷	★
M4.10.97.4	建筑设备租赁合同纠纷	★

二、同时适用的法条及其相关度

	同时适用的法条	相关度	
继承法	第33条【继承遗产与清偿债务】	★★★★★	109
	第10条【继承人范围及继承顺序】	★★★	
	第3条【遗产范围】	★	
	第5条【继承方式】	★	
	第16条【公民可以立遗嘱处分其财产】	★	
	第17条【遗嘱的形式】	★	
	第25条【对继承和遗赠作出接受或放弃表示的期间及效力】	★	
合同法	第206条【借款期限的认定】	★★★★	249
	第196条【借款合同的定义】	★★★	
	第205条【借款利息支付期限的确定】	★★★	
	第210条【自然人之间借款合同的生效:提供借款时】	★	
民法通则	第84条【债的定义】	★★	254
	第86条【数人债权债务:按份分享权利、按份分担义务】	★	
	第87条【连带债权与连带债务】	★	
	第108条【债务清偿:分期偿还、强制偿还】	★	
法解释二·婚姻法司	第24条【夫妻一方所欠债务的处理】	★	299

第五章 附则

第35条【继承法中民族自治地方的变通或补充规定】

民族自治地方的人民代表大会可以根据本法的原则,结合当地民族财产继承的具体情况,制定变通的或者补充的规定。自治区的规定,报全国人民代表大会常务委员会备案。自治州、自治县的规定,报省或者自治区的人民代表大会常务委员会批准后生效,并报全国人民代表大会常务委员会备案。

说明：本法条尚无足够数量判决书可供法律大数据分析。

第36条【涉外继承】 ★

中国公民继承在中华人民共和国境外的遗产或者继承在中华人民共和国境内的外国人的遗产,动产适用被继承人住所地法律,不动产适用不动产所在地法律。

外国人继承在中华人民共和国境内的遗产或者继承在中华人民共和国境外的中国公民的遗产,动产适用被继承人住所地法律,不动产适用不动产所在地法律。

中华人民共和国与外国订有条约、协定的,按照条约、协定办理。

一、主要适用的案由及其相关度

案由编号	主要适用的案由	相关度
M2.3	继承纠纷	
M2.3.25	法定继承纠纷	
M2.3.26	遗嘱继承纠纷	

二、同时适用的法条及其相关度

	同时适用的法条	相关度
继承法	第2条【继承开始】	
	第3条【遗产范围】	
	第5条【继承方式】	
	第10条【继承人范围及继承顺序】	
	第11条【代位继承】	
	第13条【遗产分配】	
	第16条【公民可以立遗嘱处分其财产】	
	第17条【遗嘱的形式】	
	第20条【遗嘱的撤销、变更以及不同形式遗嘱之间的效力】	

	同时适用的法条	相关度	
继承法	第26条【遗产的认定】		109
	第27条【法定继承的适用范围】		
	第29条【遗产分割的规则和方法】		
	第33条【继承遗产与清偿债务】		
意见 继承法	第1条【继承开始时间】		315

第37条【继承法的生效日期】

本法自1985年10月1日起施行。

■ 一、主要适用的案由及其相关度

案由编号	主要适用的案由	相关度
M2.3	继承纠纷	

■ 二、同时适用的法条及其相关度

	同时适用的法条	相关度	
继承法	第36条【涉外继承】		109

中华人民共和国收养法①

★★★★★

(1991年12月29日第七届全国人民代表大会常务委员会第二十三次会议通过,根据1998年11月4日第九届全国人民代表大会常务委员会第五次会议《关于修改〈中华人民共和国收养法〉的决定》修正,自1999年4月1日起施行)

第一章 总则

第1条【收养法的立法目的】 ★

为保护合法的收养关系,维护收养关系当事人的权利,制定本法。

一、主要适用的案由及其相关度

案由编号	主要适用的案由	相关度
M2.2.21.2	解除收养关系纠纷	
M2.2.21.1	确认收养关系纠纷	

二、同时适用的法条及其相关度

	同时适用的法条	相关度
收养法	第6条【收养人的条件】	
	第15条【收养关系的成立】	
	第25条【收养的无效】	
婚姻法	第31条【协议离婚】	

---

① 简称《收养法》。

第2条【收养法的基本原则】　　★

收养应当有利于被收养的未成年人的抚养、成长,保障被收养人和收养人的合法权益,遵循平等自愿的原则,并不得违背社会公德。

一、主要适用的案由及其相关度

案由编号	主要适用的案由	相关度
M2.2.21	收养关系纠纷	
M2.2.21.1	确认收养关系纠纷	
M2.2.21.2	解除收养关系纠纷	

二、同时适用的法条及其相关度

	同时适用的法条	相关度
收养法	第3条【收养不得违背计划生育的法律、法规】	
	第4条【被收养人的条件】	
	第5条【送养人的条件】	
	第6条【收养人的条件】	
	第7条【三代以内同辈旁系血亲的收养】	
	第8条【收养人数】	
	第10条【生父母送养与有配偶者收养】	
	第11条【自愿原则】	
	第15条【收养关系的成立】	
	第16条【被收养人的户口登记】	
	第22条【保守收养秘密】	
	第23条【收养的效力】	
	第24条【养子女的姓氏】	
	第25条【收养的无效】	
	第26条【收养解除的条件之一】	
	第27条【收养解除的条件之二】	
	第30条【收养关系解除后的补偿】	

		同时适用的法条	相关度
109	继承法	第10条【继承人范围及继承顺序】	
		第13条【遗产分配】	

第3条【收养不得违背计划生育的法律、法规】 ★

收养不得违背计划生育的法律、法规。

■ 一、主要适用的案由及其相关度

案由编号	主要适用的案由	相关度
M2.2.21.1	确认收养关系纠纷	

■ 二、同时适用的法条及其相关度

		同时适用的法条	相关度
045	婚姻法	第26条【收养关系】	
		第32条【诉讼外调解和诉讼离婚】	
		第36条【离婚后父母子女关系】	
160	收养法	第2条【收养法的基本原则】	
		第5条【送养人的条件】	
		第6条【收养人的条件】	
		第15条【收养关系的成立】	
		第25条【收养的无效】	

第二章 收养关系的成立

第4条【被收养人的条件】 ★

下列不满十四周岁的未成年人可以被收养:

(一)丧失父母的孤儿;

(二)查找不到生父母的弃婴和儿童;

(三)生父母有特殊困难无力抚养的子女。

一、主要适用的案由及其相关度

案由编号	主要适用的案由	相关度
M2.2.21	收养关系纠纷	
M2.2.21.1	确认收养关系纠纷	
M2.2.21.2	解除收养关系纠纷	

二、同时适用的法条及其相关度

	同时适用的法条	相关度	
收养法	第6条【收养人的条件】	★★★★★	160
	第5条【送养人的条件】	★★★	
	第15条【收养关系的成立】	★★★	
	第25条【收养的无效】	★★★	
	第7条【三代以内同辈旁系血亲的收养】	★★	
	第2条【收养法的基本原则】	★	
	第8条【收养人数】	★	
	第9条【无配偶男性收养女性的年龄限制】	★	
	第23条【收养的效力】	★	
民法通则	第55条【民事法律行为的生效条件】		254
	第58条【民事行为无效的法定情形】		
	第61条【民事行为被确认为无效或者被撤销后的法律后果】		
继承法	第10条【继承人范围及继承顺序】		109
	第14条【继承人以外的遗产取得人】		
婚姻法	第26条【收养关系】		045

第5条【送养人的条件】 ★

下列公民、组织可以作送养人：

（一）孤儿的监护人；

（二）社会福利机构；

（三）有特殊困难无力抚养子女的生父母。

一、主要适用的案由及其相关度

案由编号	主要适用的案由	相关度
M2.2.21	收养关系纠纷	
M2.2.21.1	确认收养关系纠纷	
M2.2.21.2	解除收养关系纠纷	
M2.2.18	抚养纠纷	

二、同时适用的法条及其相关度

		同时适用的法条	相关度
160	收养法	第2条【收养法的基本原则】	
		第3条【收养不得违背计划生育的法律、法规】	
		第4条【被收养人的条件】	
		第6条【收养人的条件】	
		第7条【三代以内同辈旁系血亲的收养】	
		第8条【收养人数】	
		第9条【无配偶男性收养女性的年龄限制】	
		第10条【生父母送养与有配偶者收养】	
		第11条【自愿原则】	
		第12条【监护人送养的限制】	
		第15条【收养关系的成立】	
		第23条【收养的效力】	
		第25条【收养的无效】	
		第27条【收养解除的条件之二】	
045	婚姻法	第26条【收养关系】	
		第32条【诉讼外调解和诉讼离婚】	
254	民法通则	第55条【民事法律行为的生效条件】	

第6条【收养人的条件】 ★★

收养人应当同时具备下列条件：

（一）无子女；

（二）有抚养教育被收养人的能力；

（三）未患有在医学上认为不应当收养子女的疾病；

（四）年满三十周岁。

一、主要适用的案由及其相关度

案由编号	主要适用的案由	相关度
M2.2.21	收养关系纠纷	★★★
M2.2.21.1	确认收养关系纠纷	★★★★★
M2.2.21.2	解除收养关系纠纷	★★
M2.2.11	离婚纠纷	★★

二、同时适用的法条及其相关度

	同时适用的法条	相关度	
收养法	第15条【收养关系的成立】	★★★★★	160
	第25条【收养的无效】	★★★	
	第4条【被收养人的条件】	★★	
	第24条【养子女的姓氏】	★★	
	第5条【送养人的条件】	★	
	第7条【三代以内同辈旁系血亲的收养】	★	
	第23条【收养的效力】	★	
民法通则	第55条【民事法律行为的生效条件】	★★★★★	254
	第4条【民事活动的基本原则：自愿、公平、等价有偿、诚实信用】	★	
	第16条【未成年人的监护人】	★	

	同时适用的法条	相关度
045 婚姻法	第32条【诉讼外调解和诉讼离婚】	★★★
	第21条【父母与子女间的抚养赡养义务】	★★
	第26条【收养关系】	★★
	第39条【离婚时夫妻共同财产的处理】	★
109 继承法	第10条【继承人范围及继承顺序】	★★★
	第5条【继承方式】	★
	第13条【遗产分配】	★
	第14条【继承人以外的遗产取得人】	★

第7条【三代以内同辈旁系血亲的收养】 ★

收养三代以内同辈旁系血亲的子女,可以不受本法第四条第三项、第五条第三项、第九条和被收养人不满十四周岁的限制。

华侨收养三代以内同辈旁系血亲的子女,还可以不受收养人无子女的限制。

■ 一、主要适用的案由及其相关度

案由编号	主要适用的案由	相关度
M2.2.21	收养关系纠纷	
M2.2.21.1	确认收养关系纠纷	
M2.2.21.2	解除收养关系纠纷	

■ 二、同时适用的法条及其相关度

	同时适用的法条	相关度
160 收养法	第2条【收养法的基本原则】	
	第4条【被收养人的条件】	
	第5条【送养人的条件】	
	第6条【收养人的条件】	
	第9条【无配偶男性收养女性的年龄限制】	

	同时适用的法条	相关度	
收养法	第11条【自愿原则】		160
	第15条【收养关系的成立】		
	第16条【被收养人的户口登记】		
	第23条【收养的效力】		
	第24条【养子女的姓氏】		
	第25条【收养的无效】		
	第27条【收养解除的条件之二】		
继承法	第10条【继承人范围及继承顺序】		109
婚姻法	第26条【收养关系】		045

第8条【收养人数】 ★

收养人只能收养一名子女。

收养孤儿、残疾儿童或者社会福利机构抚养的查找不到生父母的弃婴和儿童,可以不受收养人无子女和收养一名的限制。

一、主要适用的案由及其相关度

案由编号	主要适用的案由	相关度
M2.2.21	收养关系纠纷	
M2.2.21.1	确认收养关系纠纷	

二、同时适用的法条及其相关度

	同时适用的法条	相关度	
收养法	第2条【收养法的基本原则】		160
	第4条【被收养人的条件】		
	第5条【送养人的条件】		
	第6条【收养人的条件】		

	同时适用的法条	相关度
收养法	第 15 条【收养关系的成立】	
	第 25 条【收养的无效】	
	第 30 条【收养关系解除后的补偿】	

第 9 条【无配偶男性收养女性的年龄限制】 ★

无配偶的男性收养女性的,收养人与被收养人的年龄应当相差四十周岁以上。

一、主要适用的案由及其相关度

案由编号	主要适用的案由	相关度
M2.2.21	收养关系纠纷	
M2.2.21.1	确认收养关系纠纷	
M2.2.21.2	解除收养关系纠纷	

二、同时适用的法条及其相关度

	同时适用的法条	相关度
收养法	第 4 条【被收养人的条件】	
	第 5 条【送养人的条件】	
	第 6 条【收养人的条件】	
	第 7 条【三代以内同辈旁系血亲的收养】	
	第 15 条【收养关系的成立】	
	第 23 条【收养的效力】	
	第 25 条【收养的无效】	

第 10 条【生父母送养与有配偶者收养】 ★

生父母送养子女,须双方共同送养。生父母一方不明或者查找不到的可以单方送养。

有配偶者收养子女,须夫妻共同收养。

一、主要适用的案由及其相关度

案由编号	主要适用的案由	相关度
M2.2.21	收养关系纠纷	
M2.2.21.1	确认收养关系纠纷	
M2.2.21.2	解除收养关系纠纷	

二、同时适用的法条及其相关度

	同时适用的法条	相关度	
收养法	第 2 条【收养法的基本原则】		160
	第 4 条【被收养人的条件】		
	第 5 条【送养人的条件】		
	第 6 条【收养人的条件】		
	第 11 条【自愿原则】		
	第 13 条【送养未成年孤儿的限制】		
	第 15 条【收养关系的成立】		
	第 17 条【由亲朋抚养的例外】		
	第 18 条【优先抚养权】		
	第 22 条【保守收养秘密】		
	第 24 条【养子女的姓氏】		
	第 25 条【收养的无效】		
	第 26 条【收养解除的条件之一】		
	第 27 条【收养解除的条件之二】		
婚姻法	第 21 条【父母与子女间的抚养赡养义务】		045
	第 25 条【非婚生子女】		
保护未成年人法	第 10 条【监护人的监护职责、抚养义务以及禁止性行为】		291

		同时适用的法条	相关度
254	民法通则	第55条【民事法律行为的生效条件】	
		第58条【民事行为无效的法定情形】	

第11条【自愿原则】 ★

收养人收养与送养人送养,须双方自愿。收养年满十周岁以上未成年人的,应当征得被收养人的同意。

■ 一、主要适用的案由及其相关度

案由编号	主要适用的案由	相关度
M2.2.21	收养关系纠纷	
M2.2.21.1	确认收养关系纠纷	
M2.2.21.2	解除收养关系纠纷	

■ 二、同时适用的法条及其相关度

		同时适用的法条	相关度
160	收养法	第2条【收养法的基本原则】	
		第4条【被收养人的条件】	
		第5条【送养人的条件】	
		第6条【收养人的条件】	
		第7条【三代以内同辈旁系血亲的收养】	
		第10条【生父母送养与有配偶者收养】	
		第15条【收养关系的成立】	
		第17条【由亲朋抚养的例外】	
		第21条【涉外收养】	
		第23条【收养的效力】	
		第25条【收养的无效】	
		第27条【收养解除的条件之二】	
		第29条【收养关系解除的法律后果】	

	同时适用的法条	相关度
民法通则	第55条【民事法律行为的生效条件】	
	第58条【民事行为无效的法定情形】	
	第61条【民事行为被确认为无效或者被撤销后的法律后果】	

254

第12条【监护人送养的限制】 ★

未成年人的父母均不具备完全民事行为能力的,该未成年人的监护人不得将其送养,但父母对该未成年人有严重危害可能的除外。

一、主要适用的案由及其相关度

案由编号	主要适用的案由	相关度
M2.2.18	抚养纠纷	
M2.2.22	监护权纠纷	

二、同时适用的法条及其相关度

	同时适用的法条	相关度
收养法	第5条【送养人的条件】	
	第6条【收养人的条件】	
	第15条【收养关系的成立】	
	第25条【收养的无效】	
	第30条【收养关系解除后的补偿】	
民法通则	第16条【未成年人的监护人】	
	第55条【民事法律行为的生效条件】	

160

254

第13条【送养未成年孤儿的限制】

监护人送养未成年孤儿的,须征得有抚养义务的人同意。有抚养义务的人不同意送养、监护人不愿意继续履行监护职责的,应当依照《中华人民共和国民法通则》的规定变更监护人。

说明:本法条尚无足够数量判决书可供法律大数据分析。

第 14 条【收养继子女的特别规定】 ★

继父或者继母经继子女的生父母同意,可以收养继子女,并可以不受本法第四条第三项、第五条第三项、第六条和被收养人不满十四周岁以及收养一名的限制。

■ 一、主要适用的案由及其相关度

案由编号	主要适用的案由	相关度
M2.2.11	离婚纠纷	

■ 二、同时适用的法条及其相关度

		同时适用的法条	相关度
婚姻法		第 27 条【继父母子女关系】	
		第 32 条【诉讼外调解和诉讼离婚】	
		第 37 条【离婚后子女抚养费的负担】	
收养法		第 15 条【收养关系的成立】	
		第 30 条【收养关系解除后的补偿】	

第 15 条【收养关系的成立】 ★★

收养应当向县级以上人民政府民政部门登记。收养关系自登记之日起成立。

收养查找不到生父母的弃婴和儿童的,办理登记的民政部门应当在登记前予以公告。

收养关系当事人愿意订立收养协议的,可以订立收养协议。

收养关系当事人各方或者一方要求办理收养公证的,应当办理收养公证。

■ 一、主要适用的案由及其相关度

案由编号	主要适用的案由	相关度
M2.2.11	离婚纠纷	★★★★★
M2.2.21	收养关系纠纷	★★★
M2.2.21.1	确认收养关系纠纷	★★★★★
M2.2.21.2	解除收养关系纠纷	★★★★

案由编号	主要适用的案由	相关度
M2.3	继承纠纷	★
M2.2.18	抚养纠纷	★
M2.2.18.1	抚养费纠纷	★

■ 二、同时适用的法条及其相关度

	同时适用的法条	相关度	
收养法	第6条【收养人的条件】	★★★★★	160
	第25条【收养的无效】	★★★★★	
	第23条【收养的效力】	★★★	
	第4条【被收养人的条件】	★	
	第7条【三代以内同辈旁系血亲的收养】	★	
	第10条【生父母送养与有配偶者收养】	★	
	第24条【养子女的姓氏】	★	
	第27条【收养解除的条件之二】	★	
	第30条【收养关系解除后的补偿】	★	
婚姻法	第32条【诉讼外调解和诉讼离婚】	★★★★	045
	第21条【父母与子女间的抚养赡养义务】	★★	
	第25条【非婚生子女】	★	
	第26条【收养关系】	★	
	第39条【离婚时夫妻共同财产的处理】	★	
民法通则	第55条【民事法律行为的生效条件】	★★	254
	第16条【未成年人的监护人】	★	
继承法	第5条【继承方式】	★	109
	第10条【继承人范围及继承顺序】	★	
	第13条【遗产分配】	★	
	第14条【继承人以外的遗产取得人】	★	

第16条【被收养人的户口登记】　　　　　　　　　　　★★★★

收养关系成立后,公安部门应当依照国家有关规定为被收养人办理户口登记。

一、主要适用的案由及其相关度

案由编号	主要适用的案由	相关度
M2.2.21	收养关系纠纷	
M2.2.21.1	确认收养关系纠纷	
M2.2.21.2	解除收养关系纠纷	

二、同时适用的法条及其相关度

	同时适用的法条	相关度
收养法	第2条【收养法的基本原则】	
收养法	第4条【被收养人的条件】	
收养法	第6条【收养人的条件】	
收养法	第7条【三代以内同辈旁系血亲的收养】	
收养法	第15条【收养关系的成立】	
收养法	第23条【收养的效力】	
收养法	第25条【收养的无效】	
收养法	第26条【收养解除的条件之一】	
收养法	第27条【收养解除的条件之二】	
婚姻法	第26条【收养关系】	
婚姻法	第32条【诉讼外调解和诉讼离婚】	
婚姻法	第36条【离婚后父母子女关系】	
婚姻法	第37条【离婚后子女抚养费的负担】	
婚姻法	第38条【离婚后的子女探望权】	

第17条【由亲朋抚养的例外】　　　　　　　　　　　　　　★

孤儿或者生父母无力抚养的子女,可以由生父母的亲属、朋友抚养。

抚养人与被抚养人的关系不适用收养关系。

一、主要适用的案由及其相关度

案由编号	主要适用的案由	相关度
M2.2.21.2	解除收养关系纠纷	
M2.2.18	抚养纠纷	

二、同时适用的法条及其相关度

	同时适用的法条	相关度	
继承法	第10条【继承人范围及继承顺序】		109
收养法	第6条【收养人的条件】		160
	第10条【生父母送养与有配偶者收养】		
	第11条【自愿原则】		
	第15条【收养关系的成立】		
	第23条【收养的效力】		
	第26条【收养解除的条件之一】		

第18条【优先抚养权】

配偶一方死亡,另一方送养未成年子女的,死亡一方的父母有优先抚养的权利。

说明:本法条尚无足够数量判决书可供法律大数据分析。

第19条【禁止超计划生育】

送养人不得以送养子女为理由违反计划生育的规定再生育子女。

说明:本法条尚无足够数量判决书可供法律大数据分析。

第20条【禁止买卖儿童】 ★

严禁买卖儿童或者借收养名义买卖儿童。

一、主要适用的案由及其相关度

案由编号	主要适用的案由	相关度
M2.2.21	收养关系纠纷	

二、同时适用的法条及其相关度

		同时适用的法条	相关度
160	收养法	第4条【被收养人的条件】	
		第6条【收养人的条件】	
109	继承法	第18条【遗嘱见证人】	★
254	民法通则	第55条【民事法律行为的生效条件】	

第21条【涉外收养】

外国人依照本法可以在中华人民共和国收养子女。

外国人在中华人民共和国收养子女,应当经其所在国主管机关依照该国法律审查同意。收养人应当提供由其所在国有权机构出具的有关收养人的年龄、婚姻、职业、财产、健康、有无受过刑事处罚等状况的证明材料,该证明材料应当经其所在国外交机关或者外交机关授权的机构认证,并经中华人民共和国驻该国使领馆认证。该收养人应当与送养人订立书面协议,亲自向省级人民政府民政部门登记。

收养关系当事人各方或者一方要求办理收养公证的,应当到国务院司法行政部门认定的具有办理涉外公证资格的公证机构办理收养公证。

一、主要适用的案由及其相关度

案由编号	主要适用的案由	相关度
M2.2.18.2	变更抚养关系纠纷	

二、同时适用的法条及其相关度

		同时适用的法条	相关度
160	收养法	第6条【收养人的条件】	
		第11条【自愿原则】	
		第15条【收养关系的成立】	
		第23条【收养的效力】	
		第25条【收养的无效】	

第22条【保守收养秘密】

收养人、送养人要求保守收养秘密的,其他人应当尊重其意愿,不得泄露。

说明:本法条尚无足够数量判决书可供法律大数据分析。

第三章 收养的效力

第23条【收养的效力】 ★★

自收养关系成立之日起,养父母与养子女间的权利义务关系,适用法律关于父母子女关系的规定;养子女与养父母的近亲属间的权利义务关系,适用法律关于子女与父母的近亲属关系的规定。

养子女与生父母及其他近亲属间的权利义务关系,因收养关系的成立而消除。

一、主要适用的案由及其相关度

案由编号	主要适用的案由	相关度
M2.2.11	离婚纠纷	★★★★★
M2.2.20	赡养纠纷	★★★★
M2.2.20.1	赡养费纠纷	★★★
M2.3	继承纠纷	★★★
M2.3.25	法定继承纠纷	★★★
M2.2.18.1	抚养费纠纷	★★
M9.30.350	机动车交通事故责任纠纷	★
M2.2.17.2	同居关系子女抚养纠纷	★
M2.2.23	探望权纠纷	★
M2.3.26	遗嘱继承纠纷	★
M2.2.21	收养关系纠纷	
M2.2.21.2	解除收养关系纠纷	★★★

■ 二、同时适用的法条及其相关度

		同时适用的法条	相关度
109	继承法	第 10 条【继承人范围及继承顺序】	★★★★★
		第 13 条【遗产分配】	★★★★
		第 2 条【继承开始】	★★★
		第 3 条【遗产范围】	★★★
		第 5 条【继承方式】	★★★
		第 11 条【代位继承】	★
		第 25 条【对继承和遗赠作出接受或放弃表示的期间及效力】	★
		第 26 条【遗产的认定】	★
045	婚姻法	第 21 条【父母与子女间的抚养赡养义务】	★★★★★
		第 32 条【诉讼外调解和诉讼离婚】	★★★★★
		第 26 条【收养关系】	★★★
		第 36 条【离婚后父母子女关系】	★★★
		第 37 条【离婚后子女抚养费的负担】	★★★
		第 38 条【离婚后的子女探望权】	★★
160	收养法	第 15 条【收养关系的成立】	★★★★
		第 27 条【收养解除的条件之二】	★★
		第 6 条【收养人的条件】	★
		第 7 条【三代以内同辈旁系血亲的收养】	★
		第 9 条【无配偶男性收养女性的年龄限制】	★
		第 16 条【被收养人的户口登记】	★
		第 25 条【收养的无效】	★
		第 26 条【收养解除的条件之一】	★
		第 29 条【收养关系解除的法律后果】	★
268	侵权责任法	第 16 条【人身损害赔偿项目：一般人身损害赔偿项目、伤残赔偿项目、死亡赔偿项目】	★★

	同时适用的法条	相关度	
老年人权益保障法	第14条【赡养人的赡养义务;赡养人的定义;赡养人配偶的协助赡养义务】	★	265

第24条【养子女的姓氏】 ★

养子女可以随养父或者养母的姓,经当事人协商一致,也可以保留原姓。

一、主要适用的案由及其相关度

案由编号	主要适用的案由	相关度
M2.2.21	收养关系纠纷	
M2.2.21.1	确认收养关系纠纷	
M2.2.21.2	解除收养关系纠纷	

二、同时适用的法条及其相关度

	同时适用的法条	相关度	
收养法	第6条【收养人的条件】	★★★★★	160
	第15条【收养关系的成立】	★★★★★	
	第2条【收养法的基本原则】	★	
	第25条【收养的无效】	★	
民法通则	第55条【民事法律行为的生效条件】	★★	254

第25条【收养的无效】 ★★

违反《中华人民共和国民法通则》第五十五条和本法规定的收养行为无法律效力。

收养行为被人民法院确认无效的,从行为开始时起就没有法律效力。

一、主要适用的案由及其相关度

案由编号	主要适用的案由	相关度
M2.2.21	收养关系纠纷	★★★
M2.2.21.1	确认收养关系纠纷	★★★★★
M2.2.21.2	解除收养关系纠纷	★★
M2.2.11	离婚纠纷	★★

二、同时适用的法条及其相关度

	同时适用的法条	相关度
收养法	第15条【收养关系的成立】	★★★★★
收养法	第6条【收养人的条件】	★★★
收养法	第4条【被收养人的条件】	★
民法通则	第55条【民事法律行为的生效条件】	★★
婚姻法	第32条【诉讼外调解和诉讼离婚】	★

第四章　收养关系的解除

第26条【收养解除的条件之一】

收养人在被收养人成年以前,不得解除收养关系,但收养人、送养人双方协议解除的除外,养子女年满十周岁以上的,应当征得本人同意。

收养人不履行抚养义务,有虐待、遗弃等侵害未成年养子女合法权益行为的,送养人有权要求解除养父母与养子女间的收养关系。送养人、收养人不能达成解除收养关系协议的,可以向人民法院起诉。

一、主要适用的案由及其相关度

案由编号	主要适用的案由	相关度
M2.2.21.2	解除收养关系纠纷	★★★★★

二、同时适用的法条及其相关度

	同时适用的法条	相关度
收养法	第2条【收养法的基本原则】	
	第6条【收养人的条件】	
	第10条【生父母送养与有配偶者收养】	
	第15条【收养关系的成立】	
	第16条【被收养人的户口登记】	
	第17条【由亲朋抚养的例外】	
	第22条【保守收养秘密】	
	第23条【收养的效力】	
	第27条【收养解除的条件之二】	
	第28条【解除收养关系的程序】	
	第29条【收养关系解除的法律后果】	
	第30条【收养关系解除后的补偿】	

160

第27条【收养解除的条件之二】 ★★

养父母与成年养子女关系恶化、无法共同生活的,可以协议解除收养关系。不能达成协议的,可以向人民法院起诉。

一、主要适用的案由及其相关度

案由编号	主要适用的案由	相关度
M2.2.21	收养关系纠纷	★
M2.2.21.2	解除收养关系纠纷	★★★★★

二、同时适用的法条及其相关度

	同时适用的法条	相关度
收养法	第30条【收养关系解除后的补偿】	★★★★★
	第15条【收养关系的成立】	★
	第23条【收养的效力】	★
	第26条【收养解除的条件之一】	★
	第29条【收养关系解除的法律后果】	★

160

		同时适用的法条	相关度
045	婚姻法	第26条【收养关系】	★★★★
		第21条【父母与子女间的抚养赡养义务】	★
		第27条【继父母子女关系】	★
254	民法通则	第4条【民事活动的基本原则：自愿、公平、等价有偿、诚实信用】	★
		第5条【民事权益受法律保护】	★
315	继承法意见	第1条【继承开始时间】	★
311	民通意见	第1条【公民民事权利能力的开始：户籍证明、出生证明、其他证明】	★

第28条【解除收养关系的程序】 ★

当事人协议解除收养关系的,应当到民政部门办理解除收养关系的登记。

■ 一、主要适用的案由及其相关度

案由编号	主要适用的案由	相关度
M2.2.21.2	解除收养关系纠纷	

■ 二、同时适用的法条及其相关度

		同时适用的法条	相关度
249	合同法	第60条【合同履行的原则】	
		第107条【违约的基本形态和承担违约责任的种类】	
160	收养法	第26条【收养解除的条件之一】	
		第27条【收养解除的条件之二】	
		第30条【收养关系解除后的补偿】	

第29条【收养关系解除的法律后果】 ★

收养关系解除后,养子女与养父母及其他近亲属间的权利义务关系即行消除,与生父母及其他近亲属间的权利义务关系自行恢复,但成年养子女与生父母及其他近亲属间的权利义务关系是否恢复,可以协商确定。

一、主要适用的案由及其相关度

案由编号	主要适用的案由	相关度
M2.2.21.2	解除收养关系纠纷	★★★★★
M2.2.20	赡养纠纷	★

二、同时适用的法条及其相关度

	同时适用的法条	相关度	
收养法	第27条【收养解除的条件之二】	★★★★★	160
	第30条【收养关系解除后的补偿】	★★★★★	
	第26条【收养解除的条件之一】	★★★	
	第23条【收养的效力】	★★	
	第15条【收养关系的成立】	★	
	第22条【保守收养秘密】	★	
	第25条【收养的无效】	★	
婚姻法	第27条【继父母子女关系】	★	045
继承法	第3条【遗产范围】		109

第30条【收养关系解除后的补偿】 ★

收养关系解除后,经养父母抚养的成年养子女,对缺乏劳动能力又缺乏生活来源的养父母,应当给付生活费。因养子女成年后虐待、遗弃养父母而解除收养关系的,养父母可以要求养子女补偿收养期间支出的生活费和教育费。

生父母要求解除收养关系的,养父母可以要求生父母适当补偿收养期间支出的生活费和教育费,但因养父母虐待、遗弃养子女而解除收养关系的除外。

一、主要适用的案由及其相关度

案由编号	主要适用的案由	相关度
M2.2.21	收养关系纠纷	★
M2.2.21.2	解除收养关系纠纷	★★★★★
M2.2.20	赡养纠纷	★

二、同时适用的法条及其相关度

	同时适用的法条	相关度
收养法	第27条【收养解除的条件之二】	★★★★★
	第15条【收养关系的成立】	★
	第29条【收养关系解除的法律后果】	★

第五章 法律责任

第31条【相关违法行为的法律责任】

借收养名义拐卖儿童的,依法追究刑事责任。

遗弃婴儿的,由公安部门处以罚款;构成犯罪的,依法追究刑事责任。

出卖亲生子女的,由公安部门没收非法所得,并处以罚款;构成犯罪的,依法追究刑事责任。

说明:本法条尚无足够数量判决书可供法律大数据分析。

第六章 附则

第32条【民族自治地方的变通或补充规定】

民族自治地方的人民代表大会及其常务委员会可以根据本法的原则,结合当地情况,制定变通的或者补充的规定。自治区的规定,报全国人民代表大会常务委员会备案。自治州、自治县的规定,报省或者自治区的人民代表大会常务委员会批准后生效,并报全国人民代表大会常务委员会备案。

说明:本法条尚无足够数量判决书可供法律大数据分析。

第33条【实施办法的制定】

国务院可以根据本法制定实施办法。

说明:本法条尚无足够数量判决书可供法律大数据分析。

第34条【收养法的实施日期】 ★

本法自1999年4月1日起施行。

一、主要适用的案由及其相关度

案由编号	主要适用的案由	相关度
M2.2.21.2	解除收养关系纠纷	
M2.2.21.1	确认收养关系纠纷	
M4.11	不当得利纠纷	
M4.10.95	储蓄存款合同纠纷	
M2.3.25	法定继承纠纷	
X2.133	交通肇事	

二、同时适用的法条及其相关度

	同时适用的法条	相关度	
收养法	第11条【自愿原则】		160
	第15条【收养关系的成立】		
	第27条【收养解除的条件之二】		
继承法	第5条【继承方式】		109
	第10条【继承人范围及继承顺序】		
	第33条【继承遗产与清偿债务】		
刑法	第36条【犯罪行为的民事赔偿责任】		273
	第67条【自首及其认定】		
	第72条【缓刑的条件;禁止令与附加刑的执行】		
	第133条【交通肇事罪】		

		同时适用的法条	相关度
268	侵权责任法	第6条【过错责任原则;过错推定责任原则】	
		第16条【人身损害赔偿项目:一般人身损害赔偿项目、伤残赔偿项目、死亡赔偿项目】	
		第17条【同命同价:因同一侵权行为造成多人死亡的等额赔偿制度】	
		第18条【被侵权人死亡、单位分立合并的请求权继受;为被侵权人支付医疗费等合理费用人的赔偿请求权】	
		第48条【机动车交通事故责任的法律适用】	
045	婚姻法	第26条【收养关系】	
271	道路交通安全法	第76条【交通事故的赔偿责任】	
254	民法通则	第92条【不当得利应返还】	
296	交强险条例	第21条【保险公司在交通事故中的赔偿范围以及不予赔偿的情形】	
326	交通肇事罪司法解释	第2条【交通肇事罪的量刑情节】	

中华人民共和国民法通则[①]

(1986年4月12日第六届全国人民代表大会第四次会议通过,根据2009年8月27日第十一届全国人民代表大会常务委员会第十次会议《关于修改部分法律的决定》修正,自2009年8月27日起施行)

第二章 公民(自然人)

第一节 民事权利能力和民事行为能力

第9条【公民民事权利能力的开始与终止】 ★★

公民从出生时起到死亡时止,具有民事权利能力,依法享有民事权利,承担民事义务。

一、主要适用的案由及其相关度

案由编号	主要适用的案由	相关度
M4.10.89.4	民间借贷纠纷	★★★★★
M3.6.39	侵害集体经济组织成员权益纠纷	★★★
M9.30.350	机动车交通事故责任纠纷	★★
M4.10.89.1	金融借款合同纠纷	★★
M3.7.55.2	承包地征收补偿费用分配纠纷	★★
M1.1.1	生命权、健康权、身体权纠纷	★
M9.30.351	医疗损害责任纠纷	★
M2.3	继承纠纷	★

---

① 简称《民法通则》。

■ 二、同时适用的法条及其相关度

	同时适用的法条	相关度
合同法	第 206 条【借款期限的认定】	★★★★★
	第 207 条【逾期还款利息的支付】	★★★★★
	第 107 条【违约的基本形态和承担违约责任的种类】	★★★
	第 196 条【借款合同的定义】	★★★
	第 205 条【借款利息支付期限的确定】	★★★
	第 8 条【依法成立的合同的约束力】	★★
	第 60 条【合同履行的原则】	★★
	第 211 条【自然人之间借款合同利息的规制:没有约定、约定不明时不支付利息;利率不得违反国家规定】	★★
	第 9 条【合同当事人资格:民事权利能力、民事行为能力;可委托代理人订立合同的规定】	★
	第 44 条【合同生效时间】	★
	第 91 条【合同权利义务终止的法定情形】	★
民法通则	第 108 条【债务清偿:分期偿还、强制偿还】	★★★★★
	第 5 条【民事权益受法律保护】	★★★★
	第 11 条【完全民事行为能力人】	★★★
	第 84 条【债的定义】	★★★
	第 106 条【民事责任归责原则:违约责任;过错侵权责任;无过错侵权责任】	★★★
	第 119 条【侵害公民生命健康权的民事责任:支付相关费用】	★★★
	第 10 条【公民民事权利能力平等】	★★
	第 4 条【民事活动的基本原则:自愿、公平、等价有偿、诚实信用】	★
	第 55 条【民事法律行为的生效条件】	★
	第 74 条【集体所有的财产的内容】	★
	第 75 条【个人财产:合法财产受法律保护】	★

	同时适用的法条	相关度	
民法通则	第88条【合同内容约定不明确的处理规则】	★	254
	第90条【合法借贷关系受法律保护】	★	
	第131条【过失相抵;被害人过错】	★	
担保法	第18条【连带责任保证的定义及连带责任的承担】	★★★★	267
	第21条【保证担保的范围;没有约定、约定不明时的担保范围】	★★★	
	第31条【保证人的追偿权】	★★★	
	第6条【保证的定义】	★	
	第19条【保证方式不明时的连带责任担保】	★	
	第26条【连带责任保证的保证期间】	★	
侵权责任法	第16条【人身损害赔偿项目:一般人身损害赔偿项目、伤残赔偿项目、死亡赔偿项目】	★★★	268
	第6条【过错责任原则;过错推定责任原则】	★★	
	第2条【侵权责任一般条款;民事权益的范围】	★	
	第15条【侵权责任的主要承担方式】	★	
	第22条【严重精神损害的赔偿请求权】	★	
	第48条【机动车交通事故责任的法律适用】	★	
	第54条【医疗损害的过错责任与赔偿责任】	★	
继承法	第33条【继承遗产与清偿债务】	★★★	109
	第3条【遗产范围】	★★	
	第2条【继承开始】	★	
	第10条【继承人范围及继承顺序】	★	
道路交通安全法	第76条【交通事故的赔偿责任】	★★	271
物权法	第42条【不动产的征收及其补偿】	★	276
	第59条【农民集体所有的财产的归属;由集体决定的事项】	★	
	第132条【承包地被征收的补偿权】	★	

		同时适用的法条	相关度
285	保险法	第65条【责任保险的赔偿规则】	★
283	农村土地承包法	第15条【家庭承包方的定义】	★
		第30条【妇女的土地承包经营权的保护；妇女婚姻状况发生改变不影响承包权】	★
		第31条【承包收益与林地承包权的继承】	★
273	刑法	第67条【自首及其认定】	★
		第234条【故意伤害罪】	★
288	妇女权益保障法	第32条【妇女享有与男子平等的农村土地承包经营、集体经济组织收益分配、土地征收或者征用补偿费使用、宅基地使用等权利】	★
286	土地管理法	第14条【农民的土地承包经营权；土地承包经营期限、承包合同、承包土地调整的审批】	★
		第47条【征用土地的补偿规定：补偿原则；耕地的土地补偿费、安置补助费的计量标准及其增加限额的规定；征收其他土地的土地补偿费和安置补助费标准；被征收土地上的附着物和青苗的补偿标准的制定主体；新菜地开发建设基金】	★
295	土地管理法实施条例	第26条【土地补偿费和安置补助费】	★
323	农村土地承包纠纷司法解释	第24条【土地补偿费的分配】	★★★★
302	人身损害赔偿司法解释	第17条【人身损害赔偿项目】	★★★
		第19条【医疗费计算标准】	★★★
		第21条【护理费计算标准】	★★★
		第22条【交通费计算标准】	★★★

	同时适用的法条	相关度	
人身损害赔偿司法解释	第18条【精神损害抚慰金的法律适用及其请求权】	★★	302
	第23条【伙食费、住宿费计算标准】	★★	
	第28条【被扶养人生活费数额的确定】	★★	
	第20条【误工费计算标准】	★	
	第24条【营养费计算标准】	★	
	第25条【残疾赔偿金计算标准】	★	
	第27条【丧葬费计算标准】	★	
	第29条【死亡赔偿金计算标准】	★	
	第35条【人身损害赔偿相关概念的界定】	★	
婚姻法司法解释二	第24条【夫妻一方所欠债务的处理】	★	299
	第26条【生存一方对夫妻共同债务的连带清偿责任】	★	
道路交通事故司法解释	第16条【交强险和商业三者险并存时的赔付规则】	★	319
民通意见	第1条【公民民事权利能力的开始：户籍证明、出生证明、其他证明】	★	311
精神损害赔偿司法解释	第8条【致人精神损害的责任方式】	★	318
	第10条【精神损害赔偿数额的确定因素】	★	

第10条【公民民事权利能力平等】 ★★

公民的民事权利能力一律平等。

一、主要适用的案由及其相关度

案由编号	主要适用的案由	相关度
M3.6.39	侵害集体经济组织成员权益纠纷	★★★★★
M3.7.55.2	承包地征收补偿费用分配纠纷	★★★★★

案由编号	主要适用的案由	相关度
M4.10.89.4	民间借贷纠纷	★
M3.5.34	排除妨害纠纷	★
M9.30.350	机动车交通事故责任纠纷	★
M1.1.1	生命权、健康权、身体权纠纷	★

■ 二、同时适用的法条及其相关度

		同时适用的法条	相关度
254	民法通则	第5条【民事权益受法律保护】	★★★★★
		第117条【侵害财产权的责任承担方式：返还财产、折价赔偿；恢复原状、折价赔偿；赔偿损失】	★★★
		第4条【民事活动的基本原则：自愿、公平、等价有偿、诚实信用】	★★
		第75条【个人财产：合法财产受法律保护】	★★
		第106条【民事责任归责原则：违约责任；过错侵权责任；无过错侵权责任】	★★
		第6条【民事活动遵守法律和国家政策】	★
		第9条【公民民事权利能力的开始与终止】	★
		第11条【完全民事行为能力人】	★
		第74条【集体所有的财产的内容】	★
		第105条【妇女享有同男子同等的民事权利】	★
288	妇女权益保障法	第32条【妇女享有与男子平等的农村土地承包经营、集体经济组织收益分配、土地征收或者征用补偿费使用、宅基地使用等权利】	★★★
		第33条【禁止因妇女婚姻状况变化或男方到女方落户而侵害其合法权益】	★★★
		第30条【妇女与男子平等财产权利的保障】	★★

	同时适用的法条	相关度	
村民委员会组织法	第27条【村民自治章程、村规民约的制定、修改与备案;对村民自治章程、村规民约及村民会议或村民代表会议决定的限制】	★★★	291
农村土地承包纠纷司法解释	第24条【土地补偿费的分配】	★★★★★	323
人身损害赔偿司法解释	第17条【人身损害赔偿项目】	★	302

第11条【完全民事行为能力人】 ★★★

十八周岁以上的公民是成年人,具有完全民事行为能力,可以独立进行民事活动,是完全民事行为能力人。

十六周岁以上不满十八周岁的公民,以自己的劳动收入为主要生活来源的,视为完全民事行为能力人。

一、主要适用的案由及其相关度

案由编号	主要适用的案由	相关度
M9.30.350	机动车交通事故责任纠纷	★★★★★
M2.2.11	离婚纠纷	★★★★
M1.1.1	生命权、健康权、身体权纠纷	★★★
M4.10.74	买卖合同纠纷	★
M4.10	合同纠纷	★
M4.10.89	借款合同纠纷	★
M4.10.89.1	金融借款合同纠纷	★★
M4.10.89.4	民间借贷纠纷	★★★
M9.30.345	提供劳务者受害责任纠纷	★
M4.10.122	劳务合同纠纷	★
M2.2.12	离婚后财产纠纷	★

■ 二、同时适用的法条及其相关度

		同时适用的法条	相关度
268	侵权责任法	第16条【人身损害赔偿项目；一般人身损害赔偿项目、伤残赔偿项目、死亡赔偿项目】	★★★★★
		第6条【过错责任原则；过错推定责任原则】	★★★
		第22条【严重精神损害的赔偿请求权】	★★★
		第48条【机动车交通事故责任的法律适用】	★★★
		第26条【过错相抵；被侵权人过错】	★★
		第2条【侵权责任一般条款；民事权益的范围】	★
		第3条【侵权责任的当事人主义】	★
		第8条【共同实施侵权行为人的连带责任】	★
		第15条【侵权责任的主要承担方式】	★
		第19条【财产损失的计算方式】	★
		第32条【监护人责任；无民事行为能力人、限制民事行为能力人致害的侵权责任】	★
		第49条【机动车所有人与使用人分离时发生交通事故的侵权责任；租赁、借用机动车发生交通事故的侵权责任】	★
271	道路交通安全法	第76条【交通事故的赔偿责任】	★★★★
045	婚姻法	第32条【诉讼外调解和诉讼离婚】	★★★
		第21条【父母与子女间的抚养赡养义务】	★
		第36条【离婚后父母子女关系】	★
		第37条【离婚后子女抚养费的负担】	★
249	合同法	第60条【合同履行的原则】	★★★
		第206条【借款期限的认定】	★★★
		第207条【逾期还款利息的支付】	★★★
		第8条【依法成立的合同的约束力】	★★

	同时适用的法条	相关度	
合同法	第44条【合同生效时间】	★★	249
	第107条【违约的基本形态和承担违约责任的种类】	★★	
	第205条【借款利息支付期限的确定】	★★	
	第9条【合同当事人资格:民事权利能力、民事行为能力;可委托代理人订立合同的规定】	★	
	第109条【违约责任的承担:付款义务的继续履行】	★	
	第196条【借款合同的定义】	★	
民法通则	第106条【民事责任归责原则:违约责任;过错侵权责任;无过错侵权责任】	★★★	254
	第12条【未成年人的民事行为能力】	★★	
	第84条【债的定义】	★★	
	第108条【债务清偿:分期偿还、强制偿还】	★★	
	第119条【侵害公民生命健康权的民事责任:支付相关费用】	★★	
	第4条【民事活动的基本原则:自愿、公平、等价有偿、诚实信用】	★	
	第9条【公民民事权利能力的开始与终止】	★	
	第16条【未成年人的监护人】	★	
	第54条【民事法律行为的定义】	★	
	第55条【民事法律行为的生效条件】	★	
	第57条【民事法律行为的效力】	★	
	第90条【合法借贷关系受法律保护】	★	
	第98条【生命权、健康权的请求权基础】	★	
	第131条【过失相抵:被害人过错】	★	
	第133条【无民事行为能力人、限制民事行为能力人致人损害的民事责任】	★	
	第134条【承担民事责任的主要方式】	★	

		同时适用的法条	相关度
267	担保法	第18条【连带责任保证的定义及连带责任的承担】	★★
		第21条【保证担保的范围;没有约定、约定不明时的担保范围】	★★
		第19条【保证方式不明时的连带责任担保】	★
		第31条【保证人的追偿权】	★
285	保险法	第65条【责任保险的赔偿规则】	★
302	人身损害赔偿司法解释	第17条【人身损害赔偿项目】	★★★★★
		第19条【医疗费计算标准】	★★★★
		第21条【护理费计算标准】	★★★★
		第23条【伙食费、住宿费计算标准】	★★★★
		第18条【精神损害抚慰金的法律适用及其请求权】	★★★
		第20条【误工费计算标准】	★★★
		第22条【交通费计算标准】	★★★
		第24条【营养费计算标准】	★★★
		第25条【残疾赔偿金计算标准】	★★★
		第27条【丧葬费计算标准】	★
		第28条【被扶养人生活费数额的确定】	★
		第29条【死亡赔偿金计算标准】	★
		第35条【人身损害赔偿相关概念的界定】	★
319	道路交通事故赔偿司法解释	第16条【交强险和商业三者险并存时的赔付规则】	★★
		第19条【未投保交强险的机动车交通事故赔偿责任】	★
318	精神损害赔偿司法解释	第8条【致人精神损害的责任方式】	★
		第10条【精神损害赔偿数额的确定因素】	★

	同时适用的法条	相关度	
民通意见	第1条【公民民事权利能力的开始：户籍证明、出生证明、其他证明】	★	311

第12条【未成年人的民事行为能力】 ★★★

十周岁以上的未成年人是限制民事行为能力人，可以进行与他的年龄、智力相适应的民事活动；其他民事活动由他的法定代理人代理，或者征得他的法定代理人的同意。

不满十周岁的未成年人是无民事行为能力人，由他的法定代理人代理民事活动。

一、主要适用的案由及其相关度

案由编号	主要适用的案由	相关度
M1.1.1	生命权、健康权、身体权纠纷	★★★★★
M9.30.350	机动车交通事故责任纠纷	★★★
M4.10.89.4	民间借贷纠纷	★★
M9.30.348	教育机构责任纠纷	★
M4.10.89.1	金融借款合同纠纷	★
M4.10.82	房屋买卖合同纠纷	★
M2.3.27	被继承人债务清偿纠纷	★
M2.2.18.1	抚养费纠纷	★

二、同时适用的法条及其相关度

	同时适用的法条	相关度	
侵权责任法	第16条【人身损害赔偿项目：一般人身损害赔偿项目、伤残赔偿项目、死亡赔偿项目】	★★★★★	268
	第6条【过错责任原则；过错推定责任原则】	★★★★	
	第32条【监护人责任：无民事行为能力人、限制民事行为能力人致害的侵权责任】	★★★★	

		同时适用的法条	相关度
268	侵权责任法	第26条【过错相抵:被侵权人过错】	★★★
		第15条【侵权责任的主要承担方式】	★★
		第22条【严重精神损害的赔偿请求权】	★★
		第39条【教育机构对限制民事行为能力人受到人身损害时的过错责任】	★★
		第2条【侵权责任一般条款;民事权益的范围】	★
		第3条【侵权责任的当事人主义】	★
		第8条【共同实施侵权行为人的连带责任】	★
		第12条【分别实施非充足原因侵权行为的按份责任】	★
		第38条【教育机构在无民事行为能力人受到人身损害时的过错推定责任】	★
		第48条【机动车交通事故责任的法律适用】	★
254	民法通则	第16条【未成年人的监护人】	★★★★★
		第14条【法定代理人】	★★★
		第18条【监护人的职责、权利与民事责任】	★★★
		第119条【侵害公民生命健康权的民事责任:支付相关费用】	★★★
		第133条【无民事行为能力人、限制民事行为能力人致人损害的民事责任】	★★★
		第106条【民事责任归责原则:违约责任;过错侵权责任;无过错侵权责任】	★★
		第5条【民事权益受法律保护】	★
		第11条【完全民事行为能力人】	★
		第58条【民事行为无效的法定情形】	★
		第84条【债的定义】	★
		第98条【生命权、健康权的请求权基础】	★
		第131条【过失相抵:被害人过错】	★
		第134条【承担民事责任的主要方式】	★

	同时适用的法条	相关度	
合同法	第60条【合同履行的原则】	★★	249
	第107条【违约的基本形态和承担违约责任的种类】	★★	
	第206条【借款期限的认定】	★★	
	第8条【依法成立的合同的约束力】	★	
	第44条【合同生效时间】	★	
	第196条【借款合同的定义】	★	
	第205条【借款利息支付期限的确定】	★	
	第207条【逾期还款利息的支付】	★	
道路交通安全法	第76条【交通事故的赔偿责任】	★★	271
担保法	第18条【连带责任保证的定义及连带责任的承担】	★	267
	第21条【保证担保的范围；没有约定、约定不明时的担保范围】	★	
	第31条【保证人的追偿权】	★	
继承法	第33条【继承遗产与清偿债务】	★	109
人身损害赔偿司法解释	第17条【人身损害赔偿项目】	★★★★★	302
	第19条【医疗费计算标准】	★★★★★	
	第21条【护理费计算标准】	★★★★	
	第22条【交通费计算标准】	★★★★	
	第23条【伙食费、住宿费计算标准】	★★★★	
	第18条【精神损害抚慰金的法律适用及其请求权】	★★★	
	第24条【营养费计算标准】	★★★	
	第25条【残疾赔偿金计算标准】	★★★	
	第20条【误工费计算标准】	★★	
	第1条【人身损害赔偿的范围；赔偿权利人的界定；赔偿义务人的界定】	★	

		同时适用的法条	相关度
302	偿司法解释人身损害赔	第7条【因教育机构过错、第三人侵权致未成年人人身损害的赔偿责任】	★
		第27条【丧葬费计算标准】	★
		第29条【死亡赔偿金计算标准】	★
		第35条【人身损害赔偿相关概念的界定】	★
318	偿司法解释精神损害赔	第10条【精神损害赔偿数额的确定因素】	★★
		第8条【致人精神损害的责任方式】	★
311	民通意见	第1条【公民民事权利能力的开始:户籍证明、出生证明、其他证明】	★

第13条【精神病人的民事行为能力】 ★★★

不能辨认自己行为的精神病人是无民事行为能力人,由他的法定代理人代理民事活动。

不能完全辨认自己行为的精神病人是限制民事行为能力人,可以进行与他的精神健康状况相适应的民事活动;其他民事活动由他的法定代理人代理,或者征得他的法定代理人的同意。

■ 一、主要适用的案由及其相关度

案由编号	主要适用的案由	相关度
M10.33.379	申请宣告公民无民事行为能力	★★★★★
M2.2.11	离婚纠纷	★★
M10.33.380	申请宣告公民限制民事行为能力	★
M1.1.1	生命权、健康权、身体权纠纷	★

二、同时适用的法条及其相关度

	同时适用的法条	相关度	
民法通则	第17条【精神病人的监护人】	★★★★★	254
	第19条【精神病人民事行为能力的宣告】	★★★	
	第14条【法定代理人】	★★	
婚姻法	第32条【诉讼外调解和诉讼离婚】	★★★★★	045
	第36条【离婚后父母子女关系】	★	
	第37条【离婚后子女抚养费的负担】	★	
侵权责任法	第16条【人身损害赔偿项目:一般人身损害赔偿项目、伤残赔偿项目、死亡赔偿项目】	★★	268
	第32条【监护人责任:无民事行为能力人、限制民事行为能力人致害的侵权责任】	★★	
	第6条【过错责任原则;过错推定责任原则】	★	
	第22条【严重精神损害的赔偿请求权】	★	
合同法	第206条【借款期限的认定】	★	249
民通意见	第1条【公民民事权利能力的开始:户籍证明、出生证明、其他证明】	★★★★★	311
	第5条【对精神病人的认定:不能或不能完全辨认自己行为的人】	★★★★	
	第7条【当事人是否患有精神病的认定】	★	
	第14条【监护人的指定顺序】	★	
人身损害赔偿司法解释	第17条【人身损害赔偿项目】	★★	302
	第18条【精神损害抚慰金的法律适用及其请求权】	★	
	第19条【医疗费计算标准】	★	
	第20条【误工费计算标准】	★	
	第21条【护理费计算标准】	★	
	第22条【交通费计算标准】	★	

		同时适用的法条	相关度
302	人身损害赔偿司法解释	第23条【伙食费、住宿费计算标准】	★
		第24条【营养费计算标准】	★
		第25条【残疾赔偿金计算标准】	★
		第29条【死亡赔偿金计算标准】	★
318	精神损害赔偿司法解释	第10条【精神损害赔偿数额的确定因素】	★

第14条【法定代理人】 ★★

无民事行为能力人、限制民事行为能力人的监护人是他的法定代理人。

一、主要适用的案由及其相关度

案由编号	主要适用的案由	相关度
M1.1.1	生命权、健康权、身体权纠纷	★★★★★
M2.2.11	离婚纠纷	★★★
M9.30.350	机动车交通事故责任纠纷	★★★
M10.33.379	申请宣告公民无民事行为能力	★★
M4.10.89.4	民间借贷纠纷	★★
M4.10.97	租赁合同纠纷	★
M4.10.82	房屋买卖合同纠纷	★
M9.30.348	教育机构责任纠纷	★

二、同时适用的法条及其相关度

		同时适用的法条	相关度
254	民法通则	第12条【未成年人的民事行为能力】	★★★★★
		第13条【精神病人的民事行为能力】	★★★★★
		第16条【未成年人的监护人】	★★★★★

	同时适用的法条	相关度	
民法通则	第17条【精神病人的监护人】	★★★★★	254
	第18条【监护人的职责、权利与民事责任】	★★★	
	第119条【侵害公民生命健康权的民事责任;支付相关费用】	★★★	
	第133条【无民事行为能力人、限制民事行为能力人致人损害的民事责任】	★★★	
	第98条【生命权、健康权的请求权基础】	★★	
	第106条【民事责任归责原则;违约责任;过错侵权责任;无过错侵权责任】	★★	
	第19条【精神病人民事行为能力的宣告】	★	
	第20条【宣告失踪的条件】	★	
	第131条【过失相抵:被害人过错】	★	
	第134条【承担民事责任的主要方式】	★	
侵权责任法	第16条【人身损害赔偿项目:一般人身损害赔偿项目、伤残赔偿项目、死亡赔偿项目】	★★★★★	268
	第6条【过错责任原则;过错推定责任原则】	★★★★	
	第32条【监护人责任:无民事行为能力人、限制民事行为能力人致害的侵权责任】	★★★★	
	第22条【严重精神损害的赔偿请求权】	★★	
	第26条【过错相抵:被侵权人过错】	★★	
	第48条【机动车交通事故责任的法律适用】	★★	
	第2条【侵权责任一般条款;民事权益的范围】	★	
	第3条【侵权责任的当事人主义】	★	
	第8条【共同实施侵权行为人的连带责任】	★	
	第12条【分别实施非充足原因侵权行为的按份责任】	★	

		同时适用的法条	相关度
268	侵权责任法	第15条【侵权责任的主要承担方式】	★
		第18条【被侵权人死亡、单位分立合并的请求权继受；为被侵权人支付医疗费等合理费用人的赔偿请求权】	★
		第38条【教育机构在无民事行为能力人受到人身损害时的过错推定责任】	★
		第39条【教育机构对限制民事行为能力人受到人身损害时的过错责任】	★
045	婚姻法	第32条【诉讼外调解和诉讼离婚】	★★★
		第36条【离婚后父母子女关系】	★
		第37条【离婚后子女抚养费的负担】	★
271	道路交通安全法	第76条【交通事故的赔偿责任】	★★
249	合同法	第8条【依法成立的合同的约束力】	★
		第13条【订立合同的方式：要约、承诺】	★
		第25条【合同成立时间：承诺生效】	★
		第60条【合同履行的原则】	★
		第107条【违约的基本形态和承担违约责任的种类】	★
		第205条【借款利息支付期限的确定】	★
		第206条【借款期限的认定】	★
		第207条【逾期还款利息的支付】	★
109	继承法	第10条【继承人范围及继承顺序】	★
302	人身损害赔偿司法解释	第17条【人身损害赔偿项目】	★★★★★
		第19条【医疗费计算标准】	★★★★
		第21条【护理费计算标准】	★★★★
		第18条【精神损害抚慰金的法律适用及其请求权】	★★★
		第20条【误工费计算标准】	★★★
		第22条【交通费计算标准】	★★★

	同时适用的法条	相关度	
人身损害赔偿司法解释	第23条【伙食费、住宿费计算标准】	★★★	302
	第24条【营养费计算标准】	★★★	
	第25条【残疾赔偿金计算标准】	★★★	
	第1条【人身损害赔偿的范围;赔偿权利人的界定;赔偿义务人的界定】	★	
	第7条【因教育机构过错、第三人侵权致未成年人人身损害的赔偿责任】	★	
	第27条【丧葬费计算标准】	★	
	第28条【被扶养人生活费数额的确定】	★	
	第29条【死亡赔偿金计算标准】	★	
	第35条【人身损害赔偿相关概念的界定】	★	
民通意见	第1条【公民民事权利能力的开始:户籍证明、出生证明、其他证明】	★★	311
精神损害赔偿司法解释	第10条【精神损害赔偿数额的确定因素】	★★	318
	第8条【致人精神损害的责任方式】	★	
道路交通事故司法解释	第19条【未投保交强险的机动车交通事故赔偿责任】	★	319

第15条【公民的住所】 ★★

公民以他的户籍所在地的居住地为住所,经常居住地与住所不一致的,经常居住地视为住所。

一、主要适用的案由及其相关度

案由编号	主要适用的案由	相关度
M9.30.350	机动车交通事故责任纠纷	★★★★★
M9.30.345	提供劳务者受害责任纠纷	★

案由编号	主要适用的案由	相关度
M1.1.1	生命权、健康权、身体权纠纷	★
M3.5.38	财产损害赔偿纠纷	★

二、同时适用的法条及其相关度

	同时适用的法条	相关度
侵权责任法	第16条【人身损害赔偿项目：一般人身损害赔偿项目、伤残赔偿项目、死亡赔偿项目】	★★★★★
	第22条【严重精神损害的赔偿请求权】	★★★★
	第6条【过错责任原则；过错推定责任原则】	★★★
	第48条【机动车交通事故责任的法律适用】	★★★
	第15条【侵权责任的主要承担方式】	★★
	第2条【侵权责任一般条款；民事权益的范围】	★
	第3条【侵权责任的当事人主义】	★
	第18条【被侵权人死亡、单位分立合并的请求权继受；为被侵权人支付医疗费等合理费用人的赔偿请求权】	★
	第26条【过错相抵；被侵权人过错】	★
	第35条【个人劳务责任：提供劳务者致害责任、提供劳务者受害责任】	★
	第58条【医疗机构适用过错推定的情形】	★
道路交通安全法	第76条【交通事故的赔偿责任】	★★★★
民法通则	第6条【民事活动遵守法律和国家政策】	★★
	第16条【未成年人的监护人】	★★
	第119条【侵害公民生命健康权的民事责任：支付相关费用】	★★
	第4条【民事活动的基本原则：自愿、公平、等价有偿、诚实信用】	★
	第5条【民事权益受法律保护】	★

	同时适用的法条	相关度	
民法通则	第19条【精神病人民事行为能力的宣告】	★	254
	第22条【宣告失踪的撤销】	★	
	第48条【企业承担责任的财产范围；全民所有制企业以国家授予经营管理的财产承担、集体所有制企业和三资企业以企业所有的财产承担】	★	
	第63条【代理的界定及不得代理的情形】	★	
	第65条【委托代理的形式；授权委托书的内容；委托书授权不明时的责任承担方式；被代理人与代理人承担连带责任】	★	
	第106条【民事责任归责原则；违约责任；过错侵权责任；无过错侵权责任】	★	
保险法	第65条【责任保险的赔偿规则】	★★	285
刑法	第133条【交通肇事罪】	★	273
人身损害赔偿司法解释	第17条【人身损害赔偿项目】	★★★★★	302
	第19条【医疗费计算标准】	★★★★★	
	第20条【误工费计算标准】	★★★★	
	第21条【护理费计算标准】	★★★★	
	第22条【交通费计算标准】	★★★★	
	第23条【伙食费、住宿费计算标准】	★★★★	
	第25条【残疾赔偿金计算标准】	★★★★	
	第18条【精神损害抚慰金的法律适用及其请求权】	★★★	
	第24条【营养费计算标准】	★★★	
	第28条【被扶养人生活费数额的确定】	★★★	
	第29条【死亡赔偿金计算标准】	★★★	
	第27条【丧葬费计算标准】	★★	
	第35条【人身损害赔偿相关概念的界定】	★★	

		同时适用的法条	相关度
302	人身损害赔偿司法解释	第9条【雇员致害的赔偿责任;对"从事雇佣活动"的界定】	★
		第10条【承揽人致害或自害的赔偿责任】	★
		第11条【雇员在雇佣活动中遭受损害的责任承担】	★
		第26条【残疾辅助器具费的计算标准;辅助器具的更换周期、赔偿期限】	★
311	民通意见	第9条【公民经常居住地和住所的认定】	★★★
		第1条【公民民事权利能力的开始:户籍证明、出生证明、其他证明】	★
319	道路交通事故司法解释	第16条【交强险和商业三者险并存时的赔付规则】	★★★
		第3条【挂靠机动车交通事故责任:挂靠人与被挂靠人承担连带责任】	★
		第14条【人身伤亡、财产损失的概念】	★
318	精神损害赔偿司法解释	第10条【精神损害赔偿数额的确定因素】	★★

第二节　监护

第16条【未成年人的监护人】　★★★

未成年人的父母是未成年人的监护人。

未成年人的父母已经死亡或者没有监护能力的,由下列人员中有监护能力的人担任监护人:

（一）祖父母、外祖父母;

（二）兄、姐;

（三）关系密切的其他亲属、朋友愿意承担监护责任,经未成年人的父、母的所在单位或者未成年人住所地的居民委员会、村民委员会同意的。

对担任监护人有争议的,由未成年人的父、母的所在单位或者未成年人住所地的居民委员会、村民委员会在近亲属中指定。对指定不服提起诉讼的,由人民法院裁决。

没有第一款、第二款规定的监护人的,由未成年人的父、母的所在单位或者未成年人住所地的居民委员会、村民委员会或者民政部门担任监护人。

一、主要适用的案由及其相关度

案由编号	主要适用的案由	相关度
M1.1.1	生命权、健康权、身体权纠纷	★★★★★
M9.30.350	机动车交通事故责任纠纷	★★★
M2.2.22	监护权纠纷	★★★
M2.2.18	抚养纠纷	★
M2.2.18.2	变更抚养关系纠纷	★
M10.35.386	申请变更监护人	★

二、同时适用的法条及其相关度

	同时适用的法条	相关度
民法通则	第18条【监护人的职责、权利与民事责任】	★★★★★
	第12条【未成年人的民事行为能力】	★★★
	第119条【侵害公民生命健康权的民事责任:支付相关费用】	★★★
	第133条【无民事行为能力人、限制民事行为能力人致人损害的民事责任】	★★★
	第14条【法定代理人】	★★
	第98条【生命权、健康权的请求权基础】	★★
	第106条【民事责任归责原则:违约责任;过错侵权责任;无过错侵权责任】	★★
	第5条【民事权益受法律保护】	★
	第108条【债务清偿:分期偿还、强制偿还】	★
	第131条【过失相抵;被害人过错】	★
	第134条【承担民事责任的主要方式】	★

		同时适用的法条	相关度
268	侵权责任法	第16条【人身损害赔偿项目：一般人身损害赔偿项目、伤残赔偿项目、死亡赔偿项目】	★★★★★
		第6条【过错责任原则；过错推定责任原则】	★★★★
		第32条【监护人责任；无民事行为能力人、限制民事行为能力人致害的侵权责任】	★★★★
		第22条【严重精神损害的赔偿请求权】	★★★
		第26条【过错相抵：被侵权人过错】	★★★
		第15条【侵权责任的主要承担方式】	★★
		第48条【机动车交通事故责任的法律适用】	★★
		第2条【侵权责任一般条款；民事权益的范围】	★
		第3条【侵权责任的当事人主义】	★
		第8条【共同实施侵权行为人的连带责任】	★
		第12条【分别实施非充足原因侵权行为的按份责任】	★
		第18条【被侵权人死亡、单位分立合并的请求权继受；为被侵权人支付医疗费等合理费用人的赔偿请求权】	★
		第39条【教育机构对限制民事行为能力人受到人身损害时的过错责任】	★
271	道路交通安全法	第76条【交通事故的赔偿责任】	★★
045	婚姻法	第21条【父母与子女间的抚养赡养义务】	★★
		第36条【离婚后父母子女关系】	★
249	合同法	第8条【依法成立的合同的约束力】	★
		第60条【合同履行的原则】	★
		第107条【违约的基本形态和承担违约责任的种类】	★
		第113条【违约责任的承担：损失赔偿】	★

	同时适用的法条	相关度	
继承法	第10条【继承人范围及继承顺序】	★	109
	第33条【继承遗产与清偿债务】	★	
人身损害赔偿司法解释	第17条【人身损害赔偿项目】	★★★★★	302
	第19条【医疗费计算标准】	★★★★	
	第21条【护理费计算标准】	★★★★	
	第18条【精神损害抚慰金的法律适用及其请求权】	★★★	
	第22条【交通费计算标准】	★★★	
	第23条【伙食费、住宿费计算标准】	★★★	
	第24条【营养费计算标准】	★★★	
	第20条【误工费计算标准】	★★	
	第25条【残疾赔偿金计算标准】	★★	
	第27条【丧葬费计算标准】	★★	
	第29条【死亡赔偿金计算标准】	★★	
	第1条【人身损害赔偿的范围;赔偿权利人的界定;赔偿义务人的界定】	★	
	第7条【因教育机构过错、第三人侵权致未成年人人身损害的赔偿责任】	★	
	第28条【被扶养人生活费数额的确定】	★	
	第35条【人身损害赔偿相关概念的界定】	★	
民通意见	第1条【公民民事权利能力的开始:户籍证明、出生证明、其他证明】	★★★	311
	第10条【监护人的监护职责】	★	
精神损害赔偿司法解释	第10条【精神损害赔偿数额的确定因素】	★★	318
	第8条【致人精神损害的责任方式】	★	
	第11条【精神损害赔偿责任的减免事由:受害人过错程度】	★	

		同时适用的法条	相关度
319	故司法解释	道路交通事故	第19条【未投保交强险的机动车交通事故赔偿责任】	★

第17条【精神病人的监护人】 ★★★

无民事行为能力或者限制民事行为能力的精神病人,由下列人员担任监护人：

(一) 配偶;

(二) 父母;

(三) 成年子女;

(四) 其他近亲属;

(五) 关系密切的其他亲属、朋友愿意承担监护责任,经精神病人的所在单位或者住所地的居民委员会、村民委员会同意的。

对担任监护人有争议的,由精神病人的所在单位或者住所地的居民委员会、村民委员会在近亲属中指定。对指定不服提起诉讼的,由人民法院裁决。

没有第一款规定的监护人的,由精神病人的所在单位或者住所地的居民委员会、村民委员会或者民政部门担任监护人。

一、主要适用的案由及其相关度

案由编号	主要适用的案由	相关度
M10.33.379	申请宣告公民无民事行为能力	★★★★★
M10.33.380	申请宣告公民限制民事行为能力	★★
M1.1.1	生命权、健康权、身体权纠纷	★★
M2.2.11	离婚纠纷	★
M10.35.385	申请确定监护人	★
M10.35.386	申请变更监护人	★

二、同时适用的法条及其相关度

	同时适用的法条	相关度	
民法通则	第13条【精神病人的民事行为能力】	★★★★★	254
	第19条【精神病人民事行为能力的宣告】	★★★★★	
	第18条【监护人的职责、权利与民事责任】	★★★	
	第14条【法定代理人】	★★	
	第133条【无民事行为能力人、限制民事行为能力人致人损害的民事责任】	★	
侵权责任法	第16条【人身损害赔偿项目：一般人身损害赔偿项目、伤残赔偿项目、死亡赔偿项目】	★	268
	第32条【监护人责任：无民事行为能力人、限制民事行为能力人致害的侵权责任】	★	
婚姻法	第32条【诉讼外调解和诉讼离婚】	★	045
民通意见	第1条【公民民事权利能力的开始：户籍证明、出生证明、其他证明】	★★★	311
	第14条【监护人的指定顺序】	★★	
	第11条【监护人监护能力的认定】	★	
人身损害赔偿司法解释	第17条【人身损害赔偿项目】	★	302
	第19条【医疗费计算标准】	★	
	第21条【护理费计算标准】	★	

第18条【监护人的职责、权利与民事责任】 ★★★

监护人应当履行监护职责，保护被监护人的人身、财产及其他合法权益，除为被监护人的利益外，不得处理被监护人的财产。

监护人依法履行监护的权利，受法律保护。

监护人不履行监护职责或者侵害被监护人的合法权益的，应当承担责任；给被监护人造成财产损失的，应当赔偿损失。人民法院可以根据有关人员或者有关单位的申请，撤销监护人的资格。

一、主要适用的案由及其相关度

案由编号	主要适用的案由	相关度
M1.1.1	生命权、健康权、身体权纠纷	★★★★★
M9.30.350	机动车交通事故责任纠纷	★★
M10.35.386	申请变更监护人	★
M2.2.22	监护权纠纷	★
M4.10.89.4	民间借贷纠纷	★
M10.35.385	申请确定监护人	★
M10.33.379	申请宣告公民无民事行为能力	★
M4.11	不当得利纠纷	★

二、同时适用的法条及其相关度

	同时适用的法条	相关度
民法通则	第16条【未成年人的监护人】	★★★★★
	第17条【精神病人的监护人】	★★★
	第12条【未成年人的民事行为能力】	★★
	第106条【民事责任归责原则:违约责任;过错侵权责任;无过错侵权责任】	★★
	第119条【侵害公民生命健康权的民事责任:支付相关费用】	★★
	第5条【民事权益受法律保护】	★
	第13条【精神病人的民事行为能力】	★
	第14条【法定代理人】	★
	第19条【精神病人民事行为能力的宣告】	★
	第98条【生命权、健康权的请求权基础】	★
	第131条【过失相抵;被害人过错】	★
	第133条【无民事行为能力人、限制民事行为能力人致人损害的民事责任】	★
	第134条【承担民事责任的主要方式】	★

	同时适用的法条	相关度	
侵权责任法	第16条【人身损害赔偿项目；一般人身损害赔偿项目、伤残赔偿项目、死亡赔偿项目】	★★★★★	268
	第6条【过错责任原则；过错推定责任原则】	★★★	
	第22条【严重精神损害的赔偿请求权】	★★★	
	第26条【过错相抵；被侵权人过错】	★★★	
	第2条【侵权责任一般条款；民事权益的范围】	★	
	第3条【侵权责任的当事人主义】	★	
	第12条【分别实施非充足原因侵权行为的按份责任】	★	
	第15条【侵权责任的主要承担方式】	★	
	第18条【被侵权人死亡、单位分立合并的请求权继受；为被侵权人支付医疗费等合理费用人的赔偿请求权】	★	
	第32条【监护人责任；无民事行为能力人、限制民事行为能力人致害的侵权责任】	★	
	第37条【管理人或者组织者违反安全保障义务的侵权责任；补充责任】	★	
	第48条【机动车交通事故责任的法律适用】	★	
道路交通安全法	第76条【交通事故的赔偿责任】	★	271
合同法	第206条【借款期限的认定】	★	249
继承法	第10条【继承人范围及继承顺序】	★	109
人身损害赔偿司法解释	第17条【人身损害赔偿项目】	★★★★	302
	第18条【精神损害抚慰金的法律适用及其请求权】	★★★	
	第19条【医疗费计算标准】	★★★	
	第21条【护理费计算标准】	★★★	

	同时适用的法条	相关度
302	偿司法解释 人身损害赔 第22条【交通费计算标准】	★★★
	第23条【伙食费、住宿费计算标准】	★★
	第24条【营养费计算标准】	★★
	第27条【丧葬费计算标准】	★★
	第29条【死亡赔偿金计算标准】	★★
	第20条【误工费计算标准】	★
	第25条【残疾赔偿金计算标准】	★
	第35条【人身损害赔偿相关概念的界定】	★
311	民通意见 第1条【公民民事权利能力的开始：户籍证明、出生证明、其他证明】	★★★
	第10条【监护人的监护职责】	★
	第20条【不合格监护人的审理程序】	★
318	偿司法解释 精神损害赔 第10条【精神损害赔偿数额的确定因素】	★★
	第8条【致人精神损害的责任方式】	★
	第11条【精神损害赔偿责任的减免事由：受害人过错程度】	★

第19条【精神病人民事行为能力的宣告】 ★★★

精神病人的利害关系人，可以向人民法院申请宣告精神病人为无民事行为能力人或者限制民事行为能力人。

被人民法院宣告为无民事行为能力人或者限制民事行为能力人的，根据他健康恢复的状况，经本人或者利害关系人申请，人民法院可以宣告他为限制民事行为能力人或者完全民事行为能力人。

■ 一、主要适用的案由及其相关度

案由编号	主要适用的案由	相关度
M10.33.379	申请宣告公民无民事行为能力	★★★★★
M10.33.380	申请宣告公民限制民事行为能力	★★

二、同时适用的法条及其相关度

	同时适用的法条	相关度	
通则民法	第17条【精神病人的监护人】	★★★★★	254
通则民法	第13条【精神病人的民事行为能力】	★★★	
意见民通	第1条【公民民事权利能力的开始：户籍证明、出生证明、其他证明】	★★	311

第三节 宣告失踪和宣告死亡

第20条【宣告失踪的条件】 ★★

公民下落不明满二年的，利害关系人可以向人民法院申请宣告他为失踪人。

战争期间下落不明的，下落不明的时间从战争结束之日起计算。

一、主要适用的案由及其相关度

案由编号	主要适用的案由	相关度
M10.32.372	申请宣告公民失踪	★★★★★

二、同时适用的法条及其相关度

	同时适用的法条	相关度	
通则民法	第21条【宣告失踪的法律后果】	★★★★★	254
合同法	第13条【订立合同的方式：要约、承诺】	★	249
合同法	第25条【合同成立时间：承诺生效】	★	
民通意见	第1条【公民民事权利能力的开始：户籍证明、出生证明、其他证明】	★★★★★	311
民通意见	第24条【申请宣告失踪的利害关系人的范围】	★★★★	
民通意见	第26条【下落不明的定义及不适用情形】	★★★	
民通意见	第28条【下落不明的起算时间及地域管辖】	★	

第21条【宣告失踪的法律后果】

失踪人的财产由他的配偶、父母、成年子女或者关系密切的其他亲属、朋友代管。代管有争议的,没有以上规定的人或者以上规定的人无能力代管的,由人民法院指定的人代管。

失踪人所欠税款、债务和应付的其他费用,由代管人从失踪人的财产中支付。

■ 一、主要适用的案由及其相关度

案由编号	主要适用的案由	相关度
M10.32.372	申请宣告公民失踪	★★★★★

■ 二、同时适用的法条及其相关度

	同时适用的法条	相关度
民法通则	第20条【宣告失踪的条件】	★★★★★

第22条【宣告失踪的撤销】 ★★

被宣告失踪的人重新出现或者确知他的下落,经本人或者利害关系人申请,人民法院应当撤销对他的失踪宣告。

■ 一、主要适用的案由及其相关度

案由编号	主要适用的案由	相关度
M9.30.350	机动车交通事故责任纠纷	★★★★★
M1.1.1	生命权、健康权、身体权纠纷	★★★
X4.234	故意伤害	★
M10.32.373	申请撤销宣告失踪	★
M9.30.345	提供劳务者受害责任纠纷	★
M10.32.372	申请宣告公民失踪	★

二、同时适用的法条及其相关度

	同时适用的法条	相关度
民法通则	第17条【精神病人的监护人】	★★★★★
	第19条【精神病人民事行为能力的宣告】	★★★★★
	第20条【宣告失踪的条件】	★★★★★
	第21条【宣告失踪的法律后果】	★★★★★
	第23条【宣告死亡的条件】	★★★★★
	第24条【死亡宣告的撤销】	★★★★
	第25条【死亡宣告撤销后的财产返还】	★★★★
	第119条【侵害公民生命健康权的民事责任:支付相关费用】	★★★★
	第6条【民事活动遵守法律和国家政策】	★★★
	第16条【未成年人的监护人】	★★★
	第18条【监护人的职责、权利与民事责任】	★★★
	第11条【完全民事行为能力人】	★
	第15条【公民的住所】	★
	第26条【个体工商户】	★
	第27条【农村承包经营户的定义】	★
	第28条【对个体工商户、农村承包经营户的保护】	★
	第29条【个体工商户、农村承包经营户债务承担的财产范围】	★
	第35条【民事合伙的债务承担规则】	★
	第48条【企业承担责任的财产范围:全民所有制企业以国家授予经营管理的财产承担、集体所有制企业和三资企业以企业所有的财产承担】	★
	第98条【生命权、健康权的请求权基础】	★
	第106条【民事责任归责原则:违约责任;过错侵权责任;无过错侵权责任】	★
	第130条【共同侵权人的连带责任】	★
	第133条【无民事行为能力人、限制民事行为能力人致人损害的民事责任】	★

		同时适用的法条	相关度
271	道路交通安全法	第76条【交通事故的赔偿责任】	★★★
		第16条【禁止行为】	★
		第119条【道路、车辆、机动车、非机动车、交通事故的含义】	★
273	刑法	第25条【共同犯罪的概念】	★★
		第234条【故意伤害罪】	★★
		第26条【主犯;犯罪集团】	★
		第36条【犯罪行为的民事赔偿责任】	★
		第67条【自首及其认定】	★
		第69条【判决宣告前一人犯数罪的并罚】	★
		第119条【破坏交通工具罪、破坏交通设施罪、破坏电力设备罪、破坏易燃易爆设备罪;过失损坏交通工具罪、过失损坏交通设施罪、过失损坏电力设备罪、过失损坏易燃易爆设备罪】	★
		第130条【非法携带枪支、弹药、管制刀具、危险物品危及公共安全罪】	★
268	侵权责任法	第16条【人身损害赔偿项目:一般人身损害赔偿项目、伤残赔偿项目、死亡赔偿项目】	★
		第76条【未经许可进入高度危险活动区域或者高度危险物存放区致害责任的承担】	★
285	保险法	第65条【责任保险的赔偿规则】	★
302	人身损害赔偿司法解释	第17条【人身损害赔偿项目】	★★
		第19条【医疗费计算标准】	★★
		第21条【护理费计算标准】	★★
		第22条【交通费计算标准】	★★
		第23条【伙食费、住宿费计算标准】	★★
		第25条【残疾赔偿金计算标准】	★★
		第16条【所有人或管理人承担赔偿责任的情形】	★
		第20条【误工费计算标准】	★
		第24条【营养费计算标准】	★

第23条【宣告死亡的条件】 ★★★

公民有下列情形之一的,利害关系人可以向人民法院申请宣告他死亡:

(一)下落不明满四年的;

(二)因意外事故下落不明,从事故发生之日起满二年的。

战争期间下落不明的,下落不明的时间从战争结束之日起计算。

一、主要适用的案由及其相关度

案由编号	主要适用的案由	相关度
M10.32.376	申请宣告公民死亡	★★★★★

二、同时适用的法条及其相关度

	同时适用的法条	相关度	
民法通则	第17条【精神病人的监护人】	★	254
	第19条【精神病人民事行为能力的宣告】	★	
	第20条【宣告失踪的条件】	★	
	第21条【宣告失踪的法律后果】	★	
	第22条【宣告失踪的撤销】	★	
	第24条【死亡宣告的撤销】	★	
	第25条【死亡宣告撤销后的财产返还】	★	
	第119条【侵害公民生命健康权的民事责任:支付相关费用】	★	
道路交通安全法	第76条【交通事故的赔偿责任】	★	271
民通意见	第1条【公民民事权利能力的开始:户籍证明、出生证明、其他证明】	★★★★★	311
	第25条【申请宣告死亡的利害关系人的顺序】	★★	

第24条【死亡宣告的撤销】 ★

被宣告死亡的人重新出现或者确知他没有死亡,经本人或者利害关系人申请,人民法院应当撤销对他的死亡宣告。

有民事行为能力人在被宣告死亡期间实施的民事法律行为有效。

一、主要适用的案由及其相关度

案由编号	主要适用的案由	相关度
M4.10.89.4	民间借贷纠纷	★★★★★
M10.32.377	申请撤销宣告公民死亡	★★★★★
M9.30.350	机动车交通事故责任纠纷	★★★
M4.10.74	买卖合同纠纷	★★
X4.234	故意伤害	★
M1.1.1	生命权、健康权、身体权纠纷	★
X4.238	非法拘禁	★
M4.10.126	追偿权纠纷	★

二、同时适用的法条及其相关度

	同时适用的法条	相关度
民法通则	第17条【精神病人的监护人】	★★★★★
	第19条【精神病人民事行为能力的宣告】	★★★★★
	第20条【宣告失踪的条件】	★★★★★
	第21条【宣告失踪的法律后果】	★★★★★
	第22条【宣告失踪的撤销】	★★★★★
	第23条【宣告死亡的条件】	★★★★★
	第25条【死亡宣告撤销后的财产返还】	★★★★
	第108条【债务清偿:分期偿还、强制偿还】	★★★★
	第18条【监护人的职责、权利与民事责任】	★★★
	第84条【债的定义】	★★★
	第90条【合法借贷关系受法律保护】	★★★
	第119条【侵害公民生命健康权的民事责任:支付相关费用】	★★★

第二编 核心法律条文主要适用案由及关联法条索引

	同时适用的法条	相关度	
民法通则	第106条【民事责任归责原则：违约责任；过错侵权责任；无过错侵权责任】	★★	254
	第5条【民事权益受法律保护】	★	
	第26条【个体工商户】	★	
	第27条【农村承包经营户的定义】	★	
	第28条【对个体工商户、农村承包经营户的保护】	★	
	第36条【法人的定义；法人民事权利能力和民事行为能力的存续期间】	★	
	第67条【代理人故意代理违法事项时的责任承担：被代理人和代理人承担连带责任】	★	
	第130条【共同侵权人的连带责任】	★	
刑法	第25条【共同犯罪的概念】	★★	273
	第36条【犯罪行为的民事赔偿责任】	★★	
	第67条【自首及其认定】	★★	
	第119条【破坏交通工具罪、破坏交通设施罪、破坏电力设备罪、破坏易燃易爆设备罪；过失损坏交通工具罪、过失损坏交通设施罪、过失损坏电力设备罪、过失损坏易燃易爆设备罪】	★★	
	第234条【故意伤害罪】	★★	
	第69条【判决宣告前一人犯数罪的并罚】	★	
	第238条【非法拘禁罪】	★	
道路交通安全法	第76条【交通事故的赔偿责任】	★★	271
保险法	第65条【责任保险的赔偿规则】	★	285
侵权责任法	第48条【机动车交通事故责任的法律适用】	★	268

		同时适用的法条	相关度
302	人身损害赔偿司法解释	第16条【所有人或管理人承担赔偿责任的情形】	★
		第17条【人身损害赔偿项目】	★
		第19条【医疗费计算标准】	★
		第20条【误工费计算标准】	★
		第21条【护理费计算标准】	★
		第23条【伙食费、住宿费计算标准】	★
		第24条【营养费计算标准】	★
		第25条【残疾赔偿金计算标准】	★
299	婚姻法司法解释二	第19条【婚前一方承租、婚后共同购买的房屋属于夫妻共同财产】	★
		第24条【夫妻一方所欠债务的处理】	★

第25条【死亡宣告撤销后的财产返还】 ★

被撤销死亡宣告的人有权请求返还财产。依照继承法取得他的财产的公民或者组织,应当返还原物;原物不存在的,给予适当补偿。

■ 一、主要适用的案由及其相关度

案由编号	主要适用的案由	相关度
X4.234	故意伤害	
M4.10.89.4	民间借贷纠纷	
M9.30.350	机动车交通事故责任纠纷	
M1.1.1	生命权、健康权、身体权纠纷	
M9.30.345	提供劳务者受害责任纠纷	

■ 二、同时适用的法条及其相关度

		同时适用的法条	相关度
273	刑法	第25条【共同犯罪的概念】	★★★★★
		第36条【犯罪行为的民事赔偿责任】	★★★★

	同时适用的法条	相关度	
刑法	第119条【破坏交通工具罪、破坏交通设施罪、破坏电力设备罪、破坏易燃易爆设备罪;过失损坏交通工具罪、过失损坏交通设施罪、过失损坏电力设备罪、过失损坏易燃易爆设备罪】	★★★★	273
	第67条【自首及其认定】	★★★	
	第130条【非法携带枪支、弹药、管制刀具、危险物品危及公共安全罪】	★★★	
	第234条【故意伤害罪】	★★★	
民法通则	第17条【精神病人的监护人】	★★★	254
	第19条【精神病人民事行为能力的宣告】	★★★	
	第20条【宣告失踪的条件】	★★★	
	第21条【宣告失踪的法律后果】	★★★	
	第22条【宣告失踪的撤销】	★★★	
	第23条【宣告死亡的条件】	★★★	
	第36条【法人的定义;法人民事权利能力和民事行为能力的存续期间】	★★★	
	第67条【代理人故意代理违法事项时的责任承担:被代理人和代理人承担连带责任】	★★★	
	第119条【侵害公民生命健康权的民事责任:支付相关费用】	★★★	
	第18条【监护人的职责、权利与民事责任】	★★	
	第24条【死亡宣告的撤销】	★★	
	第72条【财产所有权的取得;动产所有权自交付时转移】	★★	
	第84条【债的定义】	★★	
	第108条【债务清偿;分期偿还、强制偿还】	★★	
	第130条【共同侵权人的连带责任】	★★	
	第11条【完全民事行为能力人】	★	
	第26条【个体工商户】	★	

		同时适用的法条	相关度
254	民法通则	第 27 条【农村承包经营户的定义】	★
		第 28 条【对个体工商户、农村承包经营户的保护】	★
		第 29 条【个体工商户、农村承包经营户债务承担的财产范围】	★
		第 64 条【代理的种类及代理权限】	★
		第 65 条【委托代理的形式;授权委托书的内容;委托书授权不明时的责任承担方式;被代理人与代理人承担连带责任】	★
		第 69 条【委托代理终止的法定情形】	★
		第 73 条【国家财产所有权:全民所有;国家财产权的效力:神圣不可侵犯】	★
		第 106 条【民事责任归责原则:违约责任;过错侵权责任;无过错侵权责任】	★
		第 131 条【过失相抵:被害人过错】	★
302	人身损害赔偿司法解释	第 17 条【人身损害赔偿项目】	★
		第 19 条【医疗费计算标准】	★
		第 20 条【误工费计算标准】	★
		第 21 条【护理费计算标准】	★
		第 22 条【交通费计算标准】	★
		第 23 条【伙食费、住宿费计算标准】	★
		第 25 条【残疾赔偿金计算标准】	★

第四节 个体工商户,农村承包经营户

第 26 条【个体工商户】 ★★

公民在法律允许的范围内,依法经核准登记,从事工商业经营的,为个体工商户。个体工商户可以起字号。

一、主要适用的案由及其相关度

案由编号	主要适用的案由	相关度
M4.10.74	买卖合同纠纷	★★★★★
M4.10.89.4	民间借贷纠纷	★★★★
M6.17.169.5	追索劳动报酬纠纷	★★
M9.30.350	机动车交通事故责任纠纷	★
M4.10.97	租赁合同纠纷	★
M4.10	合同纠纷	★
M1.1.1	生命权、健康权、身体权纠纷	★
M4.10.99	承揽合同纠纷	★

二、同时适用的法条及其相关度

	同时适用的法条	相关度	
民法通则	第29条【个体工商户、农村承包经营户债务承担的财产范围】	★★★★★	254
	第108条【债务清偿:分期偿还、强制偿还】	★★★	
	第84条【债的定义】	★★	
	第6条【民事活动遵守法律和国家政策】	★	
	第16条【未成年人的监护人】	★	
	第25条【死亡宣告撤销后的财产返还】	★	
	第28条【对个体工商户、农村承包经营户的保护】	★	
	第30条【个人合伙的定义】	★	
	第106条【民事责任归责原则:违约责任;过错侵权责任;无过错侵权责任】	★	
合同法	第60条【合同履行的原则】	★★★	249
	第107条【违约的基本形态和承担违约责任的种类】	★★★	
	第159条【买受人应支付价款数额的认定】	★★★	

		同时适用的法条	相关度
249	合同法	第44条【合同生效时间】	★★
		第161条【买受人支付价款的时间】	★★
		第8条【依法成立的合同的约束力】	★
		第109条【违约责任的承担:付款义务的继续履行】	★
		第130条【买卖合同的定义】	★
		第206条【借款期限的认定】	★
		第207条【逾期还款利息的支付】	★
289	劳动法	第50条【劳动者工资支付的法定形式与禁止性规定】	★★
311	民通意见	第1条【公民民事权利能力的开始:户籍证明、出生证明、其他证明】	★★★★★
		第41条【对起字号工商户诉讼当事人的确立】	★
299	婚姻法司法解释二	第24条【夫妻一方所欠债务的处理】	★★★
324	劳动争议案件司法解释二	第3条【视为拖欠劳动报酬争议的起诉】	★★

第27条【农村承包经营户的定义】　　　　　　　　　　　　　★

农村集体经济组织的成员,在法律允许的范围内,按照承包合同规定从事商品经营的,为农村承包经营户。

■ 一、主要适用的案由及其相关度

案由编号	主要适用的案由	相关度
M6.17.169	劳动合同纠纷	
M4.10.119	农村土地承包合同纠纷	
M4.10.89.4	民间借贷纠纷	

案由编号	主要适用的案由	相关度
M1.1.1	生命权、健康权、身体权纠纷	
M3.7.55	土地承包经营权纠纷	
M3.7.55.2	承包地征收补偿费用分配纠纷	
M4.10.97.3	车辆租赁合同纠纷	

二、同时适用的法条及其相关度

	同时适用的法条	相关度	
农村土地承包法	第5条【农村集体经济组织成员的土地承包权】	★★★	283
	第16条【土地承包方的权利:使用、收益、流转、组织生产、获得补偿】	★★★	
	第15条【家庭承包方的定义】	★★	
	第30条【妇女的土地承包经营权的保护:妇女婚姻状况发生改变不影响承包权】	★	
	第31条【承包收益与林地承包权的继承】	★	
民法通则	第25条【死亡宣告撤销后的财产返还】	★★★★	254
	第28条【对个体工商户、农村承包经营户的保护】	★★★★	
	第29条【个体工商户、农村承包经营户债务承担的财产范围】	★★★★	
	第106条【民事责任归责原则:违约责任;过错侵权责任;无过错侵权责任】	★★★★	
	第5条【民事权益受法律保护】	★★★	
	第17条【精神病人的监护人】	★★★	
	第22条【宣告失踪的撤销】	★★★	
	第75条【个人财产:合法财产受法律保护】	★★★	
	第119条【侵害公民生命健康权的民事责任:支付相关费用】	★★★	
	第19条【精神病人民事行为能力的宣告】	★★	
	第20条【宣告失踪的条件】	★★	

		同时适用的法条	相关度
254	民法通则	第36条【法人的定义；法人民事权利能力和民事行为能力的存续期间】	★★
		第67条【代理人故意代理违法事项时的责任承担：被代理人和代理人承担连带责任】	★★
		第72条【财产所有权的取得；动产所有权自交付时转移】	★★
		第73条【国家财产所有权：全民所有；国家财产权的效力：神圣不可侵犯】	★★
		第84条【债的定义】	★★
		第108条【债务清偿：分期偿还、强制偿还】	★★
		第4条【民事活动的基本原则：自愿、公平、等价有偿、诚实信用】	★
		第9条【公民民事权利能力的开始与终止】	★
		第21条【宣告失踪的法律后果】	★
		第23条【宣告死亡的条件】	★
		第24条【死亡宣告的撤销】	★
		第26条【个体工商户】	★
		第52条【企业之间或者企业、事业单位之间联营的民事责任】	★
		第53条【协作型联营的权利义务与民事责任】	★
		第65条【委托代理的形式；授权委托书的内容；委托书授权不明时的责任承担方式：被代理人与代理人承担连带责任】	★
		第130条【共同侵权人的连带责任】	★
		第131条【过失相抵：被害人过错】	★
276	物权法	第42条【不动产的征收及其补偿】	★
		第132条【承包地被征收的补偿权】	★

	同时适用的法条	相关度	
土地管理法	第14条【农民的土地承包经营权;土地承包经营期限、承包合同、承包土地调整的审批】	★	286
	第47条【征用土地的补偿规定;补偿原则;耕地的土地补偿费、安置补助费的计量标准及其增加限额的规定;征收其他土地的土地补偿费和安置补助费标准;被征收土地上的附着物和青苗的补偿标准的制定主体;新菜地开发建设基金】	★	
合同法	第27条【承诺的撤回】	★	249
	第29条【迟到的承诺】	★	
	第114条【违约金的约定及其调整】	★	
实施条例土地管理法	第26条【土地补偿费和安置补助费】	★	295
人身损害赔偿司法解释	第25条【残疾赔偿金计算标准】	★★	302
	第17条【人身损害赔偿项目】	★	
	第19条【医疗费计算标准】	★	
	第20条【误工费计算标准】	★	
	第21条【护理费计算标准】	★	
	第22条【交通费计算标准】	★	
	第23条【伙食费、住宿费计算标准】	★	
纠纷司法解释农村土地承包	第24条【土地补偿费的分配】	★★	323

第28条【对个体工商户、农村承包经营户的保护】 ★★

个体工商户,农村承包经营户的合法权益,受法律保护。

一、主要适用的案由及其相关度

案由编号	主要适用的案由	相关度
M3.7.55	土地承包经营权纠纷	★★★★★
M3.7.55.2	承包地征收补偿费用分配纠纷	★★★★★
M4.10.74	买卖合同纠纷	★★★★★
M4.10.119	农村土地承包合同纠纷	★★★★
M3.5.34	排除妨害纠纷	★★★
M4.10	合同纠纷	★★★
M4.10.97	租赁合同纠纷	★★
M3.5.38	财产损害赔偿纠纷	★★
M9.30.350	机动车交通事故责任纠纷	★★
M4.10.89.4	民间借贷纠纷	★★
M3.5.32	物权确认纠纷	★

二、同时适用的法条及其相关度

	同时适用的法条	相关度
民法通则	第5条【民事权益受法律保护】	★★★★★
	第26条【个体工商户】	★★★★
	第75条【个人财产;合法财产受法律保护】	★★★★
	第106条【民事责任归责原则;违约责任;过错侵权责任;无过错侵权责任】	★★★★
	第17条【精神病人的监护人】	★★★
	第27条【农村承包经营户的定义】	★★★
	第29条【个体工商户、农村承包经营户债务承担的财产范围】	★★★
	第117条【侵害财产权的责任承担方式:返还财产、折价赔偿;恢复原状、折价赔偿;赔偿损失】	★★★
	第134条【承担民事责任的主要方式】	★★★

	同时适用的法条	相关度	
民法通则	第19条【精神病人民事行为能力的宣告】	★★	254
	第20条【宣告失踪的条件】	★★	
	第21条【宣告失踪的法律后果】	★★	
	第22条【宣告失踪的撤销】	★★	
	第24条【死亡宣告的撤销】	★★	
	第25条【死亡宣告撤销后的财产返还】	★★	
	第108条【债务清偿:分期偿还、强制偿还】	★★	
	第119条【侵害公民生命健康权的民事责任:支付相关费用】	★★	
	第4条【民事活动的基本原则:自愿、公平、等价有偿、诚实信用】	★	
	第18条【监护人的职责、权利与民事责任】	★	
	第23条【宣告死亡的条件】	★	
	第30条【个人合伙的定义】	★	
	第71条【财产所有权的定义】	★	
	第72条【财产所有权的取得;动产所有权自交付时转移】	★	
	第76条【财产继承权】	★	
	第80条【土地使用权与承包经营权】	★	
	第84条【债的定义】	★	
	第90条【合法借贷关系受法律保护】	★	
	第111条【不履行合同义务的法律后果:继续履行、补救措施、赔偿损失】	★	
	第112条【赔偿责任;约定违约金数额、约定损失赔偿额的计算方法】	★	
	第130条【共同侵权人的连带责任】	★	

		同时适用的法条	相关度
283	农村土地承包法	第16条【土地承包方的权利:使用、收益、流转、组织生产、获得补偿】	★★★★★
		第5条【农村集体经济组织成员的土地承包权】	★★★★
		第9条【集体土地所有者和承包方的合法权益受国家保护】	★★★★
		第53条【侵害承包方土地承包经营权的责任:承担民事责任】	★★★
		第3条【农村土地承包经营制度;农村土地承包方式:家庭承包方式,招标、拍卖、公开协商等】	★★
		第4条【农村土地承包关系长期稳定;禁止承包地买卖】	★★
		第10条【承包方土地承包经营权流转的法律保护】	★
		第15条【家庭承包方的定义】	★
		第22条【土地承包合同的生效日期和土地承包经营权的取得时间】	★
		第26条【承包期内承包地的合理收回;承包方对投入的相应补偿权】	★
		第27条【承包期内承包地的合理调整程序】	★
249	合同法	第60条【合同履行的原则】	★★★
		第107条【违约的基本形态和承担违约责任的种类】	★★★
		第8条【依法成立的合同的约束力】	★★
		第114条【违约金的约定及其调整】	★★
		第130条【买卖合同的定义】	★★
		第159条【买受人应支付价款数额的认定】	★★
		第161条【买受人支付价款的时间】	★★
		第212条【租赁合同的定义】	★★
		第226条【租金支付期限的确定规则】	★★
		第109条【违约责任的承担:付款义务的继续履行】	★

		同时适用的法条	相关度	
土地管理法		第6条【单位和个人的守法义务及检举和控告权利】	★★	286
		第10条【农民集体所有土地的经营、管理规则】	★★	
		第14条【农民的土地承包经营权;土地承包经营期限、承包合同、承包土地调整的审批】	★	
侵权责任法		第15条【侵权责任的主要承担方式】	★★	268
		第6条【过错责任原则;过错推定责任原则】	★	
刑法		第25条【共同犯罪的概念】	★★	273
		第67条【自首及其认定】	★	
物权法		第35条【权利人的物权请求权;排除妨害请求权与消除危险请求权】	★	276
		第59条【农民集体所有的财产的归属;由集体决定的事项】	★	
		第125条【土地承包经营权人的权利】	★	
道路交通安全法		第76条【交通事故的赔偿责任】	★	271
土地管理法实施条例		第26条【土地补偿费和安置补助费】	★★	295
农村土地承包纠纷司法解释		第24条【土地补偿费的分配】	★★★	323
		第17条【转包、出租地流转期限与承包地交回时间;承包方对土地投入的相应补偿】	★	
民通意见		第1条【公民民事权利能力的开始:户籍证明、出生证明、其他证明】	★	311
人身损害赔偿司法解释		第25条【残疾赔偿金计算标准】	★	302

第29条【个体工商户、农村承包经营户债务承担的财产范围】 ★★★

个体工商户,农村承包经营户的债务,个人经营的,以个人财产承担;家庭经营的,以家庭财产承担。

一、主要适用的案由及其相关度

案由编号	主要适用的案由	相关度
M4.10.74	买卖合同纠纷	★★★★★
M4.10.89.4	民间借贷纠纷	★★★
M5.14.143.2	侵害商标权纠纷	★
M4.10.89.1	金融借款合同纠纷	★
M6.17.169.5	追索劳动报酬纠纷	★
M6.17	劳动争议	★
M4.10.122	劳务合同纠纷	★

二、同时适用的法条及其相关度

	同时适用的法条	相关度
合同法	第60条【合同履行的原则】	★★★★★
	第107条【违约的基本形态和承担违约责任的种类】	★★★★★
	第159条【买受人应支付价款数额的认定】	★★★★
	第109条【违约责任的承担:付款义务的继续履行】	★★★
	第161条【买受人支付价款的时间】	★★★
	第206条【借款期限的认定】	★★★
	第207条【逾期还款利息的支付】	★★★
	第8条【依法成立的合同的约束力】	★★
	第130条【买卖合同的定义】	★★
	第205条【借款利息支付期限的确定】	★★
	第44条【合同生效时间】	★
	第114条【违约金的约定及其调整】	★
	第196条【借款合同的定义】	★
	第263条【定作人报酬支付的期限】	★

	同时适用的法条	相关度	
民法通则	第108条【债务清偿:分期偿还、强制偿还】	★★★★★	254
	第26条【个体工商户】	★★	
	第84条【债的定义】	★★	
	第5条【民事权益受法律保护】	★	
	第35条【民事合伙的债务承担规则】	★	
	第90条【合法借贷关系受法律保护】	★	
	第106条【民事责任归责原则;违约责任;过错侵权责任;无过错侵权责任】	★	
	第134条【承担民事责任的主要方式】	★	
担保法	第18条【连带责任保证的定义及连带责任的承担】	★★★	267
	第21条【保证担保的范围;没有约定、约定不明时的担保范围】	★★	
	第31条【保证人的追偿权】	★★	
	第6条【保证的定义】	★	
商标法	第57条【侵犯注册商标专用权的行为】	★★	281
	第63条【侵犯商标专用权损害赔偿数额的确定方法】	★★	
	第52条【对违法使用未注册商标的处罚】	★	
	第56条【注册商标专用权的保护范围】	★	
侵权责任法	第15条【侵权责任的主要承担方式】	★	268
	第16条【人身损害赔偿项目:一般人身损害赔偿项目、伤残赔偿项目、死亡赔偿项目】	★	
劳动法	第50条【劳动者工资支付的法定形式与禁止性规定】	★	289
著作权法	第48条【著作权侵权行为及其法律责任】	★	279
	第49条【侵害著作权的损害赔偿标准】	★	
劳动合同法	第47条【经济补偿金的支付标准】	★	289

		同时适用的法条	相关度
311	意见 民通	第1条【公民民事权利能力的开始：户籍证明、出生证明、其他证明】	★★★
299	婚姻法司法解释二	第24条【夫妻一方所欠债务的处理】	★★
324	劳动争议案件司法解释二	第3条【视为拖欠劳动报酬争议的起诉】	★
321	买卖合同司法解释	第24条【买卖合同逾期付款违约金的适用规则】	★
325	商标纠纷司法解释	第16条【商标侵权损害赔偿数额的确定】	★

第五节 个人合伙

第30条【个人合伙的定义】 ★★★★

个人合伙是指两个以上公民按照协议，各自提供资金、实物、技术等，合伙经营、共同劳动。

■ 一、主要适用的案由及其相关度

案由编号	主要适用的案由	相关度
M4.10.111	合伙协议纠纷	★★★★★
M4.10.74	买卖合同纠纷	★
M4.10.89.4	民间借贷纠纷	★

二、同时适用的法条及其相关度

	同时适用的法条	相关度	
民法通则	第31条【合伙协议应当载明的事项】	★★★★★	254
	第35条【民事合伙的债务承担规则】	★★★★★	
	第32条【合伙财产的归属、管理和使用】	★★★★	
	第34条【合伙的内部关系】	★★★	
	第84条【债的定义】	★★★	
	第108条【债务清偿:分期偿还、强制偿还】	★★★	
	第106条【民事责任归责原则:违约责任;过错侵权责任;无过错侵权责任】	★★	
	第4条【民事活动的基本原则:自愿、公平、等价有偿、诚实信用】	★	
合同法	第60条【合同履行的原则】	★★★	249
	第107条【违约的基本形态和承担违约责任的种类】	★★★	
	第8条【依法成立的合同的约束力】	★★	
	第44条【合同生效时间】	★★	
	第109条【违约责任的承担:付款义务的继续履行】	★★	
	第130条【买卖合同的定义】	★	
	第159条【买受人应支付价款数额的认定】	★	
民通意见	第1条【公民民事权利能力的开始:户籍证明、出生证明、其他证明】	★★★★★	311
	第52条【合伙人退伙及其赔偿责任】	★★	
	第55条【合伙终止时合伙财产处理规则】	★★	
	第50条【认定合伙关系:无合伙协议且未工商登记时的认定方式】	★	
	第54条【合伙人退伙时合伙财产的分割】	★	
法解释二 婚姻法司	第24条【夫妻一方所欠债务的处理】	★	299

第31条【合伙协议应当载明的事项】 ★★★

合伙人应当对出资数额、盈余分配、债务承担、入伙、退伙、合伙终止等事项,订立书面协议。

一、主要适用的案由及其相关度

案由编号	主要适用的案由	相关度
M4.10.111	合伙协议纠纷	★★★★★
M4.10.89.4	民间借贷纠纷	★

二、同时适用的法条及其相关度

	同时适用的法条	相关度
民法通则	第30条【个人合伙的定义】	★★★★★
民法通则	第32条【合伙财产的归属、管理和使用】	★★★
民法通则	第35条【民事合伙的债务承担规则】	★★
民法通则	第84条【债的定义】	★★
民法通则	第108条【债务清偿:分期偿还、强制偿还】	★★
民法通则	第34条【合伙的内部关系】	★
合同法	第60条【合同履行的原则】	★★
合同法	第107条【违约的基本形态和承担违约责任的种类】	★★
民通意见	第1条【公民民事权利能力的开始:户籍证明、出生证明、其他证明】	★★★
民通意见	第55条【合伙终止时合伙财产处理规则】	★

第32条【合伙财产的归属、管理和使用】 ★★★

合伙人投入的财产,由合伙人统一管理和使用。

合伙经营积累的财产,归合伙人共有。

一、主要适用的案由及其相关度

案由编号	主要适用的案由	相关度
M4.10.111	合伙协议纠纷	★★★★★

二、同时适用的法条及其相关度

	同时适用的法条	相关度	
民法通则	第30条【个人合伙的定义】	★★★★★	254
民法通则	第31条【合伙协议应当载明的事项】	★★★	
民法通则	第34条【合伙的内部关系】	★★	
民法通则	第35条【民事合伙的债务承担规则】	★★	
民法通则	第84条【债的定义】	★	
民法通则	第108条【债务清偿:分期偿还、强制偿还】	★	
合同法	第60条【合同履行的原则】	★★	249
合同法	第107条【违约的基本形态和承担违约责任的种类】	★	
民通意见	第1条【公民民事权利能力的开始:户籍证明、出生证明、其他证明】	★★★★	311
民通意见	第55条【合伙终止时合伙财产处理规则】	★★	
民通意见	第54条【合伙人退伙时合伙财产的分割】	★	

第33条【个人合伙的字号与经营范围】 ★★

个人合伙可以起字号,依法经核准登记,在核准登记的经营范围内从事经营。

一、主要适用的案由及其相关度

案由编号	主要适用的案由	相关度
M4.10.111	合伙协议纠纷	★★★★★
M4.10.74	买卖合同纠纷	★★★
M9.30.350	机动车交通事故责任纠纷	★
M4.10.100.7	装饰装修合同纠纷	★
M4.10.99	承揽合同纠纷	★
M4.10.89.4	民间借贷纠纷	★

二、同时适用的法条及其相关度

		同时适用的法条	相关度
254	民法通则	第30条【个人合伙的定义】	★★★★★
		第31条【合伙协议应当载明的事项】	★★★★
		第34条【合伙的内部关系】	★★★★
		第35条【民事合伙的债务承担规则】	★★★★
		第32条【合伙财产的归属、管理和使用】	★★★
		第84条【债的定义】	★★★
		第106条【民事责任归责原则;违约责任;过错侵权责任;无过错侵权责任】	★★
		第108条【债务清偿:分期偿还、强制偿还】	★★
249	合同法	第60条【合同履行的原则】	★★★
		第107条【违约的基本形态和承担违约责任的种类】	★★
		第109条【违约责任的承担:付款义务的继续履行】	★★
		第130条【买卖合同的定义】	★★
		第161条【买受人支付价款的时间】	★★
		第8条【依法成立的合同的约束力】	★
		第10条【合同订立形式;合同的书面形式】	★
		第44条【合同生效时间】	★
		第94条【合同的法定解除;法定解除权】	★
		第114条【违约金的约定及其调整】	★
311	民通意见	第1条【公民民事权利能力的开始:户籍证明、出生证明、其他证明】	★★★
		第50条【认定合伙关系:无合伙协议且未工商登记时的认定方式】	★

第34条【合伙的内部关系】 ★★★

个人合伙的经营活动,由合伙人共同决定,合伙人有执行或监督的权利。

合伙人可以推举负责人。合伙负责人和其他人员的经营活动,由全体合伙人承担民事责任。

一、主要适用的案由及其相关度

案由编号	主要适用的案由	相关度
M4.10.111	合伙协议纠纷	★★★★★
M4.10.74	买卖合同纠纷	★★★★★
M4.10.122	劳务合同纠纷	★★
M4.10.89.4	民间借贷纠纷	★★
M4.10	合同纠纷	★
M4.10.99	承揽合同纠纷	★
M9.30.350	机动车交通事故责任纠纷	★
M9.30.345	提供劳务者受害责任纠纷	★
M4.10.97	租赁合同纠纷	★

二、同时适用的法条及其相关度

	同时适用的法条	相关度	
民法通则	第30条【个人合伙的定义】	★★★★★	254
	第35条【民事合伙的债务承担规则】	★★★★★	
	第32条【合伙财产的归属、管理和使用】	★★★	
	第31条【合伙协议应当载明的事项】	★★	
	第84条【债的定义】	★★	
民法通则	第108条【债务清偿:分期偿还、强制偿还】	★★	254
	第106条【民事责任归责原则:违约责任;过错侵权责任;无过错侵权责任】	★	
合同法	第60条【合同履行的原则】	★★★	249
	第107条【违约的基本形态和承担违约责任的种类】	★★★	
	第109条【违约责任的承担:付款义务的继续履行】	★★	
	第159条【买受人应支付价款数额的认定】	★★	

		同时适用的法条	相关度
249	合同法	第8条【依法成立的合同的约束力】	★
		第44条【合同生效时间】	★
		第130条【买卖合同的定义】	★
		第161条【买受人支付价款的时间】	★
311	意见 民通	第1条【公民民事权利能力的开始:户籍证明、出生证明、其他证明】	★★
302	偿司法解释 人身损害赔	第17条【人身损害赔偿项目】	★

第35条【民事合伙的债务承担规则】　　★★★★

合伙的债务,由合伙人按照出资比例或者协议的约定,以各自的财产承担清偿责任。

合伙人对合伙的债务承担连带责任,法律另有规定的除外。偿还合伙债务超过自己应当承担数额的合伙人,有权向其他合伙人追偿。

一、主要适用的案由及其相关度

案由编号	主要适用的案由	相关度
M4.10.74	买卖合同纠纷	★★★★★
M4.10.122	劳务合同纠纷	★★★
M4.10.111	合伙协议纠纷	★★★
M4.10.89.4	民间借贷纠纷	★★★
M6.17.169.5	追索劳动报酬纠纷	★★
M4.10	合同纠纷	★
M4.10.126	追偿权纠纷	★
M9.30.345	提供劳务者受害责任纠纷	★
M4.10.97	租赁合同纠纷	★
M9.30.350	机动车交通事故责任纠纷	★

二、同时适用的法条及其相关度

	同时适用的法条	相关度	
合同法	第60条【合同履行的原则】	★★★★★	249
	第107条【违约的基本形态和承担违约责任的种类】	★★★★★	
	第109条【违约责任的承担:付款义务的继续履行】	★★★★★	
	第159条【买受人应支付价款数额的认定】	★★★★	
	第8条【依法成立的合同的约束力】	★★★	
	第130条【买卖合同的定义】	★★★	
	第161条【买受人支付价款的时间】	★★★	
	第44条【合同生效时间】	★★	
	第206条【借款期限的认定】	★★	
	第114条【违约金的约定及其调整】	★	
	第205条【借款利息支付期限的确定】	★	
	第211条【自然人之间借款合同利息的规制:没有约定、约定不明时不支付利息;利率不得违反国家规定】	★	
	第263条【定作人报酬支付的期限】	★	
民法通则	第30条【个人合伙的定义】	★★★★★	254
	第108条【债务清偿:分期偿还、强制偿还】	★★★★★	
	第84条【债的定义】	★★★★	
	第34条【合伙的内部关系】	★★★	
	第87条【连带债权与连带债务】	★★★	
	第31条【合伙协议应当载明的事项】	★★	
	第32条【合伙财产的归属、管理和使用】	★★	
	第106条【民事责任归责原则:违约责任;过错侵权责任;无过错侵权责任】	★★	

		同时适用的法条	相关度
268	侵权责任法	第16条【人身损害赔偿项目：一般人身损害赔偿项目、伤残赔偿项目、死亡赔偿项目】	★★
		第6条【过错责任原则；过错推定责任原则】	★
		第22条【严重精神损害的赔偿请求权】	★
		第35条【个人劳务责任：提供劳务者致害责任、提供劳务者受害责任】	★
271	道路交通安全法	第76条【交通事故的赔偿责任】	★
311	民通意见	第1条【公民民事权利能力的开始：户籍证明、出生证明、其他证明】	★★★
		第47条【民事合伙的债务承担规则】	★
302	人身损害赔偿司法解释	第17条【人身损害赔偿项目】	★★
		第19条【医疗费计算标准】	★★
		第20条【误工费计算标准】	★★
		第21条【护理费计算标准】	★★
		第23条【伙食费、住宿费计算标准】	★★
		第18条【精神损害抚慰金的法律适用及其请求权】	★
		第22条【交通费计算标准】	★
		第24条【营养费计算标准】	★
		第25条【残疾赔偿金计算标准】	★
321	买卖合同司法解释	第24条【买卖合同逾期付款违约金的适用规则】	★

第三编

本书关联法条全文

一、法律

中华人民共和国合同法[①]

(1999年3月15日第九届全国人民代表大会第二次会议通过,自1999年10月1日起施行)

第1条【合同法的立法目的】 ★★
为了保护合同当事人的合法权益,维护社会经济秩序,促进社会主义现代化建设,制定本法。

第2条【合同法的调整对象:合同的定义】 ★
本法所称合同是平等主体的自然人、法人、其他组织之间设立、变更、终止民事权利义务关系的协议。
婚姻、收养、监护等有关身份关系的协议,适用其他法律的规定。

第5条【合同公平原则:合同权利义务确定的原则】 ★
当事人应当遵循公平原则确定各方的权利和义务。

第6条【诚实信用原则】 ★
当事人行使权利、履行义务应当遵循诚实信用原则。

第8条【依法成立的合同的约束力】 ★★★★
依法成立的合同,对当事人具有法律约束力。当事人应当按照约定履行自己的义务,不得擅自变更或者解除合同。
依法成立的合同,受法律保护。

第9条【合同当事人资格:民事权利能力、民事行为能力;可委托代理人订立合同的规定】 ★★
当事人订立合同,应当具有相应的民事权利能力和民事行为能力。
当事人依法可以委托代理人订立合同。

[①] 简称《合同法》。

第 10 条【合同订立形式；合同的书面形式】 ★

当事人订立合同,有书面形式、口头形式和其他形式。

法律、行政法规规定采用书面形式的,应当采用书面形式。当事人约定采用书面形式的,应当采用书面形式。

第 13 条【订立合同的方式：要约、承诺】 ★★

当事人订立合同,采取要约、承诺方式。

第 25 条【合同成立时间：承诺生效】 ★★

承诺生效时合同成立。

第 27 条【承诺的撤回】 ★

承诺可以撤回。撤回承诺的通知应当在承诺通知到达要约人之前或者与承诺通知同时到达要约人。

第 29 条【迟到的承诺】 ★

受要约人在承诺期限内发出承诺,按照通常情形能够及时到达要约人,但因其他原因承诺到达要约人时超过承诺期限的,除要约人及时通知受要约人因承诺超过期限不接受该承诺的以外,该承诺有效。

第 44 条【合同生效时间】 ★★★★

依法成立的合同,自成立时生效。

法律、行政法规规定应当办理批准、登记等手续生效的,依照其规定。

第 52 条【合同无效的情形】 ★★★

有下列情形之一的,合同无效：

（一）一方以欺诈、胁迫的手段订立合同,损害国家利益；

（二）恶意串通,损害国家、集体或者第三人利益；

（三）以合法形式掩盖非法目的；

（四）损害社会公共利益；

（五）违反法律、行政法规的强制性规定。

第 54 条【合同的变更和撤销】 ★

下列合同,当事人一方有权请求人民法院或者仲裁机构变更或者撤销：

（一）因重大误解订立的；

（二）在订立合同时显失公平的。

一方以欺诈、胁迫的手段或者乘人之危,使对方在违背真实意思的情况下订立的合同,受损害方有权请求人民法院或者仲裁机构变更或者撤销。

当事人请求变更的,人民法院或者仲裁机构不得撤销。

第 58 条【合同无效或被撤销的法律后果】 ★★

合同无效或者被撤销后,因该合同取得的财产,应当予以返还;不能返还或者没有必要返还的,应当折价补偿。有过错的一方应当赔偿对方因此所受到的损失,双方都有过错的,应当各自承担相应的责任。

第 60 条【合同履行的原则】 ★★★★★

当事人应当按照约定全面履行自己的义务。

当事人应当遵循诚实信用原则,根据合同的性质、目的和交易习惯履行通知、协助、保密等义务。

第 91 条【合同权利义务终止的法定情形】 ★

有下列情形之一的,合同的权利义务终止:

(一)债务已经按照约定履行;

(二)合同解除;

(三)债务相互抵销;

(四)债务人依法将标的物提存;

(五)债权人免除债务;

(六)债权债务同归于一人;

(七)法律规定或者当事人约定终止的其他情形。

第 93 条【合同的约定解除;协商一致;约定条件成就】 ★★

当事人协商一致,可以解除合同。

当事人可以约定一方解除合同的条件。解除合同的条件成就时,解除权人可以解除合同。

第 94 条【合同的法定解除;法定解除权】 ★★

有下列情形之一的,当事人可以解除合同:

(一)因不可抗力致使不能实现合同目的;

(二)在履行期限届满之前,当事人一方明确表示或者以自己的行为表明不履行主要债务;

(三)当事人一方迟延履行主要债务,经催告后在合理期限内仍未履行;

(四)当事人一方迟延履行债务或者有其他违约行为致使不能实现合同目的;

(五)法律规定的其他情形。

第 97 条【合同解除的法律后果】 ★

合同解除后,尚未履行的,终止履行;已经履行的,根据履行情况和合同性质,当事人可以要求恢复原状、采取其他补救措施,并有权要求赔偿损失。

第 107 条【违约的基本形态和承担违约责任的种类】 ★★★★

当事人一方不履行合同义务或者履行合同义务不符合约定的,应当承担继续履行、采取补救措施或者赔偿损失等违约责任。

第 109 条【违约责任的承担:付款义务的继续履行】 ★★★

当事人一方未支付价款或者报酬的,对方可以要求其支付价款或者报酬。

第 113 条【违约责任的承担:损失赔偿】 ★★

当事人一方不履行合同义务或者履行合同义务不符合约定,给对方造成损失的,损失赔偿额应当相当于因违约所造成的损失,包括合同履行后可以获得的利益,但不得超过违反合同一方订立合同时预见到或者应当预见到的因违反合同可能造成的损失。

经营者对消费者提供商品或者服务有欺诈行为的,依照《中华人民共和国消费者权益保护法》的规定承担损害赔偿责任。

第 114 条【违约金的约定及其调整】 ★★★

当事人可以约定一方违约时应当根据违约情况向对方支付一定数额的违约金,也可以约定因违约产生的损失赔偿额的计算方法。

约定的违约金低于造成的损失的,当事人可以请求人民法院或者仲裁机构予以增加;约定的违约金过分高于造成的损失的,当事人可以请求人民法院或者仲裁机构予以适当减少。

当事人就迟延履行约定违约金的,违约方支付违约金后,还应当履行债务。

第 130 条【买卖合同的定义】 ★★★

买卖合同是出卖人转移标的物的所有权于买受人,买受人支付价款的合同。

第 159 条【买受人应支付价款数额的认定】 ★★★

买受人应当按照约定的数额支付价款。对价款没有约定或者约定不明确的,适用本法第六十一条、第六十二条第二项的规定。

第 161 条【买受人支付价款的时间】 ★★★

买受人应当按照约定的时间支付价款。对支付时间没有约定或者约定不明确,依照本法第六十一条的规定仍不能确定的,买受人应当在收到标的物或者提取标的物单证的同时支付。

第 185 条【赠与合同的概念】 ★★

赠与合同是赠与人将自己的财产无偿给予受赠人,受赠人表示接受赠与的合同。

第 186 条【赠与的任意撤销及限制】 ★

赠与人在赠与财产的权利转移之前可以撤销赠与。

具有救灾、扶贫等社会公益、道德义务性质的赠与合同或者经过公证的赠与合同,不适用前款规定。

第 196 条【借款合同的定义】 ★★★

借款合同是借款人向贷款人借款,到期返还借款并支付利息的合同。

第 205 条【借款利息支付期限的确定】 ★★★★

借款人应当按照约定的期限支付利息。对支付利息的期限没有约定或者约定不明确,依照本法第六十一条的规定仍不能确定,借款期间不满一年的,应当在返还借款时一并支付;借款期间一年以上的,应当在每届满一年时支付,剩余期间不满一年的,应当在返还借款时一并支付。

第 206 条【借款期限的认定】 ★★★★

借款人应当按照约定的期限返还借款。对借款期限没有约定或者约定不明确,依照本法第六十一条的规定仍不能确定,借款人可以随时返还;贷款人可以催告借款人在合理期限内返还。

第 207 条【逾期还款利息的支付】 ★★★★

借款人未按照约定的期限返还借款的,应当按照约定或者国家有关规定支付逾期利息。

第 210 条【自然人之间借款合同的生效:提供借款时】 ★★★

自然人之间的借款合同,自贷款人提供借款时生效。

第 211 条【自然人之间借款合同利息的规制:没有约定、约定不明时不支付利息;利率不得违反国家规定】 ★★★

自然人之间的借款合同对支付利息没有约定或者约定不明确的,视为不支付利息。自然人之间的借款合同约定支付利息的,借款的利率不得违反国家有关限制借款利率的规定。

第 212 条【租赁合同的定义】 ★

租赁合同是出租人将租赁物交付承租人使用、收益,承租人支付租金的合同。

第 226 条【租金支付期限的确定规则】 ★

承租人应当按照约定的期限支付租金。对支付期限没有约定或者约定不明确,依照本法第六十一条的规定仍不能确定,租赁期间不满一年的,应当在租赁期间届满时支付;租赁期间一年以上的,应当在每届满一年时支付,剩余期间不满一年的,应当在租赁期间届满时支付。

第 242 条【租赁物的所有权】 ★★★

出租人享有租赁物的所有权。承租人破产的,租赁物不属于破产财产。

第 248 条【承租人的租金支付义务;出租人的租金支付请求权以及合同解除权】 ★★★

承租人应当按照约定支付租金。承租人经催告后在合理期限内仍不支付租金的,出租人可以要求支付全部租金;也可以解除合同,收回租赁物。

第 263 条【定作人报酬支付的期限】 ★★★

定作人应当按照约定的期限支付报酬。对支付报酬的期限没有约定或者约定不明确,依照本法第六十一条的规定仍不能确定的,定作人应当在承揽人交付工作成果时支付;工作成果部分交付的,定作人应当相应支付。

中华人民共和国民法通则①

★★★★★

(1986 年 4 月 12 日第六届全国人民代表大会第四次会议通过,根据 2009 年 8 月 27 日第十一届全国人民代表大会常务委员会第十次会议《关于修改部分法律的决定》修正,自 2009 年 8 月 27 日起施行)

第 1 条【民法通则的立法目的】 ★★

为了保障公民、法人的合法的民事权益,正确调整民事关系,适应社会主义现代化建设事业发展的需要,根据宪法和我国实际情况,总结民事活动的实践经验,制定本法。

第 4 条【民事活动的基本原则:自愿、公平、等价有偿、诚实信用】 ★★★

民事活动应当遵循自愿、公平、等价有偿、诚实信用的原则。

第 5 条【民事权益受法律保护】 ★★★★

公民、法人的合法的民事权益受法律保护,任何组织和个人不得侵犯。

第 6 条【民事活动遵守法律和国家政策】 ★★

民事活动必须遵守法律,法律没有规定的,应当遵守国家政策。

---

① 简称《民法通则》。

第 7 条【公序良俗原则】　　　　　　　　　　　　　★★

民事活动应当尊重社会公德,不得损害社会公共利益,扰乱社会经济秩序。

第 9 条【公民民事权利能力的开始与终止】　　　　　　★★

公民从出生时起到死亡时止,具有民事权利能力,依法享有民事权利,承担民事义务。

第 11 条【完全民事行为能力人】　　　　　　　　　　★★

十八周岁以上的公民是成年人,具有完全民事行为能力,可以独立进行民事活动,是完全民事行为能力人。

十六周岁以上不满十八周岁的公民,以自己的劳动收入为主要生活来源的,视为完全民事行为能力人。

第 12 条【未成年人的民事行为能力】　　　　　　　　★★★

十周岁以上的未成年人是限制民事行为能力人,可以进行与他的年龄、智力相适应的民事活动;其他民事活动由他的法定代理人代理,或者征得他的法定代理人的同意。

不满十周岁的未成年人是无民事行为能力人,由他的法定代理人代理民事活动。

第 13 条【精神病人的民事行为能力】　　　　　　　　★★★★

不能辨认自己行为的精神病人是无民事行为能力人,由他的法定代理人代理民事活动。

不能完全辨认自己行为的精神病人是限制民事行为能力人,可以进行与他的精神健康状况相适应的民事活动;其他民事活动由他的法定代理人代理,或者征得他的法定代理人的同意。

第 14 条【法定代理人】　　　　　　　　　　　　　　★★★

无民事行为能力人、限制民事行为能力人的监护人是他的法定代理人。

第 15 条【公民的住所】　　　　　　　　　　　　　　★

公民以他的户籍所在地的居住地为住所,经常居住地与住所不一致的,经常居住地视为住所。

第 16 条【未成年人的监护人】　　　　　　　　　　　★★★★

未成年人的父母是未成年人的监护人。

未成年人的父母已经死亡或者没有监护能力的,由下列人员中有监护能力的人担任监护人:

(一)祖父母、外祖父母;

（二）兄、姐；

（三）关系密切的其他亲属、朋友愿意承担监护责任，经未成年人的父、母的所在单位或者未成年人住所地的居民委员会、村民委员会同意的。

对担任监护人有争议的，由未成年人的父、母的所在单位或者未成年人住所地的居民委员会、村民委员会在近亲属中指定。对指定不服提起诉讼的，由人民法院裁决。

没有第一款、第二款规定的监护人的，由未成年人的父、母的所在单位或者未成年人住所地的居民委员会、村民委员会或者民政部门担任监护人。

第 17 条【精神病人的监护人】 ★★★★

无民事行为能力或者限制民事行为能力的精神病人，由下列人员担任监护人：

（一）配偶；

（二）父母；

（三）成年子女；

（四）其他近亲属；

（五）关系密切的其他亲属、朋友愿意承担监护责任，经精神病人的所在单位或者住所地的居民委员会、村民委员会同意的。

对担任监护人有争议的，由精神病人的所在单位或者住所地的居民委员会、村民委员会在近亲属中指定。对指定不服提起诉讼的，由人民法院裁决。

没有第一款规定的监护人的，由精神病人的所在单位或者住所地的居民委员会、村民委员会或者民政部门担任监护人。

第 18 条【监护人的职责、权利与民事责任】 ★★★

监护人应当履行监护职责，保护被监护人的人身、财产及其他合法权益，除为被监护人的利益外，不得处理被监护人的财产。

监护人依法履行监护的权利，受法律保护。

监护人不履行监护职责或者侵害被监护人的合法权益的，应当承担责任；给被监护人造成财产损失的，应当赔偿损失。人民法院可以根据有关人员或者有关单位的申请，撤销监护人的资格。

第 19 条【精神病人民事行为能力的宣告】 ★★★★

精神病人的利害关系人，可以向人民法院申请宣告精神病人为无民事行为能力人或者限制民事行为能力人。

被人民法院宣告为无民事行为能力人或者限制民事行为能力人的，根据他健康恢复的状况，经本人或者利害关系人申请，人民法院可以宣告他为限制民事行为能力人或者完全民事行为能力人。

第 20 条【宣告失踪的条件】 ★★★★

公民下落不明满二年的,利害关系人可以向人民法院申请宣告他为失踪人。

战争期间下落不明的,下落不明的时间从战争结束之日起计算。

第 21 条【宣告失踪的法律后果】 ★★★

失踪人的财产由他的配偶、父母、成年子女或者关系密切的其他亲属、朋友代管。代管有争议的,没有以上规定的人或者以上规定的人无能力代管的,由人民法院指定的人代管。

失踪人所欠税款、债务和应付的其他费用,由代管人从失踪人的财产中支付。

第 22 条【宣告失踪的撤销】 ★★

被宣告失踪的人重新出现或者确知他的下落,经本人或者利害关系人申请,人民法院应当撤销对他的失踪宣告。

第 23 条【宣告死亡的条件】 ★★★★

公民有下列情形之一的,利害关系人可以向人民法院申请宣告他死亡:

(一) 下落不明满四年的;

(二) 因意外事故下落不明,从事故发生之日起满二年的。

战争期间下落不明的,下落不明的时间从战争结束之日起计算。

第 24 条【死亡宣告的撤销】 ★★

被宣告死亡的人重新出现或者确知他没有死亡,经本人或者利害关系人申请,人民法院应当撤销对他的死亡宣告。

有民事行为能力人在被宣告死亡期间实施的民事法律行为有效。

第 25 条【死亡宣告撤销后的财产返还】 ★★

被撤销死亡宣告的人有权请求返还财产。依照继承法取得他的财产的公民或者组织,应当返还原物;原物不存在的,给予适当补偿。

第 26 条【个体工商户】 ★★★

公民在法律允许的范围内,依法经核准登记,从事工商业经营的,为个体工商户。个体工商户可以起字号。

第 27 条【农村承包经营户的定义】 ★★

农村集体经济组织的成员,在法律允许的范围内,按照承包合同规定从事商品经营的,为农村承包经营户。

第30条【个人合伙的定义】 ★★★★
个人合伙是指两个以上公民按照协议,各自提供资金、实物、技术等,合伙经营、共同劳动。

第31条【合伙协议应当载明的事项】 ★★★★
合伙人应当对出资数额、盈余分配、债务承担、入伙、退伙、合伙终止等事项,订立书面协议。

第32条【合伙财产的归属、管理和使用】 ★★★
合伙人投入的财产,由合伙人统一管理和使用。
合伙经营积累的财产,归合伙人共有。

第34条【合伙的内部关系】 ★★★
个人合伙的经营活动,由合伙人共同决定,合伙人有执行或监督的权利。
合伙人可以推举负责人。合伙负责人和其他人员的经营活动,由全体合伙人承担民事责任。

第36条【法人的定义:法人民事权利能力和民事行为能力的存续期间】
法人是具有民事权利能力和民事行为能力,依法独立享有民事权利和承担民事义务的组织。
法人的民事权利能力和民事行为能力,从法人成立时产生,到法人终止时消灭。

第48条【企业承担责任的财产范围:全民所有制企业以国家授予经营管理的财产承担、集体所有制企业和三资企业以企业所有的财产承担】
全民所有制企业法人以国家授予它经营管理的财产承担民事责任。集体所有制企业法人以企业所有的财产承担民事责任。中外合资经营企业法人、中外合作经营企业法人和外资企业法人以企业所有的财产承担民事责任,法律另有规定的除外。

第52条【企业之间或企业、事业单位之间联营的民事责任】
企业之间或者企业、事业单位之间联营,共同经营、不具备法人条件的,由联营各方按照出资比例或者协议的约定,以各自所有的或者经营管理的财产承担民事责任。依照法律的规定或者协议的约定负连带责任的,承担连带责任。

第53条【协作型联营的权利义务与民事责任】
企业之间或者企业、事业单位之间联营,按照合同的约定各自独立经营的,它的权利和义务由合同约定,各自承担民事责任。

第 54 条【民事法律行为的定义】 ★

民事法律行为是公民或者法人设立、变更、终止民事权利和民事义务的合法行为。

第 55 条【民事法律行为的生效条件】 ★★★

民事法律行为应当具备下列条件：

（一）行为人具有相应的民事行为能力；

（二）意思表示真实；

（三）不违反法律或者社会公共利益。

第 57 条【民事法律行为的效力】 ★★

民事法律行为从成立时起具有法律约束力。行为人非依法律规定或者取得对方同意，不得擅自变更或者解除。

第 58 条【民事行为无效的法定情形】 ★★

下列民事行为无效：

（一）无民事行为能力人实施的；

（二）限制民事行为能力人依法不能独立实施的；

（三）一方以欺诈、胁迫的手段或者乘人之危，使对方在违背真实意思的情况下所为的；

（四）恶意串通，损害国家、集体或者第三人利益的；

（五）违反法律或者社会公共利益的；

（六）以合法形式掩盖非法目的的；

无效的民事行为，从行为开始起就没有法律约束力。

第 60 条【民事行为部分无效】 ★

民事行为部分无效，不影响其他部分的效力的，其他部分仍然有效。

第 61 条【民事行为被确认为无效或者被撤销后的法律后果】 ★★

民事行为被确认为无效或者被撤销后，当事人因该行为取得的财产，应当返还给受损失的一方。有过错的一方应当赔偿对方因此所受的损失，双方都有过错的，应当各自承担相应的责任。

双方恶意串通，实施民事行为损害国家的、集体的或者第三人的利益的，应当追缴双方取得的财产，收归国家、集体所有或者返还第三人。

第 63 条【代理的界定及不得代理的情形】

公民、法人可以通过代理人实施民事法律行为。

代理人在代理权限内，以被代理人的名义实施民事法律行为。被代理人对代理人的代理行为，承担民事责任。

依照法律规定或者按照双方当事人约定,应当由本人实施的民事法律行为,不得代理。

第64条【代理的种类及代理权限】
代理包括委托代理、法定代理和指定代理。
委托代理按照被代理人的委托行使代理权,法定代理人依照法律的规定行使代理权,指定代理人按照人民法院或者指定单位的指定行使代理权。

第65条【委托代理的形式;授权委托书的内容;委托书授权不明时的责任承担方式;被代理人与代理人承担连带责任】
民事法律行为的委托代理,可以用书面形式,也可以用口头形式。法律规定用书面形式的,应当用书面形式。
书面委托代理的授权委托书应当载明代理人的姓名或者名称、代理事项、权限和期间,并由委托人签名或者盖章。
委托书授权不明的,被代理人应当向第三人承担民事责任,代理人负连带责任。

第66条【无权代理的法律后果;代理人不履行职责、损害代理人利益的民事责任;第三人和行为人的连带责任】 ★★★
没有代理权、超越代理权或者代理权终止后的行为,只有经过被代理人的追认,被代理人才承担民事责任。未经追认的行为,由行为人承担民事责任。本人知道他人以本人名义实施民事行为而不作否认表示的,视为同意。
代理人不履行职责而给被代理人造成损害的,应当承担民事责任。
代理人和第三人串通,损害被代理人的利益的,由代理人和第三人负连带责任。
第三人知道行为人没有代理权、超越代理权或者代理权已终止还与行为人实施民事行为给他人造成损害的,由第三人和行为人负连带责任。

第67条【代理人故意代理违法事项时的责任承担:被代理人和代理人承担连带责任】
代理人知道被委托代理的事项违法仍然进行代理活动的,或者被代理人知道代理人的代理行为违法不表示反对的,由被代理人和代理人负连带责任。

第69条【委托代理终止的法定情形】
有下列情形之一的,委托代理终止:
(一)代理期间届满或者代理事务完成;
(二)被代理人取消委托或者代理人辞去委托;

（三）代理人死亡；
（四）代理人丧失民事行为能力；
（五）作为被代理人或者代理人的法人终止。

第 71 条【财产所有权的定义】 ★★★

财产所有权是指所有人依法对自己的财产享有占有、使用、收益和处分的权利。

第 72 条【财产所有权的取得；动产所有权自交付时转移】 ★★

财产所有权的取得，不得违反法律规定。按照合同或者其他合法方式取得财产的，财产所有权从财产交付时起转移，法律另有规定或者当事人另有约定的除外。

第 73 条【国家财产所有权：全民所有；国家财产权的效力：神圣不可侵犯】

国家财产属于全民所有。

国家财产神圣不可侵犯，禁止任何组织或者个人侵占、哄抢、私分、截留、破坏。

第 74 条【集体所有的财产的内容】

劳动群众集体组织的财产属于劳动群众集体所有，包括：

（一）法律规定为集体所有的土地和森林、山岭、草原、荒地、滩涂等；

（二）集体经济组织的财产；

（三）集体所有的建筑物、水库、农田水利设施和教育、科学、文化、卫生、体育等设施；

（四）集体所有的其他财产。

集体所有的土地依照法律属于村农民集体所有，由村农业生产合作社等农业集体经济组织或者村民委员会经营、管理。已经属于乡（镇）农民集体经济组织所有的，可以属于乡（镇）农民集体所有。

集体所有的财产受法律保护，禁止任何组织或者个人侵占、哄抢、私分、破坏或者非法查封、扣押、冻结、没收。

第 75 条【个人财产：合法财产受法律保护】 ★★★

公民的个人财产，包括公民的合法收入、房屋、储蓄、生活用品、文物、图书资料、林木、牲畜和法律允许公民所有的生产资料以及其他合法财产。

公民的合法财产受法律保护，禁止任何组织或者个人侵占、哄抢、破坏或者非法查封、扣押、冻结、没收。

第 76 条【财产继承权】 ★★★★

公民依法享有财产继承权。

第 78 条【财产共有制度：按份共有、共同共有、共有人的优先购买权】
★★★★

财产可以由两个以上的公民、法人共有。

共有分为按份共有和共同共有。按份共有人按照各自的份额,对共有财产分享权利,分担义务。共同共有人对共有财产享有权利,承担义务。

按份共有财产的每个共有人有权要求将自己的份额分出或者转让。但在出售时,其他共有人在同等条件下,有优先购买的权利。

第 80 条【土地使用权与承包经营权】

国家所有的土地,可以依法由全民所有制单位使用,也可以依法确定由集体所有制单位使用,国家保护它的使用、收益的权利;使用单位有管理、保护、合理利用的义务。

公民、集体依法对集体所有的或者国家所有由集体使用的土地的承包经营权,受法律保护。承包双方的权利和义务,依照法律由承包合同规定。

土地不得买卖、出租、抵押或者以其他形式非法转让。

第 84 条【债的定义】
★★★★

债是按照合同的约定或者依照法律的规定,在当事人之间产生的特定的权利和义务关系,享有权利的人是债权人,负有义务的人是债务人。

债权人有权要求债务人按照合同的约定或者依照法律的规定履行义务。

第 86 条【数人债权债务：按份分享权利、按份分担义务】
★

债权人为二人以上的,按照确定的份额分享权利。债务人为二人以上的,按照确定的份额分担义务。

第 87 条【连带债权与连带债务】
★

债权人或者债务人一方人数为二人以上的,依照法律的规定或者当事人的约定,享有连带权利的每个债权人,都有权要求债务人履行义务;负有连带义务的每个债务人,都负有清偿全部债务的义务,履行了义务的人,有权要求其他负有连带义务的人偿付他应当承担的份额。

第 88 条【合同内容约定不明确时的处理规则】

合同的当事人应当按照合同的约定,全部履行自己的义务。

合同中有关质量、期限、地点或者价款约定不明确,按照合同有关条款内容不能确定,当事人又不能通过协商达成协议的,适用下列规定:

(一)质量要求不明确的,按照国家质量标准履行,没有国家质量标准的,按照通常标准履行。

（二）履行期限不明确的,债务人可以随时向债权人履行义务,债权人也可以随时要求债务人履行义务,但应当给对方必要的准备时间。

（三）履行地点不明确,给付货币的,在接受给付一方的所在地履行,其他标的在履行义务一方的所在地履行。

（四）价款约定不明确的,按照国家规定的价格履行;没有国家规定价格的,参照市场价格或者同类物品的价格或者同类劳务的报酬标准履行。

合同对专利申请权没有约定的,完成发明创造的当事人享有申请权。

合同对科技成果的使用权没有约定的,当事人都有使用的权利。

第 90 条【合法借贷关系受法律保护】　　　　　　★★★★★

合法的借贷关系受法律保护。

第 92 条【不当得利应返还】　　　　　　★★

没有合法根据,取得不当利益,造成他人损失的,应当将取得的不当利益返还受损失的人。

第 93 条【无因管理必要费用的偿付请求权】　　　　　　★

没有法定的或者约定的义务,为避免他人利益受损失进行管理或者服务的,有权要求受益人偿付由此而支付的必要费用。

第 98 条【生命权、健康权的请求权基础】

公民享有生命健康权。

第 105 条【妇女享有同男子同等的民事权利】

妇女享有同男子平等的民事权利。

第 106 条【民事责任归责原则:违约责任;过错侵权责任;无过错侵权责任】　　　　　　★★★★

公民、法人违反合同或者不履行其他义务的,应当承担民事责任。

公民、法人由于过错侵害国家的、集体的财产,侵害他人财产、人身的应当承担民事责任。

没有过错,但法律规定应当承担民事责任的,应当承担民事责任。

第 108 条【债务清偿:分期偿还、强制偿还】　　　　　　★★★★★

债务应当清偿。暂时无力偿还的,经债权人同意或者人民法院裁决,可以由债务人分期偿还。有能力偿还拒不偿还的,由人民法院判决强制偿还。

第 111 条【不履行合同义务的法律后果:继续履行、补救措施、赔偿损失】

当事人一方不履行合同义务或者履行合同义务不符合约定条件的,另一方有权要求履行或者采取补救措施,并有权要求赔偿损失。

第 112 条【赔偿责任；约定违约金数额、约定损失赔偿额的计算方法】　　★★★

当事人一方违反合同的赔偿责任,应当相当于另一方因此所受到的损失。

当事人可以在合同中约定,一方违反合同时,向另一方支付一定数额的违约金;也可以在合同中约定对于违反合同而产生的损失赔偿额的计算方法。

第 117 条【侵害财产权的责任承担方式：返还财产、折价赔偿；恢复原状、折价赔偿；赔偿损失】　　★★

侵占国家的、集体的财产或者他人财产的,应当返还财产,不能返还财产的,应当折价赔偿。

损坏国家的、集体的财产或者他人财产的,应当恢复原状或者折价赔偿。

受害人因此遭受其他重大损失的,侵害人并应当赔偿损失。

第 119 条【侵害公民生命健康权的民事责任】

侵害公民身体造成伤害的,应当赔偿医疗费、因误工减少的收入、残废者生活补助费等费用;造成死亡的,并应当支付丧葬费、死者生前扶养的人必要的生活费等费用。

第 130 条【共同侵权人的连带责任】

二人以上共同侵权造成他人损害的,应当承担连带责任。

第 131 条【过失相抵：受害人过错】

受害人对于损害的发生也有过错的,可以减轻侵害人的民事责任。

第 133 条【无民事行为能力人、限制民事行为能力人致人损害的民事责任】

无民事行为能力人、限制民事行为能力人造成他人损害的,由监护人承担民事责任。监护人尽了监护责任的,可以适当减轻他的民事责任。

有财产的无民事行为能力人、限制民事行为能力人造成他人损害的,从本人财产中支付赔偿费用。不足部分,由监护人适当赔偿,但单位担任监护人的除外。

第 134 条【承担民事责任的主要方式】　　★★★

承担民事责任的方式主要有:

(一) 停止侵害;

(二) 排除妨碍;

(三) 消除危险;

(四) 返还财产;

(五) 恢复原状;

(六) 修理、重作、更换;

(七) 赔偿损失;

(八) 支付违约金;

(九) 消除影响、恢复名誉;

(十) 赔礼道歉。

以上承担民事责任的方式,可以单独适用,也可以合并适用。

人民法院审理民事案件,除适用上述规定外,还可以予以训诫、责令具结悔过,收缴进行非法活动的财物和非法所得,并可以依照法律规定处以罚款、拘留。

第135条【诉讼时效期间:两年】　　★★★

向人民法院请求保护民事权利的诉讼时效期间为二年,法律另有规定的除外。

第137条【诉讼时效期间的起算日和最长保护期限】　　★★★

诉讼时效期间从知道或者应当知道权利被侵害时起计算。但是,从权利被侵害之日起超过二十年的,人民法院不予保护。有特殊情况的,人民法院可以延长诉讼时效期间。

中华人民共和国老年人权益保障法①

★★★★★

(1996年8月29日第八届全国人民代表大会常务委员会第二十一次会议通过,根据2009年8月27日第十一届全国人民代表大会常务委员会第十次会议《关于修改部分法律的决定》第一次修正,2012年12月28日第十一届全国人民代表大会常务委员会第三十次会议修订,根据2015年4月24日第十二届全国人民代表大会常务委员会第十四次会议《关于修改〈中华人民共和国电力法〉等六部法律的决定》第二次修正,自2015年4月24日起施行)

---

① 简称《老年人权益保障法》。

第 10 条【表彰或者奖励】 ★★★

各级人民政府和有关部门对维护老年人合法权益和敬老、养老、助老成绩显著的组织、家庭或者个人,对参与社会发展做出突出贡献的老年人,按照国家有关规定给予表彰或者奖励。

第 11 条【老年人的法定义务】 ★★★★

老年人应当遵纪守法,履行法律规定的义务。

第 12 条【老年节日期】 ★★★★

每年农历九月初九为老年节。

第 13 条【老年人养老】 ★★★★

老年人养老以居家为基础,家庭成员应当尊重、关心和照料老年人。

第 14 条【赡养人的赡养义务;赡养人的定义;赡养人配偶的协助赡养义务】 ★★★★

赡养人应当履行对老年人经济上供养、生活上照料和精神上慰藉的义务,照顾老年人的特殊需要。

赡养人是指老年人的子女以及其他依法负有赡养义务的人。

赡养人的配偶应当协助赡养人履行赡养义务。

第 15 条【赡养人对患病或经济困难老年人的义务】 ★★★★

赡养人应当使患病的老年人及时得到治疗和护理;对经济困难的老年人,应当提供医疗费用。

对生活不能自理的老年人,赡养人应当承担照料责任;不能亲自照料的,可以按照老年人的意愿委托他人或者养老机构等照料。

第 16 条【赡养人对老年人住房的妥善安排、维修义务】 ★★★

赡养人应当妥善安排老年人的住房,不得强迫老年人居住或者迁居条件低劣的房屋。

老年人自有的或者承租的住房,子女或者其他亲属不得侵占,不得擅自改变产权关系或者租赁关系。

老年人自有的住房,赡养人有维修的义务。

第 17 条【赡养人对老年人田地、林木和牲畜等的耕种、照管义务】 ★

赡养人有义务耕种或者委托他人耕种老年人承包的田地,照管或者委托他人照管老年人的林木和牲畜等,收益归老年人所有。

第 18 条【家庭成员的看望、问候义务以及赡养人的探亲休假权】

★★★★

家庭成员应当关心老年人的精神需求,不得忽视、冷落老年人。

与老年人分开居住的家庭成员,应当经常看望或者问候老年人。
用人单位应当按照国家有关规定保障赡养人探亲休假的权利。

第 19 条【对赡养人的禁止性规定】 ★★★★

赡养人不得以放弃继承权或者其他理由,拒绝履行赡养义务。

赡养人不履行赡养义务,老年人有要求赡养人付给赡养费等权利。

赡养人不得要求老年人承担力不能及的劳动。

中华人民共和国担保法①

(1995年6月30日第八届全国人民代表大会常务委员会第十四次会议通过,自 1995 年 10 月 1 日起施行)

第 6 条【保证的定义】 ★★

本法所称保证,是指保证人和债权人约定,当债务人不履行债务时,保证人按照约定履行债务或者承担责任的行为。

第 18 条【连带责任保证的定义及连带责任的承担】 ★★★

当事人在保证合同中约定保证人与债务人对债务承担连带责任的,为连带责任保证。

连带责任保证的债务人在主合同规定的债务履行期届满没有履行债务的,债权人可以要求债务人履行债务,也可以要求保证人在其保证范围内承担保证责任。

第 19 条【保证方式不明时的连带责任担保】 ★★★★

当事人对保证方式没有约定或者约定不明确的,按照连带责任保证承担保证责任。

第 21 条【保证担保的范围;没有约定、约定不明时的担保范围】

★★★★

保证担保的范围包括主债权及利息、违约金、损害赔偿金和实现债权的费用。保证合同另有约定的,按照约定。

当事人对保证担保的范围没有约定或者约定不明确的,保证人应当对全

---

① 简称《担保法》。

部债务承担责任。

第 26 条【连带责任保证的保证期间】 ★

连带责任保证的保证人与债权人未约定保证期间的,债权人有权自主债务履行期届满之日起六个月内要求保证人承担保证责任。

在合同约定的保证期间和前款规定的保证期间,债权人未要求保证人承担保证责任的,保证人免除保证责任。

第 31 条【保证人的追偿权】 ★★★★

保证人承担保证责任后,有权向债务人追偿。

中华人民共和国侵权责任法①

★★★★

(2009 年 12 月 26 日第十一届全国人民代表大会常务委员会第十二次会议通过,自 2010 年 7 月 1 日起施行)

第 2 条【侵权责任一般条款;民事权益的范围】 ★★★

侵害民事权益,应当依照本法承担侵权责任。

本法所称民事权益,包括生命权、健康权、姓名权、名誉权、荣誉权、肖像权、隐私权、婚姻自主权、监护权、所有权、用益物权、担保物权、著作权、专利权、商标专用权、发现权、股权、继承权等人身、财产权益。

第 3 条【侵权责任的当事人主义】 ★★★

被侵权人有权请求侵权人承担侵权责任。

第 6 条【过错责任原则;过错推定责任原则】 ★★★★

行为人因过错侵害他人民事权益,应当承担侵权责任。

根据法律规定推定行为人有过错,行为人不能证明自己没有过错的,应当承担侵权责任。

第 8 条【共同实施侵权行为人的连带责任】 ★★★

二人以上共同实施侵权行为,造成他人损害的,应当承担连带责任。

---

① 简称《侵权责任法》。

第12条【分别实施非充足原因侵权行为的按份责任】 ★★★

二人以上分别实施侵权行为造成同一损害,能够确定责任大小的,各自承担相应的责任;难以确定责任大小的,平均承担赔偿责任。

第15条【侵权责任的主要承担方式】 ★★★

承担侵权责任的方式主要有:

(一)停止侵害;

(二)排除妨碍;

(三)消除危险;

(四)返还财产;

(五)恢复原状;

(六)赔偿损失;

(七)赔礼道歉;

(八)消除影响、恢复名誉。

以上承担侵权责任的方式,可以单独适用,也可以合并适用。

第16条【人身损害赔偿项目:一般人身损害赔偿项目、伤残赔偿项目、死亡赔偿项目】 ★★★★

侵害他人造成人身损害的,应当赔偿医疗费、护理费、交通费等为治疗和康复支出的合理费用,以及因误工减少的收入。造成残疾的,还应当赔偿残疾生活辅助具费和残疾赔偿金。造成死亡的,还应当赔偿丧葬费和死亡赔偿金。

第17条【同命同价:因同一侵权行为造成多人死亡的等额赔偿制度】 ★

因同一侵权行为造成多人死亡的,可以以相同数额确定死亡赔偿金。

第18条【被侵权人死亡、单位分立合并的请求权继受;为被侵权人支付医疗费等合理费用人的赔偿请求权】 ★★★

被侵权人死亡的,其近亲属有权请求侵权人承担侵权责任。被侵权人为单位,该单位分立、合并的,承继权利的单位有权请求侵权人承担侵权责任。

被侵权人死亡的,支付被侵权人医疗费、丧葬费等合理费用的人有权请求侵权人赔偿费用,但侵权人已支付该费用的除外。

第19条【财产损失的计算方式】 ★★

侵害他人财产的,财产损失按照损失发生时的市场价格或者其他方式计算。

第22条【严重精神损害的赔偿请求权】 ★★★★

侵害他人人身权益,造成他人严重精神损害的,被侵权人可以请求精神损害赔偿。

第 26 条【过错相抵：被侵权人过错】 ★★★
被侵权人对损害的发生也有过错的,可以减轻侵权人的责任。

第 32 条【监护人责任：无民事行为能力人、限制民事行为能力人致害的侵权责任】 ★★★★
无民事行为能力人、限制民事行为能力人造成他人损害的,由监护人承担侵权责任。监护人尽到监护责任的,可以减轻其侵权责任。
有财产的无民事行为能力人、限制民事行为能力人造成他人损害的,从本人财产中支付赔偿费用。不足部分,由监护人赔偿。

第 35 条【个人劳务责任：提供劳务者致害责任、提供劳务者受害责任】 ★★★
个人之间形成劳务关系,提供劳务一方因劳务造成他人损害的,由接受劳务一方承担侵权责任。提供劳务一方因劳务自己受到损害的,根据双方各自的过错承担相应的责任。

第 37 条【管理人或者组织者违反安全保障义务的侵权责任；补充责任】 ★★
宾馆、商场、银行、车站、娱乐场所等公共场所的管理人或者群众性活动的组织者,未尽到安全保障义务,造成他人损害的,应当承担侵权责任。
因第三人的行为造成他人损害的,由第三人承担侵权责任；管理人或者组织者未尽到安全保障义务的,承担相应的补充责任。

第 38 条【教育机构在无民事行为能力人受到人身损害时的过错推定责任】 ★★
无民事行为能力人在幼儿园、学校或者其他教育机构学习、生活期间受到人身损害的,幼儿园、学校或者其他教育机构应当承担责任,但能够证明尽到教育、管理职责的,不承担责任。

第 39 条【教育机构对限制民事行为能力人受到人身损害时的过错责任】 ★★★
限制民事行为能力人在学校或者其他教育机构学习、生活期间受到人身损害,学校或者其他教育机构未尽到教育、管理职责的,应当承担责任。

第 48 条【机动车交通事故责任的法律适用】 ★★★★
机动车发生交通事故造成损害的,依照道路交通安全法的有关规定承担赔偿责任。

第49条【机动车所有人与使用人分离时发生交通事故的侵权责任;租赁、借用机动车发生交通事故的侵权责任】 ★★

因租赁、借用等情形机动车所有人与使用人不是同一人时,发生交通事故后属于该机动车一方责任的,由保险公司在机动车强制保险责任限额范围内予以赔偿。不足部分,由机动车使用人承担赔偿责任;机动车所有人对损害的发生有过错的,承担相应的赔偿责任。

第54条【医疗损害的过错责任与赔偿责任】 ★

患者在诊疗活动中受到损害,医疗机构及其医务人员有过错的,由医疗机构承担赔偿责任。

第58条【医疗机构适用过错推定的情形】 ★

患者有损害,因下列情形之一的,推定医疗机构有过错:

(一)违反法律、行政法规、规章以及其他有关诊疗规范的规定;

(二)隐匿或者拒绝提供与纠纷有关的病历资料;

(三)伪造、篡改或者销毁病历资料。

第76条【未经许可进入高度危险活动区域或者高度危险物存放区致害责任的承担】 ★

未经许可进入高度危险活动区域或者高度危险物存放区域受到损害,管理人已经采取安全措施并尽到警示义务的,可以减轻或者不承担责任。

中华人民共和国道路交通安全法①

★★★

(2003年10月28日第十届全国人民代表大会常务委员会第五次会议通过,根据2007年12月29日第十届全国人民代表大会常务委员会第三十一次会议《关于修改〈中华人民共和国道路交通安全法〉的决定》第一次修正,根据2011年4月22日第十一届全国人民代表大会常务委员会第二十次会议《关于修改〈中华人民共和国道路交通安全法〉的决定》第二次修正,自2011年5月1日起施行)

---

① 简称《道路交通安全法》。

第 16 条【禁止行为】 ★

任何单位或者个人不得有下列行为：

（一）拼装机动车或者擅自改变机动车已登记的结构、构造或者特征；

（二）改变机动车型号、发动机号、车架号或者车辆识别代号；

（三）伪造、变造或者使用伪造、变造的机动车登记证书、号牌、行驶证、检验合格标志、保险标志；

（四）使用其他机动车的登记证书、号牌、行驶证、检验合格标志、保险标志。

第 76 条【交通事故的赔偿责任】 ★★★★

机动车发生交通事故造成人身伤亡、财产损失的，由保险公司在机动车第三者责任强制保险责任限额范围内予以赔偿；不足的部分，按照下列规定承担赔偿责任：

（一）机动车之间发生交通事故的，由有过错的一方承担赔偿责任；双方都有过错的，按照各自过错的比例分担责任。

（二）机动车与非机动车驾驶人、行人之间发生交通事故，非机动车驾驶人、行人没有过错的，由机动车一方承担赔偿责任；有证据证明非机动车驾驶人、行人有过错的，根据过错程度适当减轻机动车一方的赔偿责任；机动车一方没有过错的，承担不超过百分之十的赔偿责任。

交通事故的损失是由非机动车驾驶人、行人故意碰撞机动车造成的，机动车一方不承担赔偿责任。

第 119 条【道路、车辆、机动车、非机动车、交通事故的含义】 ★

本法中下列用语的含义：

（一）"道路"，是指公路、城市道路和虽在单位管辖范围但允许社会机动车通行的地方，包括广场、公共停车场等用于公众通行的场所。

（二）"车辆"，是指机动车和非机动车。

（三）"机动车"，是指以动力装置驱动或者牵引，上道路行驶的供人员乘用或者用于运送物品以及进行工程专项作业的轮式车辆。

（四）"非机动车"，是指以人力或者畜力驱动，上道路行驶的交通工具，以及虽有动力装置驱动但设计最高时速、空车质量、外形尺寸符合有关国家标准的残疾人机动轮椅车、电动自行车等交通工具。

（五）"交通事故"，是指车辆在道路上因过错或者意外造成的人身伤亡或者财产损失的事件。

中华人民共和国刑法[1]

(1979年7月1日第五届全国人民代表大会第二次会议通过,根据1997年3月14日第八届全国人民代表大会第五次会议修订,根据1999年12月25日第九届全国人民代表大会常务委员会第十三次会议《中华人民共和国刑法修正案》修正,根据2001年8月31日第九届全国人民代表大会常务委员会第二十三次会议《中华人民共和国刑法修正案(二)》修正,根据2001年12月29日第九届全国人民代表大会常务委员会第二十五次会议《中华人民共和国刑法修正案(三)》修正,根据2002年12月28日第九届全国人民代表大会常务委员会第三十一次会议《中华人民共和国刑法修正案(四)》修正,根据2005年2月28日第十届全国人民代表大会常务委员会第十四次会议《中华人民共和国刑法修正案(五)》修正,根据2006年6月29日第十届全国人民代表大会常务委员会第二十二次会议《中华人民共和国刑法修正案(六)》修正,根据2009年2月28日第十一届全国人民代表大会常务委员会第七次会议《中华人民共和国刑法修正案(七)》修正,根据2011年2月25日第十一届全国人民代表大会常务委员会第十九次会议《中华人民共和国刑法修正案(八)》修正,根据2015年8月29日第十二届全国人民代表大会常务委员会第十六次会议《中华人民共和国刑法修正案(九)》修正,自2015年11月1日起施行)

第25条【共同犯罪的概念】

共同犯罪是指二人以上共同故意犯罪。

二人以上共同过失犯罪,不以共同犯罪论处;应当负刑事责任的,按照他们所犯的罪分别处罚。

第26条【主犯;犯罪集团】

组织、领导犯罪集团进行犯罪活动的或者在共同犯罪中起主要作用的,是主犯。

三人以上为共同实施犯罪而组成的较为固定的犯罪组织,是犯罪集团。

---

[1] 简称《刑法》。

对组织、领导犯罪集团的首要分子,按照集团所犯的全部罪行处罚。

对于第三款规定以外的主犯,应当按照其所参与的或者组织、指挥的全部犯罪处罚。

第 36 条【犯罪行为的民事赔偿责任】　　　　　　　　★★

由于犯罪行为而使被害人遭受经济损失的,对犯罪分子除依法给予刑事处罚外,并应根据情况判处赔偿经济损失。

承担民事赔偿责任的犯罪分子,同时被判处罚金,其财产不足以全部支付的,或者被判处没收财产的,应当先承担对被害人的民事赔偿责任。

第 67 条【自首及其认定】　　　　　　　　　　　　★★

犯罪以后自动投案,如实供述自己的罪行的,是自首。对于自首的犯罪分子,可以从轻或者减轻处罚。其中,犯罪较轻的,可以免除处罚。

被采取强制措施的犯罪嫌疑人、被告人和正在服刑的罪犯,如实供述司法机关还未掌握的本人其他罪行的,以自首论。

犯罪嫌疑人虽不具有前两款规定的自首情节,但是如实供述自己罪行的,可以从轻处罚;因其如实供述自己罪行,避免特别严重后果发生的,可以减轻处罚。

第 69 条【判决宣告前一人犯数罪的并罚】　　　　　　★

判决宣告以前一人犯数罪的,除判处死刑和无期徒刑的以外,应当在总和刑期以下、数刑中最高刑期以上,酌情决定执行的刑期,但是管制最高不能超过三年,拘役最高不能超过一年,有期徒刑总和刑期不满三十五年的,最高不能超过二十年,总和刑期在三十五年以上的,最高不能超过二十五年。

数罪中有判处有期徒刑和拘役的,执行有期徒刑。数罪中有判处有期徒刑和管制,或者拘役和管制的,有期徒刑、拘役执行完毕后,管制仍须执行。

数罪中有判处附加刑的,附加刑仍须执行,其中附加刑种类相同的,合并执行,种类不同的,分别执行。

第 72 条【缓刑的条件;禁止令与附加刑的执行】　　　★

对于被判处拘役、三年以下有期徒刑的犯罪分子,同时符合下列条件的,可以宣告缓刑,对其中不满十八周岁的人、怀孕的妇女和已满七十五周岁的人,应当宣告缓刑:

(一)犯罪情节较轻;

(二)有悔罪表现;

(三)没有再犯罪的危险;

(四)宣告缓刑对所居住社区没有重大不良影响。

宣告缓刑,可以根据犯罪情况,同时禁止犯罪分子在缓刑考验期限内从事特定活动,进入特定区域、场所,接触特定的人。

被宣告缓刑的犯罪分子,如果被判处附加刑,附加刑仍须执行。

第119条【破坏交通工具罪、破坏交通设施罪、破坏电力设备罪、破坏易燃易爆设备罪;过失损坏交通工具罪、过失损坏交通设施罪、过失损坏电力设备罪、过失损坏易燃易爆设备罪】★★

破坏交通工具、交通设施、电力设备、燃气设备、易燃易爆设备,造成严重后果的,处十年以上有期徒刑、无期徒刑或者死刑。

过失犯前款罪的,处三年以上七年以下有期徒刑;情节较轻的,处三年以下有期徒刑或者拘役。

第130条【非法携带枪支、弹药、管制刀具、危险物品危及公共安全罪】★★

非法携带枪支、弹药、管制刀具或者爆炸性、易燃性、放射性、毒害性、腐蚀性物品,进入公共场所或者公共交通工具,危及公共安全,情节严重的,处三年以下有期徒刑、拘役或者管制。

第133条【交通肇事罪】★

违反交通运输管理法规,因而发生重大事故,致人重伤、死亡或者使公私财产遭受重大损失的,处三年以下有期徒刑或者拘役;交通运输肇事后逃逸或者有其他特别恶劣情节的,处三年以上七年以下有期徒刑;因逃逸致人死亡的,处七年以上有期徒刑。

第234条【故意伤害罪】★★

故意伤害他人身体的,处三年以下有期徒刑、拘役或者管制。

犯前款罪,致人重伤的,处三年以上十年以下有期徒刑;致人死亡或者以特别残忍手段致人重伤造成严重残疾的,处十年以上有期徒刑、无期徒刑或者死刑。本法另有规定的,依照规定。

第238条【非法拘禁罪】★

非法拘禁他人或者以其他方法非法剥夺他人人身自由的,处三年以下有期徒刑、拘役、管制或者剥夺政治权利。具有殴打、侮辱情节的,从重处罚。

犯前款罪,致人重伤的,处三年以上十年以下有期徒刑;致人死亡的,处十年以上有期徒刑。使用暴力致人伤残、死亡的,依照本法第二百三十四条、第二百三十二条的规定定罪处罚。

为索取债务非法扣押、拘禁他人的,依照前两款的规定处罚。

国家机关工作人员利用职权犯前三款罪的,依照前三款的规定从重处罚。

中华人民共和国物权法①

★★★

(2007年3月16日第十届全国人民代表大会第五次会议通过,自2007年10月1日起施行)

第1条【物权法的立法目的】 ★

为了维护国家基本经济制度,维护社会主义市场经济秩序,明确物的归属,发挥物的效用,保护权利人的物权,根据宪法,制定本法。

第9条【不动产物权变动登记生效;国有自然资源所有权登记的特殊规定】 ★★★

不动产物权的设立、变更、转让和消灭,经依法登记,发生效力;未经登记,不发生效力,但法律另有规定的除外。

依法属于国家所有的自然资源,所有权可以不登记。

第17条【不动产权属证书与不动产登记簿的关系】 ★★

不动产权属证书是权利人享有该不动产物权的证明。不动产权属证书记载的事项,应当与不动产登记簿一致;记载不一致的,除有证据证明不动产登记簿确有错误外,以不动产登记簿为准。

第29条【以继承或者遗赠方式取得物权的生效时间】 ★★

因继承或者受遗赠取得物权的,自继承或者受遗赠开始时发生效力。

第30条【因事实行为设立或者消灭物权的生效时间确定】 ★★

因合法建造、拆除房屋等事实行为设立或者消灭物权的,自事实行为成就时发生效力。

第33条【利害关系人的物权确认请求权】 ★★★

因物权的归属、内容发生争议的,利害关系人可以请求确认权利。

第35条【权利人的物权请求权:排除妨害请求权与消除危险请求权】 ★

妨害物权或者可能妨害物权的,权利人可以请求排除妨害或者消除危险。

---

① 简称《物权法》。

第39条【所有权的内容】 ★★★

所有权人对自己的不动产或者动产,依法享有占有、使用、收益和处分的权利。

第42条【不动产的征收及其补偿】 ★

为了公共利益的需要,依照法律规定的权限和程序可以征收集体所有的土地和单位、个人的房屋及其他不动产。

征收集体所有的土地,应当依法足额支付土地补偿费、安置补助费、地上附着物和青苗的补偿费等费用,安排被征地农民的社会保障费用,保障被征地农民的生活,维护被征地农民的合法权益。

征收单位、个人的房屋及其他不动产,应当依法给予拆迁补偿,维护被征收人的合法权益;征收个人住宅的,还应当保障被征收人的居住条件。

任何单位和个人不得贪污、挪用、私分、截留、拖欠征收补偿费等费用。

第59条【农民集体所有的财产的归属;由集体决定的事项】 ★

农民集体所有的不动产和动产,属于本集体成员集体所有。

下列事项应当依照法定程序经本集体成员决定:

(一)土地承包方案以及将土地发包给本集体以外的单位或者个人承包;

(二)个别土地承包经营权人之间承包地的调整;

(三)土地补偿费等费用的使用、分配办法;

(四)集体出资的企业的所有权变动等事项;

(五)法律规定的其他事项。

第63条【集体财产权受法律保护】 ★★

集体所有的财产受法律保护,禁止任何单位和个人侵占、哄抢、私分、破坏。

集体经济组织、村民委员会或者其负责人作出的决定侵害集体成员合法权益的,受侵害的集体成员可以请求人民法院予以撤销。

第64条【私人所有权的范围】 ★★

私人对其合法的收入、房屋、生活用品、生产工具、原材料等不动产和动产享有所有权。

第93条【共有的界定及其类型】 ★★★

不动产或者动产可以由两个以上单位、个人共有。共有包括按份共有和共同共有。

第94条【按份共有人对共有物的权利】 ★★

按份共有人对共有的不动产或者动产按照其份额享有所有权。

第 95 条【共同共有权】 ★★★
共同共有人对共有的不动产或者动产共同享有所有权。

第 99 条【共有物的分割规则】 ★★★★
共有人约定不得分割共有的不动产或者动产,以维持共有关系的,应当按照约定,但共有人有重大理由需要分割的,可以请求分割;没有约定或者约定不明确的,按份共有人可以随时请求分割,共同共有人在共有的基础丧失或者有重大理由需要分割时可以请求分割。因分割对其他共有人造成损害的,应当给予赔偿。

第 100 条【共有物分割的方法】 ★★★
共有人可以协商确定分割方式。达不成协议,共有的不动产或者动产可以分割并且不会因分割减损价值的,应当对实物予以分割;难以分割或者因分割会减损价值的,应当对折价或者拍卖、变卖取得的价款予以分割。

共有人分割所得的不动产或者动产有瑕疵的,其他共有人应当分担损失。

第 103 条【没有约定、约定不明时共有物共有性质的认定】 ★★★
共有人对共有的不动产或者动产没有约定为按份共有或者共同共有,或者约定不明确的,除共有人具有家庭关系等外,视为按份共有。

第 104 条【按份共有人共有份额的认定规则】 ★★
按份共有人对共有的不动产或者动产享有的份额,没有约定或者约定不明确的,按照出资额确定;不能确定出资额的,视为等额享有。

第 125 条【土地承包经营权人的权利】 ★
土地承包经营权人依法对其承包经营的耕地、林地、草地等享有占有、使用和收益的权利,有权从事种植业、林业、畜牧业等农业生产。

第 132 条【承包地被征收的补偿权】 ★
承包地被征收的,土地承包经营权人有权依照本法第四十二条第二款的规定获得相应补偿。

第 152 条【宅基地使用权人的权利】 ★★
宅基地使用权人依法对集体所有的土地享有占有和使用的权利,有权依法利用该土地建造住宅及其附属设施。

第 176 条【担保合同及其从属性;担保合同无效后的责任承担】 ★
被担保的债权既有物的担保又有人的担保的,债务人不履行到期债务或者发生当事人约定的实现担保物权的情形,债权人应当按照约定实现债权;没有约定或者约定不明确,债务人自己提供物的担保的,债权人应当先就该物的担保实现债权;第三人提供物的担保的,债权人可以就物的担保实现债权,也可以要求保证人承担保证责任。提供担保的第三人承担担保责任后,有权向债务人追偿。

第 195 条【抵押权实现的条件、方式和程序】 ★

债务人不履行到期债务或者发生当事人约定的实现抵押权的情形,抵押权人可以与抵押人协议以抵押财产折价或者以拍卖、变卖该抵押财产所得的价款优先受偿。协议损害其他债权人利益的,其他债权人可以在知道或者应当知道撤销事由之日起一年内请求人民法院撤销该协议。

抵押权人与抵押人未就抵押权实现方式达成协议的,抵押权人可以请求人民法院拍卖、变卖抵押财产。

抵押财产折价或者变卖的,应当参照市场价格。

中华人民共和国著作权法①

★★★

(1990 年 9 月 7 日第七届全国人民代表大会常务委员会第十五次会议通过,根据 2001 年 10 月 27 日第九届全国人民代表大会常务委员会第二十四次会议《关于修改〈中华人民共和国著作权法〉的决定》第一次修正,根据 2010 年 2 月 26 日第十一届全国人民代表大会常务委员会第十三次会议《关于修改〈中华人民共和国著作权法〉的决定》第二次修正,自 2010 年 4 月 1 日起施行)

第 1 条【著作权法的立法目的】 ★★★

为保护文学、艺术和科学作品作者的著作权,以及与著作权有关的权益,鼓励有益于社会主义精神文明、物质文明建设的作品的创作和传播,促进社会主义文化和科学事业的发展与繁荣,根据宪法制定本法。

第 19 条【著作财产权的继承和承受】 ★★★

著作权属于公民的,公民死亡后,其本法第十条第一款第(五)项至第(十七)项规定的权利在本法规定的保护期内,依照继承法的规定转移。

著作权属于法人或者其他组织的,法人或者其他组织变更、终止后,其本法第十条第一款第(五)项至第(十七)项规定的权利在本法规定的保护期

---

① 简称《著作权法》。

内,由承受其权利义务的法人或者其他组织享有;没有承受其权利义务的法人或者其他组织的,由国家享有。

第21条【发表权、著作财产权的保护期限】 ★★★

公民的作品,其发表权、本法第十条第一款第(五)项至第(十七)项规定的权利的保护期为作者终生及其死亡后五十年,截止于作者死亡后第五十年的12月31日;如果是合作作品,截止于最后死亡的作者死亡后第五十年的12月31日。

法人或者其他组织的作品、著作权(署名权除外)由法人或者其他组织享有的职务作品,其发表权、本法第十条第一款第(五)项至第(十七)项规定的权利的保护期为五十年,截止于作品首次发表后第五十年的12月31日,但作品自创作完成后五十年内未发表的,本法不再保护。

电影作品和以类似摄制电影的方法创作的作品、摄影作品,其发表权、本法第十条第一款第(五)项至第(十七)项规定的权利的保护期为五十年,截止于作品首次发表后第五十年的12月31日,但作品自创作完成后五十年内未发表的,本法不再保护。

第30条【图书出版者的义务】 ★★★

图书出版者出版图书应当和著作权人订立出版合同,并支付报酬。

第32条【著作权人和图书出版者的义务】 ★★★

著作权人应当按照合同约定期限交付作品。图书出版者应当按照合同约定的出版质量、期限出版图书。

图书出版者不按照合同约定期限出版,应当依照本法第五十四条的规定承担民事责任。

图书出版者重印、再版作品的,应当通知著作权人,并支付报酬。图书脱销后,图书出版者拒绝重印、再版的,著作权人有权终止合同。

第48条【著作权侵权行为及其法律责任】 ★★

有下列侵权行为的,应当根据情况,承担停止侵害、消除影响、赔礼道歉、赔偿损失等民事责任;同时损害公共利益的,可以由著作权行政管理部门责令停止侵权行为,没收违法所得,没收、销毁侵权复制品,并可处以罚款;情节严重的,著作权行政管理部门还可以没收主要用于制作侵权复制品的材料、工具、设备等;构成犯罪的,依法追究刑事责任:

(一)未经著作权人许可,复制、发行、表演、放映、广播、汇编、通过信息网络向公众传播其作品的,本法另有规定的除外;

(二)出版他人享有专有出版权的图书的;

（三）未经表演者许可，复制、发行录有其表演的录音录像制品，或者通过信息网络向公众传播其表演的，本法另有规定的除外；

（四）未经录音录像制作者许可，复制、发行、通过信息网络向公众传播其制作的录音录像制品的，本法另有规定的除外；

（五）未经许可，播放或者复制广播、电视的，本法另有规定的除外；

（六）未经著作权人或者与著作权有关的权利人许可，故意避开或者破坏权利人为其作品、录音录像制品等采取的保护著作权或者与著作权有关的权利的技术措施的，法律、行政法规另有规定的除外；

（七）未经著作权人或者与著作权有关的权利人许可，故意删除或者改变作品、录音录像制品等的权利管理电子信息的，法律、行政法规另有规定的除外；

（八）制作、出售假冒他人署名的作品的。

第 49 条【侵害著作权的损害赔偿标准】 ★★

侵犯著作权或者与著作权有关的权利的，侵权人应当按照权利人的实际损失给予赔偿；实际损失难以计算的，可以按照侵权人的违法所得给予赔偿。赔偿数额还应当包括权利人为制止侵权行为所支付的合理开支。

权利人的实际损失或者侵权人的违法所得不能确定的，由人民法院根据侵权行为的情节，判决给予五十万元以下的赔偿。

中华人民共和国商标法①

★★★

(1982 年 8 月 23 日第五届全国人民代表大会常务委员会第二十四次会议通过，根据 1993 年 2 月 22 日第七届全国人民代表大会常务委员会第三十次会议《关于修改〈中华人民共和国商标法〉的决定》第一次修正，根据 2001 年 10 月 27 日第九届全国人民代表大会常务委员会第二十四次会议《关于修改〈中华人民共和国商标法〉的决定》第二次修正，根据 2013 年 8 月 30 日第十二届全国人民代表大会常务委员会第四次会议《关于修改〈中华人民共和国商标法〉的决定》第三次修正，自 2014 年 5 月 1 日起施行)

---

① 简称《商标法》。

第 52 条【对违法使用未注册商标的处罚】 ★★

将未注册商标冒充注册商标使用的,或者使用未注册商标违反本法第十条规定的,由地方工商行政管理部门予以制止,限期改正,并可以予以通报,违法经营额五万元以上的,可以处违法经营额百分之二十以下的罚款,没有违法经营额或者违法经营额不足五万元的,可以处一万元以下的罚款。

第 56 条【注册商标专用权的保护范围】 ★★

注册商标的专用权,以核准注册的商标和核定使用的商品为限。

第 57 条【侵犯注册商标专用权的行为】 ★★

有下列行为之一的,均属侵犯注册商标专用权:

(一)未经商标注册人的许可,在同一种商品上使用与其注册商标相同的商标的;

(二)未经商标注册人的许可,在同一种商品上使用与其注册商标近似的商标,或者在类似商品上使用与其注册商标相同或者近似的商标,容易导致混淆的;

(三)销售侵犯注册商标专用权的商品的;

(四)伪造、擅自制造他人注册商标标识或者销售伪造、擅自制造的注册商标标识的;

(五)未经商标注册人同意,更换其注册商标并将该更换商标的商品又投入市场的;

(六)故意为侵犯他人商标专用权行为提供便利条件,帮助他人实施侵犯商标专用权行为的;

(七)给他人的注册商标专用权造成其他损害的。

第 63 条【侵犯商标专用权损害赔偿数额的确定方法】 ★★

侵犯商标专用权的赔偿数额,按照权利人因被侵权所受到的实际损失确定;实际损失难以确定的,可以按照侵权人因侵权所获得的利益确定;权利人的损失或者侵权人获得的利益难以确定的,参照该商标许可使用费的倍数合理确定。对恶意侵犯商标专用权,情节严重的,可以在按照上述方法确定数额的一倍以上三倍以下确定赔偿数额。赔偿数额应当包括权利人为制止侵权行为所支付的合理开支。

人民法院为确定赔偿数额,在权利人已经尽力举证,而与侵权行为相关的账簿、资料主要由侵权人掌握的情况下,可以责令侵权人提供与侵权行为相关的账簿、资料;侵权人不提供或者提供虚假的账簿、资料的,人民法院可以参考权利人的主张和提供的证据判定赔偿数额。

权利人因被侵权所受到的实际损失、侵权人因侵权所获得的利益、注册商标许可使用费难以确定的,由人民法院根据侵权行为的情节判决给予三百万元以下的赔偿。

中华人民共和国农村土地承包法①

★★

(2002年8月29日第九届全国人民代表大会常务委员会第二十九次会议通过,根据2009年8月27日第十一届全国人民代表大会常务委员会第十次会议《关于修改部分法律的决定》修正,自2009年8月27日起施行)

第3条【农村土地承包经营制度;农村土地承包方式:家庭承包方式,招标、拍卖、公开协商等】 ★★

国家实行农村土地承包经营制度。

农村土地承包采取农村集体经济组织内部的家庭承包方式,不宜采取家庭承包方式的荒山、荒沟、荒丘、荒滩等农村土地,可以采取招标、拍卖、公开协商等方式承包。

第4条【农村土地承包关系长期稳定;禁止承包地买卖】 ★

国家依法保护农村土地承包关系的长期稳定。

农村土地承包后,土地的所有权性质不变。承包地不得买卖。

第5条【农村集体经济组织成员的土地承包权】 ★★

农村集体经济组织成员有权依法承包由本集体经济组织发包的农村土地。

任何组织和个人不得剥夺和非法限制农村集体经济组织成员承包土地的权利。

第9条【集体土地所有者和承包方的合法权益受国家保护】 ★★

国家保护集体土地所有者的合法权益,保护承包方的土地承包经营权,任何组织和个人不得侵犯。

---

① 简称《农村土地承包法》。

第 10 条【承包方土地承包经营权流转的法律保护】 ★

国家保护承包方依法、自愿、有偿地进行土地承包经营权流转。

第 15 条【家庭承包方的定义】 ★★

家庭承包的承包方是本集体经济组织的农户。

第 16 条【土地承包方的权利:使用、收益、流转、组织生产、获得补偿】

★★

承包方享有下列权利:

(一)依法享有承包地使用、收益和土地承包经营权流转的权利,有权自主组织生产经营和处置产品;

(二)承包地被依法征收、征用、占用的,有权依法获得相应的补偿;

(三)法律、行政法规规定的其他权利。

第 22 条【土地承包合同的生效日期和土地承包经营权的取得时间】 ★

承包合同自成立之日起生效。承包方自承包合同生效时取得土地承包经营权。

第 26 条【承包期内承包地的合理收回;承包方对投入的相应补偿权】 ★

承包期内,发包方不得收回承包地。

承包期内,承包方全家迁入小城镇落户的,应当按照承包方的意愿,保留其土地承包经营权或者允许其依法进行土地承包经营权流转。

承包期内,承包方全家迁入设区的市,转为非农业户口的,应当将承包的耕地和草地交回发包方。承包方不交回的,发包方可以收回承包的耕地和草地。

承包期内,承包方交回承包地或者发包方依法收回承包地时,承包方对其在承包地上投入而提高土地生产能力的,有权获得相应的补偿。

第 27 条【承包期内承包地的合理调整程序】 ★

承包期内,发包方不得调整承包地。

承包期内,因自然灾害严重毁损承包地等特殊情形对个别农户之间承包的耕地和草地需要适当调整的,必须经本集体经济组织成员的村民会议三分之二以上成员或者三分之二以上村民代表的同意,并报乡(镇)人民政府和县级人民政府农业等行政主管部门批准。承包合同中约定不得调整的,按照其约定。

第 30 条【妇女的土地承包经营权的保护:妇女婚姻状况发生改变不影响承包权】 ★

承包期内,妇女结婚,在新居住地未取得承包地的,发包方不得收回其原承包地;妇女离婚或者丧偶,仍在原居住地生活或者不在原居住地生活但在新居住地未取得承包地的,发包方不得收回其原承包地。

第 31 条【承包收益与林地承包权的继承】 ★★

承包人应得的承包收益,依照继承法的规定继承。

林地承包的承包人死亡,其继承人可以在承包期内继续承包。

第 50 条【土地承包经营权的取得以及承包收益的继承】 ★

土地承包经营权通过招标、拍卖、公开协商等方式取得的,该承包人死亡,其应得的承包收益,依照继承法的规定继承;在承包期内,其继承人可以继续承包。

第 53 条【侵害承包方土地承包经营权的责任:承担民事责任】 ★

任何组织和个人侵害承包方的土地承包经营权的,应当承担民事责任。

中华人民共和国保险法①

★★

(1995 年 6 月 30 日第八届全国人民代表大会常务委员会第十四次会议通过,根据 2002 年 10 月 28 日第九届全国人民代表大会常务委员会第三十次会议《关于修改〈中华人民共和国保险法〉的决定》第一次修正,根据 2009 年 2 月 28 日第十一届全国人民代表大会常务委员会第七次会议修订,根据 2014 年 8 月 31 日第十二届全国人民代表大会常务委员会第十次会议《关于修改〈中华人民共和国保险法〉等五部法律的决定》第二次修正,根据 2015 年 4 月 24 日第十二届全国人民代表大会常务委员会第十四次会议《关于修改〈中华人民共和国计量法〉等五部法律的决定》第三次修正,自 2015 年 4 月 24 日起施行)

第 65 条【责任保险的赔偿规则】 ★★

保险人对责任保险的被保险人给第三者造成的损害,可以依照法律的规定或者合同的约定,直接向该第三者赔偿保险金。

责任保险的被保险人给第三者造成损害,被保险人对第三者应负的赔偿责任确定的,根据被保险人的请求,保险人应当直接向该第三者赔偿保险金。

---

① 简称《保险法》。

被保险人怠于请求的,第三者有权就其应获赔偿部分直接向保险人请求赔偿保险金。

责任保险的被保险人给第三者造成损害,被保险人未向该第三者赔偿的,保险人不得向被保险人赔偿保险金。

责任保险是指以被保险人对第三者依法应负的赔偿责任为保险标的的保险。

中华人民共和国土地管理法①

★★

(1986年6月25日第六届全国人民代表大会常务委员会第十六次会议通过,根据1988年12月29日第七届全国人民代表大会常务委员会第五次会议《关于修改〈中华人民共和国土地管理法〉的决定》第一次修正,根据1998年8月29日第九届全国人民代表大会常务委员会第四次会议修订,根据2004年8月28日第十届全国人民代表大会常务委员会第十一次会议《关于修改〈中华人民共和国土地管理法〉的决定》第二次修正,自2004年8月28日起施行)

第6条【单位和个人的守法义务及检举和控告权利】 ★

任何单位和个人都有遵守土地管理法律、法规的义务,并有权对违反土地管理法律、法规的行为提出检举和控告。

第10条【农民集体所有土地的经营、管理规则】 ★

农民集体所有的土地依法属于村农民集体所有的,由村集体经济组织或者村民委员会经营、管理;已经分别属于村内两个以上农村集体经济组织的农民集体所有的,由村内各该农村集体经济组织或者村民小组经营、管理;已经属于乡(镇)农民集体所有的,由乡(镇)农村集体经济组织经营、管理。

第14条【农民的土地承包经营权:土地承包经营期限、承包合同、承包土地调整的审批】 ★

农民集体所有的土地由本集体经济组织的成员承包经营,从事种植业、

---

① 简称《土地管理法》。

林业、畜牧业、渔业生产。土地承包经营期限为三十年。发包方和承包方应当订立承包合同,约定双方的权利和义务。承包经营土地的农民有保护和按照承包合同约定的用途合理利用土地的义务。农民的土地承包经营权受法律保护。

在土地承包经营期限内,对个别承包经营者之间承包的土地进行适当调整的,必须经村民会议三分之二以上成员或者三分之二以上村民代表的同意,并报乡(镇)人民政府和县级人民政府农业行政主管部门批准。

第47条【征用土地的补偿规定:补偿原则;耕地的土地补偿费、安置补助费的计量标准及其增加限额的规定;征收其他土地的土地补偿费和安置补助费标准;被征收土地上的附着物和青苗的补偿标准的制定主体;新菜地开发建设基金**】**★

征收土地的,按照被征收土地的原用途给予补偿。

征收耕地的补偿费用包括土地补偿费、安置补助费以及地上附着物和青苗的补偿费。征收耕地的土地补偿费,为该耕地被征收前三年平均年产值的六至十倍。征收耕地的安置补助费,按照需要安置的农业人口数计算。需要安置的农业人口数,按照被征收的耕地数量除以征地前被征收单位平均每人占有耕地的数量计算。每一个需要安置的农业人口的安置补助费标准,为该耕地被征收前三年平均年产值的四至六倍。但是,每公顷被征收耕地的安置补助费,最高不得超过被征收前三年平均年产值的十五倍。

征收其他土地的土地补偿费和安置补助费标准,由省、自治区、直辖市参照征收耕地的土地补偿费和安置补助费的标准规定。

被征收土地上的附着物和青苗的补偿标准,由省、自治区、直辖市规定。

征收城市郊区的菜地,用地单位应当按照国家有关规定缴纳新菜地开发建设基金。

依照本条第二款的规定支付土地补偿费和安置补助费,尚不能使需要安置的农民保持原有生活水平的,经省、自治区、直辖市人民政府批准,可以增加安置补助费。但是,土地补偿费和安置补助费的总和不得超过土地被征收前三年平均年产值的三十倍。

国务院根据社会、经济发展水平,在特殊情况下,可以提高征收耕地的土地补偿费和安置补助费的标准。

第62条【农村村民的住宅用地**】**★★

农村村民一户只能拥有一处宅基地,其宅基地的面积不得超过省、自治区、直辖市规定的标准。

农村村民建住宅,应当符合乡(镇)土地利用总体规划,并尽量使用原有的宅基地和村内空闲地。

农村村民住宅用地,经乡(镇)人民政府审核,由县级人民政府批准;其中,涉及占用农用地的,依照本法第四十四条的规定办理审批手续。

农村村民出卖、出租住房后,再申请宅基地的,不予批准。

中华人民共和国妇女权益保障法①

★★

(1992年4月3日第七届全国人民代表大会第五次会议通过,根据2005年8月28日第十届全国人民代表大会常务委员会第十七次会议《关于修改〈中华人民共和国妇女权益保障法〉的决定》修正,自2005年12月1日起施行)

第30条【妇女与男子平等财产权利的保障】　　　　　　　　★★
国家保障妇女享有与男子平等的财产权利。

第32条【妇女享有与男子平等的农村土地承包经营、集体经济组织收益分配、土地征收或者征用补偿费使用、宅基地使用等权利】　★★
妇女在农村土地承包经营、集体经济组织收益分配、土地征收或者征用补偿费使用以及宅基地使用等方面,享有与男子平等的权利。

第33条【禁止因妇女婚姻状况变化或男方到女方落户而侵害其合法权益】　★★
任何组织和个人不得以妇女未婚、结婚、离婚、丧偶等为由,侵害妇女在农村集体经济组织中的各项权益。

因结婚男方到女方住所落户的,男方和子女享有与所在地农村集体经济组织成员平等的权益。

---

① 简称《妇女权益保障法》。

中华人民共和国劳动法[①]

(1994年7月5日第八届全国人民代表大会常务委员会第八次会议通过,根据2009年8月27日第十一届全国人民代表大会常务委员会第十次会议《关于修改部分法律的决定》修正,自2009年8月27日起施行)

第50条【劳动者工资支付的法定形式与禁止性规定】 ★★

工资应当以货币形式按月支付给劳动者本人。不得克扣或者无故拖欠劳动者的工资。

中华人民共和国劳动合同法[②]

(2007年6月29日第十届全国人民代表大会常务委员会第二十八次会议通过,根据2012年12月28日第十一届全国人民代表大会常务委员会第三十次会议《关于修改〈中华人民共和国劳动合同法〉的决定》修正,自2013年7月1日起施行)

第47条【经济补偿金的支付标准】 ★★

经济补偿按劳动者在本单位工作的年限,每满一年支付一个月工资的标准向劳动者支付。六个月以上不满一年的,按一年计算;不满六个月的,向劳动者支付半个月工资的经济补偿。

劳动者月工资高于用人单位所在直辖市、设区的市级人民政府公布的本地区上年度职工月平均工资三倍的,向其支付经济补偿的标准按职工月平均

---

① 简称《劳动法》。
② 简称《劳动合同法》。

工资三倍的数额支付,向其支付经济补偿的年限最高不超过十二年。

本条所称月工资是指劳动者在劳动合同解除或者终止前十二个月的平均工资。

中华人民共和国宪法①

★

(1982年12月4日第五届全国人民代表大会第五次会议通过,根据1988年4月12日第七届全国人民代表大会第一次会议通过的《中华人民共和国宪法修正案》、1993年3月29日第八届全国人民代表大会第一次会议通过的《中华人民共和国宪法修正案》、1999年3月15日第九届全国人民代表大会第二次会议通过的《中华人民共和国宪法修正案》、2004年3月14日第十届全国人民代表大会第二次会议通过的《中华人民共和国宪法修正案》修正,自2004年3月14日起施行)

第10条【土地制度:国有土地、集体所有的土地、土地的征收或征用、禁止非法转让土地、合理利用土地】 ★

城市的土地属于国家所有。

农村和城市郊区的土地,除由法律规定属于国家所有的以外,属于集体所有;宅基地和自留地、自留山,也属于集体所有。

国家为了公共利益的需要,可以依照法律规定对土地实行征收或者征用并给予补偿。

任何组织或者个人不得侵占、买卖或者以其他形式非法转让土地。土地的使用权可以依照法律的规定转让。

一切使用土地的组织和个人必须合理地利用土地。

第13条【公民私有财产的保护】 ★

公民的合法的私有财产不受侵犯。

国家依照法律规定保护公民的私有财产权和继承权。

国家为了公共利益的需要,可以依照法律规定对公民的私有财产实行征收或者征用并给予补偿。

---

① 简称《宪法》。

中华人民共和国村民委员会组织法①

(1998年11月4日第九届全国人民代表大会常务委员会第五次会议通过,根据2010年10月28日第十一届全国人民代表大会常务委员会第十七次会议修订,自2010年10月28日起施行)

第27条【村民自治章程、村规民约的制定、修改与备案;对村民自治章程、村规民约及村民会议或村代表会议决定的限制】 ★★

村民会议可以制定和修改村民自治章程、村规民约,并报乡、民族乡、镇的人民政府备案。

村民自治章程、村规民约以及村民会议或者村民代表会议的决定不得与宪法、法律、法规和国家的政策相抵触,不得有侵犯村民的人身权利、民主权利和合法财产权利的内容。

村民自治章程、村规民约以及村民会议或者村民代表会议的决定违反前款规定的,由乡、民族乡、镇的人民政府责令改正。

中华人民共和国未成年人保护法②

(1991年9月4日第七届全国人民代表大会常务委员会第二十一次会议通过,2006年12月29日第十届全国人民代表大会常务委员会第二十五次会议修订,根据2012年10月26日第十一届全国人民代表大会常务委员会第二十九次会议《关于修改〈中华人民共和国未成年人保护法〉的决定》修正,自2013年1月1日起施行)

---

① 简称《村民委员会组织法》。
② 简称《未成年人保护法》。

第 10 条【监护人的监护职责、抚养义务以及禁止性行为】 ★

父母或者其他监护人应当创造良好、和睦的家庭环境,依法履行对未成年人的监护职责和抚养义务。

禁止对未成年人实施家庭暴力,禁止虐待、遗弃未成年人,禁止溺婴和其他残害婴儿的行为,不得歧视女性未成年人或者有残疾的未成年人。

第 53 条【撤销监护人资格:不履行监护职责、侵害被监护未成年人权益、另行指定监护人】 ★

父母或者其他监护人不履行监护职责或者侵害被监护的未成年人的合法权益,经教育不改的,人民法院可以根据有关人员或者有关单位的申请,撤销其监护人的资格,依法另行指定监护人。被撤销监护资格的父母应当依法继续负担抚养费用。

二、行政法规

出版管理条例①

★

(2001年12月12日国务院第50次常务会议通过,根据2011年3月19日《国务院关于修改〈出版管理条例〉的决定》第一次修订,根据2013年7月18日《国务院关于废止和修改部分行政法规的决定》第二次修订,根据2014年7月29日《国务院关于修改部分行政法规的决定》第三次修订,根据2016年2月6日《国务院关于修改部分行政法规的决定》修改,自2016年2月6日起施行)

第28条【出版物必须载明的事项;符合国家标准和规范】 ★★★

出版物必须按照国家的有关规定载明作者、出版者、印刷者或者复制者、发行者的名称、地址、书号、刊号或者版号,在版编目数据,出版日期、刊期以及其他有关事项。

出版物的规格、开本、版式、装帧、校对等必须符合国家标准和规范要求,保证出版物的质量。

出版物使用语言文字必须符合国家法律规定和有关标准、规范。

婚姻登记条例②

(2003年7月30日国务院第16次常务会议通过,2003年8月8日公布,自2003年10月1日起施行)

---

① 简称《出版管理条例》。
② 简称《婚姻登记条例》。

第1条【婚姻登记条例的立法目的】 ★

为了规范婚姻登记工作,保障婚姻自由、一夫一妻、男女平等的婚姻制度的实施,保护婚姻当事人的合法权益,根据《中华人民共和国婚姻法》(以下简称婚姻法),制定本条例。

第2条【婚姻登记机关】 ★

内地居民办理婚姻登记的机关是县级人民政府民政部门或者乡(镇)人民政府,省、自治区、直辖市人民政府可以按照便民原则确定农村居民办理婚姻登记的具体机关。

中国公民同外国人,内地居民同香港特别行政区居民(以下简称香港居民)、澳门特别行政区居民(以下简称澳门居民)、台湾地区居民(以下简称台湾居民)、华侨办理婚姻登记的机关是省、自治区、直辖市人民政府民政部门或者省、自治区、直辖市人民政府民政部门确定的机关。

第5条【结婚登记应当出具的材料】 ★

办理结婚登记的内地居民应当出具下列证件和证明材料:

(一)本人的户口簿、身份证;

(二)本人无配偶以及与对方当事人没有直系血亲和三代以内旁系血亲关系的签字声明。

办理结婚登记的香港居民、澳门居民、台湾居民应当出具下列证件和证明材料:

(一)本人的有效通行证、身份证;

(二)经居住地公证机构公证的本人无配偶以及与对方当事人没有直系血亲和三代以内旁系血亲关系的声明。

办理结婚登记的华侨应当出具下列证件和证明材料:

(一)本人的有效护照;

(二)居住国公证机构或者有权机关出具的、经中华人民共和国驻该国使(领)馆认证的本人无配偶以及与对方当事人没有直系血亲和三代以内旁系血亲关系的证明,或者中华人民共和国驻该国使(领)馆出具的本人无配偶以及与对方当事人没有直系血亲和三代以内旁系血亲关系的证明。

办理结婚登记的外国人应当出具下列证件和证明材料:

(一)本人的有效护照或者其他有效的国际旅行证件;

(二)所在国公证机构或者有权机关出具的、经中华人民共和国驻该国使(领)馆认证或者该国驻华使(领)馆认证的本人无配偶的证明,或者所在国驻华使(领)馆出具的本人无配偶的证明。

第 7 条【婚姻登记机关的审查义务】　　★

婚姻登记机关应当对结婚登记当事人出具的证件、证明材料进行审查并询问相关情况。对当事人符合结婚条件的,应当当场予以登记,发给结婚证;对当事人不符合结婚条件不予登记的,应当向当事人说明理由。

中华人民共和国土地管理法实施条例[①]

(1998 年 12 月 24 日国务院第 12 次常务会议通过,根据 2011 年 1 月 8 日《国务院关于废止和修改部分行政法规的决定》第一次修订,根据 2014 年 7 月 29 日《国务院关于修改部分行政法规的决定》第二次修订,自 2014 年 7 月 29 日起施行)

第 26 条【土地补偿费和安置补助费】　　★★

土地补偿费归农村集体经济组织所有;地上附着物及青苗补偿费归地上附着物及青苗的所有者所有。

征收土地的安置补助费必须专款专用,不得挪作他用。需要安置的人员由农村集体经济组织安置的,安置补助费支付给农村集体经济组织,由农村集体经济组织管理和使用;由其他单位安置的,安置补助费支付给安置单位;不需要统一安置的,安置补助费发放给被安置人员个人或者征得被安置人员同意后用于支付被安置人员的保险费用。

市、县和乡(镇)人民政府应当加强对安置补助费使用情况的监督。

---

① 简称《土地管理法实施条例》。

机动车交通事故责任强制保险条例①

(2006年3月1日国务院第127次常务会议通过,根据2012年3月30日《国务院关于修改〈机动车交通事故责任强制保险条例〉的决定》第一次修订,根据2012年12月17日《国务院关于修改〈机动车交通事故责任强制保险条例〉的决定》第二次修订,根据2016年2月6日《国务院关于修改部分行政法规的决定》修改,自2016年2月6日起施行)

第21条【保险公司在交通事故中的赔偿范围以及不予赔偿的情形】 ★

被保险机动车发生道路交通事故造成本车人员、被保险人以外的受害人人身伤亡、财产损失的,由保险公司依法在机动车交通事故责任强制保险责任限额范围内予以赔偿。

道路交通事故的损失是由受害人故意造成的,保险公司不予赔偿。

---

① 简称《交强险条例》。

三、司法解释

最高人民法院关于人民法院审理离婚案件处理子女抚养问题的若干具体意见[①]

★★★★★

(1993年11月3日最高人民法院审判委员会第603次会议讨论通过,自1993年11月3日起施行)

第1条【两周岁以下的子女可随父方生活的情形】 ★★★★★

两周岁以下的子女,一般随母方生活。母方有下列情形之一的,可随父方生活:

(1) 患有久治不愈的传染性疾病或其他严重疾病,子女不宜与其共同生活的;

(2) 有抚养条件不尽抚养义务,而父方要求子女随其生活的;

(3) 因其他原因,子女确无法随母方生活的。

第3条【绝对抚养优先权】 ★★★

对两周岁以上未成年的子女,父方和母方均要求随其生活,一方有下列情形之一的,可予优先考虑:

(1) 已做绝育手术或因其他原因丧失生育能力的;

(2) 子女随其生活时间较长,改变生活环境对子女健康成长明显不利的;

(3) 无其他子女,而另一方有其他子女的;

(4) 子女随其生活,对子女成长有利,而另一方患有久治不愈的传染性疾病或其他严重疾病,或者有其他不利于子女身心健康的情形,不宜与子女共同生活的。

第4条【相对抚养优先权】 ★

父方与母方抚养子女的条件基本相同,双方均要求子女与其共同生活,

---

① 简称《审理离婚案件处理子女抚养问题意见》。

但子女单独随祖父母或外祖父母共同生活多年,且祖父母或外祖父母要求并且有能力帮助子女照顾孙子女或外孙子女的,可作为子女随父或母生活的优先条件予以考虑。

第5条【父母双方争夺十周岁以上的未成年子女的抚养权应考虑子女的意见】 ★★★★

父母双方对十周岁以上的未成年子女随父或随母生活发生争执的,应考虑该子女的意见。

第7条【子女抚育费的确定标准】 ★★★★★

子女抚育费的数额,可根据子女的实际需要、父母双方的负担能力和当地的实际生活水平确定。

有固定收入的,抚育费一般可按其月总收入的百分之二十至三十的比例给付。负担两个以上子女抚育费的,比例可适当提高,但一般不得超过月总收入的百分之五十。

无固定收入的,抚育费的数额可依据当年总收入或同行业平均收入,参照上述比例确定。

有特殊情况的,可适当提高或降低上述比例。

第8条【抚育费的给付:定期、一次性】 ★★★

抚育费应定期给付,有条件的可一次性给付。

第10条【一方承担全部抚育费义务的协议与禁止】 ★

父母双方可以协议子女随一方生活并由抚养方负担子女全部抚育费。但经查实,抚养方的抚养能力明显不能保障子女所需费用,影响子女健康成长的,不予准许。

第11条【抚育费给付期限】 ★★★

抚育费的给付期限,一般至子女十八周岁为止。

十六周岁以上不满十八周岁,以其劳动收入为主要生活来源,并能维持当地一般生活水平的,父母可停止给付抚育费。

第16条【允许一方变更子女抚养关系的法定情形】 ★★★

一方要求变更子女抚养关系有下列情形之一的,应予支持。

(1) 与子女共同生活的一方因患严重疾病或因伤残无力继续抚养子女的;

(2) 与子女共同生活的一方不尽抚养义务或有虐待子女行为,或其与子女共同生活对子女身心健康确有不利影响的;

(3) 十周岁以上未成年子女,愿随另一方生活,该方又有抚育能力的;

(4) 有其他正当理由需要变更的。

第 18 条【子女可要求增加抚育费的情形】 ★★★★
子女要求增加抚育费有下列情形之一,父或母有给付能力的,应予支持。
(1) 原定抚育费数额不足以维持当地实际生活水平的;
(2) 因子女患病、上学,实际需要已超过原定数额的;
(3) 有其他正当理由应当增加的。

第 19 条【子女变更姓氏不影响父母抚育费支付】 ★
父母不得因子女变更姓氏而拒付子女抚育费。父或母一方擅自将子女姓氏改为继母或继父姓氏而引起纠纷的,应责令恢复原姓氏。

最高人民法院关于适用《中华人民共和国婚姻法》若干问题的解释(二)①

★★★★★

(2003 年 12 月 4 日最高人民法院审判委员会第 1299 次会议通过,根据 2017 年 2 月 20 日最高人民法院审判委员会第 1710 次会议《最高人民法院关于适用〈中华人民共和国婚姻法〉若干问题的解释(二)的补充规定》修正,自 2017 年 3 月 1 日起施行)

第 1 条【解除同居关系诉讼的受理规则】 ★★★★
当事人起诉请求解除同居关系的,人民法院不予受理。但当事人请求解除的同居关系,属于婚姻法第三条、第三十二条、第四十六条规定的"有配偶者与他人同居"的,人民法院应当受理并依法予以解除。
当事人因同居期间财产分割或者子女抚养纠纷提起诉讼的,人民法院应当受理。

第 2 条【申请宣告婚姻无效诉讼不得撤销】 ★★★
人民法院受理申请宣告婚姻无效案件后,经审查确属无效婚姻的,应当依法作出宣告婚姻无效的判决。原告申请撤诉的,不予准许。

---

① 简称《婚姻法司法解释二》。

第 3 条【婚姻无效诉讼的处理规则】 ★★★

人民法院受理离婚案件后,经审查确属无效婚姻的,应当将婚姻无效的情形告知当事人,并依法作出宣告婚姻无效的判决。

第 4 条【婚姻无效和其他纠纷分别裁判规则】 ★★★★

人民法院审理无效婚姻案件,涉及财产分割和子女抚养的,应当对婚姻效力的认定和其他纠纷的处理分别制作裁判文书。

第 8 条【离婚财产分割协议的效力】 ★★★★

离婚协议中关于财产分割的条款或者当事人因离婚就财产分割达成的协议,对男女双方具有法律约束力。

当事人因履行上述财产分割协议发生纠纷提起诉讼的,人民法院应当受理。

第 9 条【协议离婚后的财产分割诉讼】 ★★★★

男女双方协议离婚后一年内就财产分割问题反悔,请求变更或者撤销财产分割协议的,人民法院应当受理。

人民法院审理后,未发现订立财产分割协议时存在欺诈、胁迫等情形的,应当依法驳回当事人的诉讼请求。

第 10 条【允许返还彩礼的情形】 ★★★★★

当事人请求返还按照习俗给付的彩礼的,如果查明属于以下情形,人民法院应当予以支持:

(一)双方未办理结婚登记手续的;

(二)双方办理结婚登记手续但确未共同生活的;

(三)婚前给付并导致给付人生活困难的。

适用前款第(二)、(三)项的规定,应当以双方离婚为条件。

第 11 条【其他应当归为夫妻共有财产的认定】 ★★★

婚姻关系存续期间,下列财产属于婚姻法第十七条规定的"其他应当归共同所有的财产":

(一)一方以个人财产投资取得的收益;

(二)男女双方实际取得或者应当取得的住房补贴、住房公积金;

(三)男女双方实际取得或者应当取得的养老保险金、破产安置补偿费。

第 13 条【军人的两金一费属个人财产】 ★

军人的伤亡保险金、伤残补助金、医药生活补助费属于个人财产。

第 19 条【婚前一方承租、婚后共同购买的房屋属于夫妻共同财产】 ★

由一方婚前承租、婚后用共同财产购买的房屋,房屋权属证书登记在一方名下的,应当认定为夫妻共同财产。

第 20 条【对夫妻共有房屋价值及归属的处理】 ★★★

双方对夫妻共同财产中的房屋价值及归属无法达成协议时,人民法院按以下情形分别处理:

(一)双方均主张房屋所有权并且同意竞价取得的,应当准许;

(二)一方主张房屋所有权的,由评估机构按市场价格对房屋作出评估,取得房屋所有权的一方应当给予另一方相应的补偿;

(三)双方均不主张房屋所有权的,根据当事人的申请拍卖房屋,就所得价款进行分割。

第 21 条【对尚未取得或完全取得所有权房屋的处理】 ★★★★

离婚时双方对尚未取得所有权或者尚未取得完全所有权的房屋有争议且协商不成的,人民法院不宜判决房屋所有权的归属,应当根据实际情况判决由当事人使用。

当事人就前款规定的房屋取得完全所有权后,有争议的,可以另行向人民法院提起诉讼。

第 22 条【对父母出资购房的认定】 ★★

当事人结婚前,父母为双方购置房屋出资的,该出资应当认定为对自己子女的个人赠与,但父母明确表示赠与双方的除外。

当事人结婚后,父母为双方购置房屋出资的,该出资应当认定为对夫妻双方的赠与,但父母明确表示赠与一方的除外。

第 24 条【夫妻一方所欠债务的处理】 ★★★★★

债权人就婚姻关系存续期间夫妻一方以个人名义所负债务主张权利的,应当按夫妻共同债务处理。但夫妻一方能够证明债权人与债务人明确约定为个人债务,或者能够证明属于婚姻法第十九条第三款规定情形的除外。

夫妻一方与第三人串通,虚构债务,第三人主张权利的,人民法院不予支持。

夫妻一方在从事赌博、吸毒等违法犯罪活动中所负债务,第三人主张权利的,人民法院不予支持。

第 26 条【生存一方对夫妻共同债务的连带清偿责任】 ★★★

夫或妻一方死亡的,生存一方应当对婚姻关系存续期间的共同债务承担连带清偿责任。

第 27 条【离婚后的损害赔偿请求】 ★

当事人在婚姻登记机关办理离婚登记手续后,以婚姻法第四十六条规定为由向人民法院提出损害赔偿请求的,人民法院应当受理。但当事人在协议离婚时已经明确表示放弃该项请求,或者在办理离婚登记手续一年后提出的,不予支持。

最高人民法院关于审理人身损害赔偿案件适用法律若干问题的解释①

★★★★

(2003年12月4日最高人民法院审判委员会第1299次会议通过,自2004年5月1日起施行)

第1条【人身损害赔偿的范围;赔偿权利人的界定;赔偿义务人的界定】

★★

因生命、健康、身体遭受侵害,赔偿权利人起诉请求赔偿义务人赔偿财产损失和精神损害的,人民法院应予受理。

本条所称"赔偿权利人",是指因侵权行为或者其他致害原因直接遭受人身损害的受害人、依法由受害人承担扶养义务的被扶养人以及死亡受害人的近亲属。

本条所称"赔偿义务人",是指因自己或者他人的侵权行为以及其他致害原因依法应当承担民事责任的自然人、法人或者其他组织。

第7条【因教育机构过错、第三人侵权致未成年人人身损害的赔偿责任】

★★

对未成年人依法负有教育、管理、保护义务的学校、幼儿园或者其他教育机构,未尽职责范围内的相关义务致使未成年人遭受人身损害,或者未成年人致他人人身损害的,应当承担与其过错相应的赔偿责任。

第三人侵权致未成年人遭受人身损害的,应当承担赔偿责任。学校、幼儿园等教育机构有过错的,应当承担相应的补充赔偿责任。

第9条【雇员致害的赔偿责任;对"从事雇佣活动"的界定】 ★

雇员在从事雇佣活动中致人损害的,雇主应当承担赔偿责任;雇员因故意或者重大过失致人损害的,应当与雇主承担连带赔偿责任。雇主承担连带

---

① 简称《人身损害赔偿司法解释》。

赔偿责任的,可以向雇员追偿。

前款所称"从事雇佣活动",是指从事雇主授权或者指示范围内的生产经营活动或者其他劳务活动。雇员的行为超出授权范围,但其表现形式是履行职务或者与履行职务有内在联系的,应当认定为"从事雇佣活动"。

第 10 条【承揽人致害或自害的赔偿责任】 ★

承揽人在完成工作过程中对第三人造成损害或者造成自身损害的,定作人不承担赔偿责任。但定作人对定作、指示或者选任有过失的,应当承担相应的赔偿责任。

第 11 条【雇员在雇佣活动中遭受损害的责任承担】 ★

雇员在从事雇佣活动中遭受人身损害,雇主应当承担赔偿责任。雇佣关系以外的第三人造成雇员人身损害的,赔偿权利人可以请求第三人承担赔偿责任,也可以请求雇主承担赔偿责任。雇主承担赔偿责任后,可以向第三人追偿。

雇员在从事雇佣活动中因安全生产事故遭受人身损害,发包人、分包人知道或者应当知道接受发包或者分包业务的雇主没有相应资质或者安全生产条件的,应当与雇主承担连带赔偿责任。

属于《工伤保险条例》调整的劳动关系和工伤保险范围的,不适用本条规定。

第 16 条【所有人或管理人承担赔偿责任的情形】 ★

下列情形,适用民法通则第一百二十六条的规定,由所有人或者管理人承担赔偿责任,但能够证明自己没有过错的除外:

(一)道路、桥梁、隧道等人工建造的构筑物因维护、管理瑕疵致人损害的;

(二)堆放物品滚落、滑落或者堆放物倒塌致人损害的;

(三)树木倾倒、折断或者果实坠落致人损害的。

前款第(一)项情形,因设计、施工缺陷造成损害的,由所有人、管理人与设计、施工者承担连带责任。

第 17 条【人身损害赔偿项目】 ★★★

受害人遭受人身损害,因就医治疗支出的各项费用以及因误工减少的收入,包括医疗费、误工费、护理费、交通费、住宿费、住院伙食补助费、必要的营养费,赔偿义务人应当予以赔偿。

受害人因伤致残的,其因增加生活上需要所支出的必要费用以及因丧失劳动能力导致的收入损失,包括残疾赔偿金、残疾辅助器具费、被扶养人生活费,以及因康复护理、继续治疗实际发生的必要的康复费、护理费、后续治疗费,赔偿义务人也应当予以赔偿。

受害人死亡的,赔偿义务人除应当根据抢救治疗情况赔偿本条第一款规定的相关费用外,还应当赔偿丧葬费、被扶养人生活费、死亡补偿费以及受害人亲属办理丧葬事宜支出的交通费、住宿费和误工损失等其他合理费用。

第18条【精神损害抚慰金的法律适用及其请求权】 ★★★★

受害人或者死者近亲属遭受精神损害,赔偿权利人向人民法院请求赔偿精神损害抚慰金的,适用《最高人民法院关于确定民事侵权精神损害赔偿责任若干问题的解释》予以确定。

精神损害抚慰金的请求权,不得让与或者继承。但赔偿义务人已经以书面方式承诺给予金钱赔偿,或者赔偿权利人已经向人民法院起诉的除外。

第19条【医疗费计算标准】 ★★★★

医疗费根据医疗机构出具的医药费、住院费等收款凭证,结合病历和诊断证明等相关证据确定。赔偿义务人对治疗的必要性和合理性有异议的,应当承担相应的举证责任。

医疗费的赔偿数额,按照一审法庭辩论终结前实际发生的数额确定。器官功能恢复训练所必要的康复费、适当的整容费以及其他后续治疗费,赔偿权利人可以待实际发生后另行起诉。但根据医疗证明或者鉴定结论确定必然发生的费用,可以与已经发生的医疗费一并予以赔偿。

第20条【误工费计算标准】 ★★★★

误工费根据受害人的误工时间和收入状况确定。

误工时间根据受害人接受治疗的医疗机构出具的证明确定。受害人因伤致残持续误工的,误工时间可以计算至定残日前一天。

受害人有固定收入的,误工费按照实际减少的收入计算。受害人无固定收入的,按照其最近三年的平均收入计算;受害人不能举证证明其最近三年的平均收入状况的,可以参照受诉法院所在地相同或者相近行业上一年度职工的平均工资计算。

第21条【护理费计算标准】 ★★★★

护理费根据护理人员的收入状况和护理人数、护理期限确定。

护理人员有收入的,参照误工费的规定计算;护理人员没有收入或者雇用护工的,参照当地护工从事同等级别护理的劳务报酬标准计算。护理人员原则上为一人,但医疗机构或者鉴定机构有明确意见的,可以参照确定护理人员人数。

护理期限应计算至受害人恢复生活自理能力时止。受害人因残疾不能恢复生活自理能力的,可以根据其年龄、健康状况等因素确定合理的护理期限,但最长不超过二十年。

受害人定残后的护理,应当根据其护理依赖程度并结合配制残疾辅助器具的情况确定护理级别。

第 22 条【交通费计算标准】 ★★★

交通费根据受害人及其必要的陪护人员因就医或者转院治疗实际发生的费用计算。交通费应当以正式票据为凭;有关凭据应当与就医地点、时间、人数、次数相符合。

第 23 条【伙食费、住宿费计算标准】 ★★★

住院伙食补助费可以参照当地国家机关一般工作人员的出差伙食补助标准予以确定。

受害人确有必要到外地治疗,因客观原因不能住院,受害人本人及其陪护人员实际发生的住宿费和伙食费,其合理部分应予赔偿。

第 24 条【营养费计算标准】 ★★★

营养费根据受害人伤残情况参照医疗机构的意见确定。

第 25 条【残疾赔偿金计算标准】 ★★★

残疾赔偿金根据受害人丧失劳动能力程度或者伤残等级,按照受诉法院所在地上一年度城镇居民人均可支配收入或者农村居民人均纯收入标准,自定残之日起按二十年计算。但六十周岁以上的,年龄每增加一岁减少一年;七十五周岁以上的,按五年计算。

受害人因伤致残但实际收入没有减少,或者伤残等级较轻但造成职业妨害严重影响其劳动就业的,可以对残疾赔偿金作相应调整。

第 26 条【残疾辅助器具费的计算标准;辅助器具的更换周期、赔偿期限】

★

残疾辅助器具费按照普通适用器具的合理费用标准计算。伤情有特殊需要的,可以参照辅助器具配制机构的意见确定相应的合理费用标准。

辅助器具的更换周期和赔偿期限参照配制机构的意见确定。

第 27 条【丧葬费计算标准】 ★★★

丧葬费按照受诉法院所在地上一年度职工月平均工资标准,以六个月总额计算。

第 28 条【被扶养人生活费数额的确定】 ★★★

被扶养人生活费根据扶养人丧失劳动能力程度,按照受诉法院所在地上一年度城镇居民人均消费性支出和农村居民人均年生活消费支出标准计算。

被扶养人为未成年人的,计算至十八周岁;被扶养人无劳动能力又无其他生活来源的,计算二十年。但六十周岁以上的,年龄每增加一岁减少一年;七十五周岁以上的,按五年计算。

被扶养人是指受害人依法应当承担扶养义务的未成年人或者丧失劳动能力又无其他生活来源的成年近亲属。被扶养人还有其他扶养人的,赔偿义务人只赔偿受害人依法应当负担的部分。被扶养人有数人的,年赔偿总额累计不超过上一年度城镇居民人均消费性支出额或者农村居民人均年生活消费支出额。

第 29 条【死亡赔偿金计算标准】 ★★★

死亡赔偿金按照受诉法院所在地上一年度城镇居民人均可支配收入或者农村居民人均纯收入标准,按二十年计算。但六十周岁以上的,年龄每增加一岁减少一年;七十五周岁以上的,按五年计算。

第 35 条【人身损害赔偿相关概念的界定】 ★★★

本解释所称"城镇居民人均可支配收入"、"农村居民人均纯收入"、"城镇居民人均消费性支出"、"农村居民人均年生活消费支出"、"职工平均工资",按照政府统计部门公布的各省、自治区、直辖市以及经济特区和计划单列市上一年度相关统计数据确定。

"上一年度",是指一审法庭辩论终结时的上一统计年度。

最高人民法院关于适用《中华人民共和国婚姻法》若干问题的解释(一)①

★★★★

(2001 年 12 月 24 日最高人民法院审判委员会第 1202 次会议通过,自 2001 年 12 月 27 日起施行)

第 1 条【婚姻法中"家庭暴力"的定义;持续性、经常性的家庭暴力构成虐待】 ★★

婚姻法第三条、第三十二条、第四十三条、第四十五条、第四十六条所称

---

① 简称《婚姻法司法解释一》。

的"家庭暴力",是指行为人以殴打、捆绑、残害、强行限制人身自由或者其他手段,给其家庭成员的身体、精神等方面造成一定伤害后果的行为。持续性、经常性的家庭暴力,构成虐待。

第 2 条【有配偶与他人同居的界定】 ★

婚姻法第三条、第三十二条、第四十六条规定的"有配偶者与他人同居"的情形,是指有配偶者与婚外异性,不以夫妻名义,持续、稳定地共同居住。

第 5 条【未婚以夫妻名义共同生活起诉离婚时的处理原则】 ★★★★

未按婚姻法第八条规定办理结婚登记而以夫妻名义共同生活的男女,起诉到人民法院要求离婚的,应当区别对待:

(一)1994年2月1日民政部《婚姻登记管理条例》公布实施以前,男女双方已经符合结婚实质要件的,按事实婚姻处理;

(二)1994年2月1日民政部《婚姻登记管理条例》公布实施以后,男女双方符合结婚实质要件的,人民法院应当告知其在案件受理前补办结婚登记;未补办结婚登记的,按解除同居关系处理。

第 7 条【申请宣告婚姻无效的主体】 ★★★

有权依据婚姻法第十条规定向人民法院就已办理结婚登记的婚姻申请宣告婚姻无效的主体,包括婚姻当事人及利害关系人。利害关系人包括:

(一)以重婚为由申请宣告婚姻无效的,为当事人的近亲属及基层组织。

(二)以未到法定婚龄为由申请宣告婚姻无效的,为未达法定婚龄者的近亲属。

(三)以有禁止结婚的亲属关系为由申请宣告婚姻无效的,为当事人的近亲属。

(四)以婚前患有医学上认为不应当结婚的疾病,婚后尚未治愈为由申请宣告婚姻无效的,为与患病者共同生活的近亲属。

第 8 条【婚姻无效情形消失后诉权的不支持】 ★★

当事人依据婚姻法第十条规定向人民法院申请宣告婚姻无效的,申请时,法定的无效婚姻情形已经消失的,人民法院不予支持。

第 9 条【宣告婚姻无效案件的裁判方式】 ★★★★

人民法院审理宣告婚姻无效案件,对婚姻效力的审理不适用调解,应当依法作出判决;有关婚姻效力的判决一经作出,即发生法律效力。

涉及财产分割和子女抚养的,可以调解。调解达成协议的,另行制作调解书。对财产分割和子女抚养问题的判决不服的,当事人可以上诉。

第 10 条【婚姻法中"胁迫"的定义；胁迫婚姻的撤销请求权】 ★

婚姻法第十一条所称的"胁迫",是指行为人以给另一方当事人或者其近亲属的生命、身体健康、名誉、财产等方面造成损害为要挟,迫使另一方当事人违背真实意愿结婚的情况。

因受胁迫而请求撤销婚姻的,只能是受胁迫一方的婚姻关系当事人本人。

第 11 条【胁迫婚姻撤销的诉讼程序】 ★

人民法院审理婚姻当事人因受胁迫而请求撤销婚姻的案件,应当适用简易程序或者普通程序。

第 12 条【胁迫婚姻撤销的诉讼时效】 ★

婚姻法第十一条规定的"一年",不适用诉讼时效中止、中断或者延长的规定。

第 17 条【对夫妻共有财产平等处理权的理解】 ★★★

婚姻法第十七条关于"夫或妻对夫妻共同所有的财产,有平等的处理权"的规定,应当理解为:

(一)夫或妻在处理夫妻共同财产上的权利是平等的。因日常生活需要而处理夫妻共同财产的,任何一方均有权决定。

(二)夫或妻非因日常生活需要对夫妻共同财产做重要处理决定,夫妻双方应当平等协商,取得一致意见。他人有理由相信其为夫妻双方共同意思表示的,另一方不得以不同意或不知道为由对抗善意第三人。

第 18 条【第三人知道夫妻财产约定的举证责任】 ★★★

婚姻法第十九条所称"第三人知道该约定的",夫妻一方对此负有举证责任。

第 19 条【夫妻一方的财产不因婚姻关系的延续而转变】 ★

婚姻法第十八条规定为夫妻一方所有的财产,不因婚姻关系的延续而转化为夫妻共同财产。但当事人另有约定的除外。

第 20 条【对不能独立生活子女的界定】 ★★★

婚姻法第二十一条规定的"不能独立生活的子女",是指尚在校接受高中及其以下学历教育,或者丧失或未完全丧失劳动能力等非因主观原因而无法维持正常生活的成年子女。

第 21 条【抚养费的定义】 ★★★★

婚姻法第二十一条所称"抚养费",包括子女生活费、教育费、医疗费等费用。

第 24 条【探望权可另行起诉】 ★

人民法院作出的生效的离婚判决中未涉及探望权,当事人就探望权问题单独提起诉讼的,人民法院应予受理。

第 27 条【对夫妻一方生活困难的认定】 ★★★

婚姻法第四十二条所称"一方生活困难",是指依靠个人财产和离婚时分得的财产无法维持当地基本生活水平。

一方离婚后没有住处的,属于生活困难。

离婚时,一方以个人财产中的住房对生活困难者进行帮助的形式,可以是房屋的居住权或者房屋的所有权。

第 28 条【离婚损害赔偿的内容及其法律适用】 ★★★

婚姻法第四十六条规定的"损害赔偿",包括物质损害赔偿和精神损害赔偿。涉及精神损害赔偿的,适用最高人民法院《关于确定民事侵权精神损害赔偿责任若干问题的解释》的有关规定。

第 29 条【离婚损害赔偿之诉】 ★

承担婚姻法第四十六条规定的损害赔偿责任的主体,为离婚诉讼当事人中无过错方的配偶。

人民法院判决不准离婚的案件,对于当事人基于婚姻法第四十六条提出的损害赔偿请求,不予支持。

在婚姻关系存续期间,当事人不起诉离婚而单独依据该条规定提起损害赔偿请求的,人民法院不予受理。

第 30 条【婚姻法第四十六条的适用】 ★

人民法院受理离婚案件时,应当将婚姻法第四十六条等规定中当事人的有关权利义务,书面告知当事人。在适用婚姻法第四十六条时,应当区分以下不同情况:

(一)符合婚姻法第四十六条规定的无过错方作为原告基于该条规定向人民法院提起损害赔偿请求的,必须在离婚诉讼的同时提出。

(二)符合婚姻法第四十六条规定的无过错方作为被告的离婚诉讼案件,如果被告不同意离婚也不基于该条规定提起损害赔偿请求的,可以在离婚后一年内就此单独提起诉讼。

(三)无过错方作为被告的离婚诉讼案件,一审时被告未基于婚姻法第四十六条规定提出损害赔偿请求,二审期间提出的,人民法院应当进行调解,调解不成的,告知当事人在离婚后一年内另行起诉。

第 31 条【请求再次分割夫妻共同财产的诉讼时效】 ★★

当事人依据婚姻法第四十七条的规定向人民法院提起诉讼,请求再次分割夫妻共同财产的诉讼时效为两年,从当事人发现之次日起计算。

第 32 条【对拒不执行有关探望子女等裁判强制执行的界定】 ★

婚姻法第四十八条关于对拒不执行有关探望子女等判决和裁定的,由人民法院依法强制执行的规定,是指对拒不履行协助另一方行使探望权的有关个人和单位采取拘留、罚款等强制措施,不能对子女的人身、探望行为进行强制执行。

最高人民法院关于人民法院审理离婚案件如何认定夫妻感情确已破裂的若干具体意见①

★★★★

(1989 年 12 月 13 日最高人民法院发布,自 1989 年 12 月 13 日起施行)

第 1 条【视为夫妻感情确已破裂的情形】 ★★★★

一方患有法定禁止结婚疾病的,或一方有生理缺陷,或其他原因不能发生性行为,且难以治愈的。

第 2 条【视为夫妻感情确已破裂的情形】 ★★★★

婚前缺乏了解,草率结婚,婚后未建立起夫妻感情,难以共同生活的。

第 7 条【视为夫妻感情确已破裂的情形】 ★★★★

因感情不和分居已满 3 年,确无和好可能的,或者经人民法院判决不准离婚后又分居满 1 年,互不履行夫妻义务的。

第 12 条【视为夫妻感情确已破裂的情形】 ★★★★

一方下落不明满二年,对方起诉离婚,经公告查找确无下落的。

---

① 简称《认定夫妻感情破裂具体意见》。

最高人民法院关于贯彻执行《中华人民共和国民法通则》若干问题的意见(试行)①

★★★★

(1988年1月26日最高人民法院审判委员会讨论通过,1988年4月2日公布施行)

第1条【公民民事权利能力的开始:户籍证明、出生证明、其他证明】

★★★★★

公民的民事权利能力自出生时开始。出生的时间以户籍证明为准;没有户籍证明的,以医院出具的出生证明为准。没有医院证明的,参照其他有关证明认定。

第5条【对精神病人的认定:不能或不能完全辨认自己行为的人】

★★★

精神病人(包括痴呆症人)如果没有判断能力和自我保护能力,不知其行为后果的,可以认定为不能辨认自己行为的人;对于比较复杂的事物或者比较重大的行为缺乏判断能力和自我保护能力,并且不能预见其行为后果的,可以认定为不能完全辨认自己行为的人。

第7条【当事人是否患有精神病的认定】　　★★

当事人是否患有精神病,人民法院应当根据司法精神病学鉴定或者参照医院的诊断、鉴定确认。在不具备诊断、鉴定条件的情况下,也可以参照群众公认的当事人的精神状态认定。但应以利害关系人没有异议为限。

第9条【公民经常居住地和住所的认定】　　★★

公民离开住所地最后连续居住一年以上的地方,为经常居住地。但住医院治疗的除外。

公民由其户籍所在地迁出后至迁入另一地之前,无经常居住的,仍以其原户籍所在地为住所。

---

① 简称《民通意见》。

第 10 条【监护人的监护职责】 ★★★

监护人的监护职责包括:保护被监护人的身体健康,照顾被监护人的生活,管理和保护被监护人的财产,代理被监护人进行民事活动,对被监护人进行管理和教育,在被监护人合法权益受到侵害或者与人发生争议时,代理其进行诉讼。

第 11 条【监护人监护能力的认定】 ★★★

认定监护人的监护能力,应当根据监护人的身体健康状况、经济条件,以及与被监护人在生活上的联系状况等因素确定。

第 14 条【监护人的指定顺序】 ★★★

人民法院指定监护人时,可将民法通则第十六条第二款中的(一)(二)(三)项或第十七条第一款中的(一)(二)(三)(四)(五)项规定视为指定监护人的顺序。前一顺序有监护资格的人无监护能力或者对被监护人明显不利的,人民法院可以根据对被监护人有利的原则从后一顺序有监护资格的人中择优确定。被监护人有识别能力的,应视情况征求被监护人的意见。

监护人可以是一人,也可以是同一顺序中的数人。

第 17 条【有关组织指定监护人的法律后果及救济方式】 ★

有关组织依照民法通则规定指定监护人,以书面或者口头通知了被指定人的,应当认定指定成立。被指定人不服的,应当在接到通知的次日起三十日内向人民法院起诉。逾期起诉的,按变更监护关系处理。

第 20 条【不合格监护人的审理程序】 ★★

监护人不履行监护职责,或者侵害了被监护人的合法权益,民法通则第十六条、第十七条规定的其他有监护资格的人或者单位向人民法院起诉要求监护人承担民事责任的,按照普通程序审理;要求变更监护关系的,按照特别程序审理;既要求承担民事责任,又要求变更监护关系的,分别审理。

第 24 条【申请宣告失踪的利害关系人的范围】 ★★

申请宣告失踪的利害关系人,包括被申请宣告失踪人的配偶、父母、子女、兄弟姐妹、祖父母、外祖父母、孙子女、外孙子女以及其他与被申请人有民事权利义务关系的人。

第 25 条【申请宣告死亡的利害关系人的顺序】 ★★

申请宣告死亡的利害关系人的顺序是:

(一)配偶;

(二)父母、子女;

(三)兄弟姐妹、祖父母、外祖父母、孙子女、外孙子女;

(四)其他有民事权利义务关系的人。

申请撤销死亡宣告不受上列顺序限制。

第 26 条【下落不明的定义及不适用情形】 ★★

下落不明是指公民离开最后居住地后没有音讯的状况。对于在台湾或者在国外,无法正常通讯联系的,不得以下落不明宣告死亡。

第 28 条【下落不明的起算时间及地域管辖】 ★★

民法通则第二十条第一款、第二十三条第一款第一项中的下落不明的起算时间,从公民音讯消失之次日起算。

宣告失踪的案件,由被宣告失踪人住所地的基层人民法院管辖。住所地与居住地不一致的,由最后居住地基层人民法院管辖。

第 41 条【对起字号工商户诉讼当事人的确立】 ★★

起字号的个体工商户,在民事诉讼中,应以营业执照登记的户主(业主)为诉讼当事人,在诉讼文书中注明系某字号的户主。

第 47 条【民事合伙的债务承担规则】 ★★★

全体合伙人对合伙经营的亏损额,对外应当负连带责任;对内则应按照协议约定的债务承担比例或者出资比例分担;协议未规定债务承担比例或者出资比例的,可以按照约定的或者实际盈余分配比例承担。但是对造成合伙经营亏损有过错的合伙人,应当根据其过错程度相应的多承担责任。

第 50 条【认定合伙关系;无合伙协议且未工商登记时的认定方式】 ★★★

当事人之间没有书面合伙协议,又未经工商行政管理部门核准登记,但具备合伙的其他条件,又有两个以上无利害关系人证明有口头合伙协议的,人民法院可以认定为合伙关系。

第 52 条【合伙人退伙及其赔偿责任】 ★★★

合伙人退伙,书面协议有约定的,按书面协议处理;书面协议未约定的,原则上应予准许。但因其退伙给其他合伙人造成损失的,应当考虑退伙的原因、理由以及双方当事人的过错情况,确定其应当承担的赔偿责任。

第 54 条【合伙人退伙时合伙财产的分割】 ★★★

合伙人退伙时分割的合伙财产,应当包括合伙时投入的财产和合伙期间积累的财产,以及合伙期间的债权和债务。入伙的原物退伙时原则上应予退还,一次清退有困难的,可以分批分期清退;退还原物确有困难的,可以折价处理。

第 55 条【合伙终止时合伙财产处理规则】 ★★★★

合伙终止时,对合伙财产的处理,有书面协议的,按协议处理;没有书面协议,又协商不成的,如果合伙人出资额相等,应当考虑多数人意见酌情处理;合伙人出资额不等的,可以按出资额占全部合伙额多的合伙人意见处理,但要保护其他合伙人的利益。

第 90 条【共有财产的分割】 ★★★

在共同共有关系终止时,对共有财产的分割,有协议的,按协议处理;没有协议的,应当根据等分原则处理,并且考虑共有人对共有财产的贡献大小,适当照顾共有人生产、生活的实际需要等情况。但分割夫妻共有财产,应当根据婚姻法的有关规定处理。

最高人民法院关于人民法院审理未办结婚登记而以夫妻名义同居生活案件的若干意见[①]

★★★★

(1989 年 12 月 13 日最高人民法院发布,自 1989 年 12 月 13 日起施行)

第 1 条【《婚姻登记办法》施行前未婚以夫妻名义共同生活起诉离婚时的处理原则】 ★★★★

1986 年 3 月 15 日《婚姻登记办法》施行之前,未办结婚登记手续即以夫妻名义同居生活,群众也认为是夫妻关系的,一方向人民法院起诉"离婚",如起诉时双方均符合结婚的法定条件,可认定为事实婚姻关系;如起诉时一方或双方不符合结婚的法定条件,应认定非法同居关系。

第 6 条【审理事实婚姻关系的离婚案件的规定】 ★

审理事实婚姻关系的离婚案件,应当先进行调解,经调解和好或撤诉的,确认婚姻关系有效,发给调解书或裁定书,经调解不能和好的,应调解或判决准予离婚。

第 7 条【同居关系的判决解除】 ★★

未办结婚登记而以夫妻名义同居生活的男女,一方要求"离婚"或解除同居关系,经查确属非法同居关系的,应一律判决予以解除。

第 8 条【非法同居关系案件中的非婚生子女抚养和财产分割问题】 ★★★★

人民法院审理非法同居关系的案件,如涉及非婚生子女抚养和财产分割

---

① 简称《审理未结婚而同居案件意见》。

问题,应一并予以解决。具体分割财产时,应照顾妇女、儿童的利益,考虑财产的实际情况和双方的过错程度,妥善分割。

第 9 条【解除非法同居关系时的非婚生子女的抚养】 ★★★★

解除非法同居关系时,双方所生的非婚生子女,由哪一方抚养,双方协商,协商不成时,应根据子女的利益和双方的具体情况判决,哺乳期内的子女,原则上应由母方抚养,如父方条件好,母方同意,也可由父方抚养,子女为限制民事行为能力人的,应征求子女本人的意见,一方将未成年的子女送他人收养,须征得另一方的同意。

第 10 条【解除同居关系时的财产分割:按一般共有财产处理以及对赠与、索取财物的处理】 ★★★

解除非法同居关系时,同居生活期间双方共同所得的收入和购置的财产,按一般共有财产处理,同居生活前,一方自愿赠送给对方的财物可比照赠与关系处理;一方向另一方索取的财物,可参照最高人民法院(84)法办字第 112 号《关于贯彻执行民事政策法律若干问题的意见》第(18)条规定的精神处理。

第 11 条【解除非法同居关系时的债权债务处理】 ★★

解除非法同居关系时,同居期间为共同生产、生活而形成的债权、债务,可按共同债权、债务处理。

最高人民法院关于贯彻执行《中华人民共和国继承法》若干问题的意见①

★★★★

(1985 年 9 月 11 日最高人民法院发布,自 1985 年 9 月 11 日起施行)

第 1 条【继承开始时间】 ★★★★★

继承从被继承人生理死亡或被宣告死亡时开始。

失踪人被宣告死亡的,以法院判决中确定的失踪人的死亡日期,为继承开始的时间。

第 37 条【必留份】 ★★

遗嘱人未保留缺乏劳动能力又没有生活来源的继承人的遗产份额,遗产

---

① 简称《继承法意见》。

处理时,应当为该继承人留下必要的遗产,所剩余的部分,才可参照遗嘱确定的分配原则处理。

继承人是否缺乏劳动能力又没有生活来源,应按遗嘱生效时该继承人的具体情况确定。

第 38 条【处分国家、集体或他人所有的财产的遗嘱无效】 ★

遗嘱人以遗嘱处分了属于国家、集体或他人所有的财产,遗嘱的这部分,应认定无效。

第 52 条【继承开始后遗产分割前继承人死亡的遗产处理】 ★★

继承开始后,继承人没有表示放弃继承,并于遗产分割前死亡的,其继承遗产的权利转移给他的合法继承人。

第 56 条【遗赠扶养协议解除后的费用承担】 ★★

扶养人或集体组织与公民订有遗赠扶养协议,扶养人或集体组织无正当理由不履行,致协议解除的,不能享有受遗赠的权利,其支付的供养费用一般不予补偿;遗赠人无正当理由不履行,致协议解除的,则应偿还扶养人或集体组织已支付的供养费用。

最高人民法院关于适用《中华人民共和国婚姻法》若干问题的解释(三)①

★★★

(2011 年 7 月 4 日最高人民法院审判委员会第 1525 次会议通过,自 2011 年 8 月 13 日起施行)

第 2 条【请求确认亲子关系存在与否时的举证责任】 ★★

夫妻一方向人民法院起诉请求确认亲子关系不存在,并已提供必要证据予以证明,另一方没有相反证据又拒绝做亲子鉴定的,人民法院可以推定请求确认亲子关系不存在一方的主张成立。

当事人一方起诉请求确认亲子关系,并提供必要证据予以证明,另一方没有相反证据又拒绝做亲子鉴定的,人民法院可以推定请求确认亲子关系一

---

① 简称《婚姻法司法解释三》。

方的主张成立。

第 3 条【父母拒不履行抚养子女义务时子女的请求权】 ★★★

婚姻关系存续期间,父母双方或者一方拒不履行抚养子女义务,未成年或者不能独立生活的子女请求支付抚养费的,人民法院应予支持。

第 4 条【婚姻关系存续期间共同财产分割的重大理由】 ★★

婚姻关系存续期间,夫妻一方请求分割共同财产的,人民法院不予支持,但有下列重大理由且不损害债权人利益的除外:

(一) 一方有隐藏、转移、变卖、毁损、挥霍夫妻共同财产或者伪造夫妻共同债务等严重损害夫妻共同财产利益行为的;

(二) 一方负有法定扶养义务的人患重大疾病需要医治,另一方不同意支付相关医疗费用的。

第 7 条【父母出资为子女购房的处理】 ★★

婚后由一方父母出资为子女购买的不动产,产权登记在出资人子女名下的,可按照婚姻法第十八条第(三)项的规定,视为只对自己子女一方的赠与,该不动产应认定为夫妻一方的个人财产。

由双方父母出资购买的不动产,产权登记在一方子女名下的,该不动产可认定为双方按照各自父母的出资份额按份共有,但当事人另有约定的除外。

第 10 条【婚前一方首付款购房的产权归属】 ★★★★

夫妻一方婚前签订不动产买卖合同,以个人财产支付首付款并在银行贷款,婚后用夫妻共同财产还贷,不动产登记于首付款支付方名下的,离婚时该不动产由双方协议处理。

依前款规定不能达成协议的,人民法院可以判决该不动产归产权登记一方,尚未归还的贷款为产权登记一方的个人债务。双方婚后共同还贷支付的款项及其相对应财产增值部分,离婚时应根据婚姻法第三十九条第一款规定的原则,由产权登记一方对另一方进行补偿。

第 13 条【离婚时养老保险金的分割问题】 ★★

离婚时夫妻一方尚未退休、不符合领取养老保险金条件,另一方请求按照夫妻共同财产分割养老保险金的,人民法院不予支持;婚后以夫妻共同财产缴付养老保险费,离婚时一方主张将养老金账户中婚姻关系存续期间个人实际缴付部分作为夫妻共同财产分割的,人民法院应予支持。

第 18 条【离婚后对未处理的夫妻共同财产的分割】 ★★★

离婚后,一方以尚有夫妻共同财产未处理为由向人民法院起诉请求分割的,经审查该财产确属离婚时未涉及的夫妻共同财产,人民法院应当依法予以分割。

最高人民法院关于确定民事侵权精神损害赔偿责任若干问题的解释①

★★★

(2001年2月26日由最高人民法院审判委员会第1161次会议通过,自2001年3月10日起施行)

第1条【人格权益精神损害赔偿的受理范围】 ★★

自然人因下列人格权利遭受非法侵害,向人民法院起诉请求赔偿精神损害的,人民法院应当依法予以受理:

(一)生命权、健康权、身体权;

(二)姓名权、肖像权、名誉权、荣誉权;

(三)人格尊严权、人身自由权。

违反社会公共利益、社会公德侵害他人隐私或者其他人格利益,受害人以侵权为由向人民法院起诉请求赔偿精神损害的,人民法院应当依法予以受理。

第8条【致人精神损害的责任方式】 ★★★

因侵权致人精神损害,但未造成严重后果,受害人请求赔偿精神损害的,一般不予支持,人民法院可以根据情形判令侵权人停止侵害、恢复名誉、消除影响、赔礼道歉。

因侵权致人精神损害,造成严重后果的,人民法院除判令侵权人承担停止侵害、恢复名誉、消除影响、赔礼道歉等民事责任外,可以根据受害人一方的请求判令其赔偿相应的精神损害抚慰金。

第9条【精神损害抚慰金的方式:残疾、死亡及其他赔偿金】 ★★

精神损害抚慰金包括以下方式:

(一)致人残疾的,为残疾赔偿金;

(二)致人死亡的,为死亡赔偿金;

(三)其他损害情形的精神抚慰金。

---

① 简称《精神损害赔偿司法解释》。

第10条【精神损害赔偿数额的确定因素】 ★★★

精神损害的赔偿数额根据以下因素确定:

(一)侵权人的过错程度,法律另有规定的除外;

(二)侵害的手段、场合、行为方式等具体情节;

(三)侵权行为所造成的后果;

(四)侵权人的获利情况;

(五)侵权人承担责任的经济能力;

(六)受诉法院所在地平均生活水平。

法律、行政法规对残疾赔偿金、死亡赔偿金等有明确规定的,适用法律、行政法规的规定。

第11条【精神损害赔偿责任的减免事由:受害人过错程度】 ★★

受害人对损害事实和损害后果的发生有过错的,可以根据其过错程度减轻或者免除侵权人的精神损害赔偿责任。

最高人民法院关于审理道路交通事故损害赔偿案件适用法律若干问题的解释①

★★

(2012年9月17日由最高人民法院审判委员会第1556次会议通过,自2012年12月21日起施行)

第3条【挂靠机动车交通事故责任:挂靠人与被挂靠人承担连带责任】 ★

以挂靠形式从事道路运输经营活动的机动车发生交通事故造成损害,属于该机动车一方责任,当事人请求由挂靠人和被挂靠人承担连带责任的,人民法院应予支持。

第14条【人身伤亡、财产损失的概念】 ★

道路交通安全法第七十六条规定的"人身伤亡",是指机动车发生交通事故侵害被侵权人的生命权、健康权等人身权益所造成的损害,包括侵权责任

---

① 简称《道路交通事故司法解释》。

法第十六条和第二十二条规定的各项损害。

道路交通安全法第七十六条规定的"财产损失",是指因机动车发生交通事故侵害被侵权人的财产权益所造成的损失。

第 16 条【交强险和商业三者险并存时的赔付规则】 ★★★

同时投保机动车第三者责任强制保险(以下简称"交强险")和第三者责任商业保险(以下简称"商业三者险")的机动车发生交通事故造成损害,当事人同时起诉侵权人和保险公司的,人民法院应当按照下列规则确定赔偿责任:

(一)先由承保交强险的保险公司在责任限额范围内予以赔偿;

(二)不足部分,由承保商业三者险的保险公司根据保险合同予以赔偿;

(三)仍有不足的,依照道路交通安全法和侵权责任法的相关规定由侵权人予以赔偿。

被侵权人或者其近亲属请求承保交强险的保险公司优先赔偿精神损害的,人民法院应予支持。

第 19 条【未投保交强险的机动车交通事故赔偿责任】 ★★

未依法投保交强险的机动车发生交通事故造成损害,当事人请求投保义务人在交强险责任限额范围内予以赔偿的,人民法院应予支持。

投保义务人和侵权人不是同一人,当事人请求投保义务人和侵权人在交强险责任限额范围内承担连带责任的,人民法院应予支持。

最高人民法院关于审理民间借贷案件适用法律若干问题的规定①

★★

(2015 年 6 月 23 日最高人民法院审判委员会第 1655 次会议通过,自 2015 年 9 月 1 日起施行)

第 26 条【民间借贷年利率的限定】 ★

借贷双方约定的利率未超过年利率 24%,出借人请求借款人按照约定的

---

① 简称《审理民间借贷案件规定》。

利率支付利息的,人民法院应予支持。

借贷双方约定的利率超过年利率36%,超过部分的利息约定无效。借款人请求出借人返还已支付的超过年利率36%部分的利息的,人民法院应予支持。

第29条【逾期利率的处理规则】 ★★★

借贷双方对逾期利率有约定的,从其约定,但以不超过年利率24%为限。未约定逾期利率或者约定不明的,人民法院可以区分不同情况处理:

(一)既未约定借期内的利率,也未约定逾期利率,出借人主张借款人自逾期还款之日起按照年利率6%支付资金占用期间利息的,人民法院应予支持;

(二)约定了借期内的利率但未约定逾期利率,出借人主张借款人自逾期还款之日起按照借期内的利率支付资金占用期间利息的,人民法院应予支持。

最高人民法院关于审理买卖合同纠纷案件适用法律问题的解释①

★

(2012年3月31日最高人民法院审判委员会第1545次会议通过,自2012年7月1日起施行)

第24条【买卖合同逾期付款违约金的适用规则】 ★★★

买卖合同对付款期限作出的变更,不影响当事人关于逾期付款违约金的约定,但该违约金的起算点应当随之变更。

买卖合同约定逾期付款违约金,买受人以出卖人接受价款时未主张逾期付款违约金为由拒绝支付该违约金的,人民法院不予支持。

买卖合同约定逾期付款违约金,但对账单、还款协议等未涉及逾期付款责任,出卖人根据对账单、还款协议等主张欠款时请求买受人依约支付逾期付款违约金的,人民法院应予支持,但对账单、还款协议等明确载有本金及逾

---

① 简称《买卖合同司法解释》。

期付款利息数额或者已经变更买卖合同中关于本金、利息等约定内容的除外。

买卖合同没有约定逾期付款违约金或者该违约金的计算方法,出卖人以买受人违约为由主张赔偿逾期付款损失的,人民法院可以中国人民银行同期同类人民币贷款基准利率为基础,参照逾期罚息利率标准计算。

最高人民法院关于人民法院审理离婚案件处理财产分割问题的若干具体意见①

★

(最高人民法院审判委员会第603次会议审议通过,自1993年11月3日起施行)

第1条【夫妻双方对财产的约定效力】 ★★★

夫妻双方对财产归谁所有以书面形式约定的,或以口头形式约定,双方无争议的,离婚时应按约定处理。但规避法律的约定无效。

第2条【夫妻共同财产的认定】 ★

夫妻双方在婚姻关系存续期间所得的财产,为夫妻共同财产,包括:

(1)一方或双方劳动所得的收入和购置的财产;

(2)一方或双方继承、受赠的财产;

(3)一方或双方由知识产权取得的经济利益;

(4)一方或双方从事承包、租赁等生产、经营活动的收益;

(5)一方或双方取得的债权;

(6)一方或双方的其他合法所得;

---

① 简称《审理离婚案件处理财产分割问题意见》。

最高人民法院民事审判庭关于贯彻执行最高人民法院《关于人民法院审理未办结婚登记而以夫妻名义同居生活案件的若干意见》有关问题的电话答复[①]

★

(1990年10月11日最高人民法院民事审判庭公布施行)

第1条【按登记婚姻处理:结婚时隐瞒年龄以及近亲属关系骗取结婚证】

★★★

关于你院请示中一、二条所提一方或双方当事人隐瞒结婚时年龄以及隐瞒近亲属关系骗取结婚证,现一方提出离婚,是作为非法同居关系、事实婚姻关系还是作为登记婚姻处理的问题,我们认为:非法同居关系、事实婚姻关系的共同特征是未办结婚登记即以夫妻名义同居生活。隐瞒结婚年龄以及隐瞒近亲属关系骗取结婚证后,一方要求离婚的案件,不符合非法同居关系或事实婚姻关系的构成特征,因此不能按非法同居关系或事实婚姻关系对待,而应作为登记婚姻按《最高人民法院关于判决离婚的若干具体规定》第四条和其他有关规定处理。

最高人民法院关于审理涉及农村土地承包纠纷案件适用法律问题的解释[②]

(2005年3月29日最高人民法院审判委员会第1346次会议通过,自2005年9月1日起施行)

---

① 简称《未婚以夫妻名义同居案件电话答复》。
② 简称《农村土地承包纠纷司法解释》。

第 17 条【转包、出租地流转期限与承包地交回时间；承包方对土地投入的相应补偿】 ★

当事人对转包、出租地流转期限没有约定或者约定不明的,参照合同法第二百三十二条规定处理。除当事人另有约定或者属于林地承包经营外,承包地交回的时间应当在农作物收获期结束后或者下一耕种期开始前。

对提高土地生产能力的投入,对方当事人请求承包方给予相应补偿的,应予支持。

第 24 条【土地补偿费的分配】 ★★★

农村集体经济组织或者村民委员会、村民小组,可以依照法律规定的民主议定程序,决定在本集体经济组织内部分配已经收到的土地补偿费。征地补偿安置方案确定时已经具有本集体经济组织成员资格的人,请求支付相应份额的,应予支持。但已报全国人大常委会、国务院备案的地方性法规、自治条例和单行条例、地方政府规章对土地补偿费在农村集体经济组织内部的分配办法另有规定的除外。

最高人民法院关于审理劳动争议案件适用法律若干问题的解释(二)①

★

(2006 年 7 月 10 日最高人民法院审判委员会第 1393 次会议通过,自 2006 年 10 月 1 日起施行)

第 3 条【视为拖欠劳动报酬争议的起诉】 ★★

劳动者以用人单位的工资欠条为证据直接向人民法院起诉,诉讼请求不涉及劳动关系其他争议的,视为拖欠劳动报酬争议,按照普通民事纠纷受理。

---

① 简称《劳动争议案件司法解释二》。

最高人民法院关于审理商标民事纠纷案件适用法律若干问题的解释①

(2002年10月12日最高人民法院审判委员会第1246次会议通过,自2002年10月16日起施行)

第16条【商标侵权损害赔偿数额的确定】 ★★

侵权人因侵权所获得的利益或者被侵权人因被侵权所受到的损失均难以确定的,人民法院可以根据当事人的请求或者依职权适用商标法第五十六条第二款的规定确定赔偿数额。

人民法院在确定赔偿数额时,应当考虑侵权行为的性质、期间、后果,商标的声誉,商标使用许可费的数额,商标使用许可的种类、时间、范围及制止侵权行为的合理开支等因素综合确定。

当事人按照本条第一款的规定就赔偿数额达成协议的,应当准许。

最高人民法院关于人民法院民事执行中查封、扣押、冻结财产的规定②

(2004年10月26日由最高人民法院审判委员会第1330次会议通过,根据2008年12月16日发布的《最高人民法院关于调整司法解释等文件中引用〈中华人民共和国民事诉讼法〉条文序号的决定》调整,自2008年12月31日起施行)

第14条【查封、扣押、冻结对与他人共有的财产的效力】 ★★

对被执行人与其他人共有的财产,人民法院可以查封、扣押、冻结,并及

---

① 简称《商标纠纷司法解释》。
② 简称《民事执行查封扣押冻结财产规定》。

时通知共有人。

共有人协议分割共有财产,并经债权人认可的,人民法院可以认定有效。查封、扣押、冻结的效力及于协议分割后被执行人享有份额内的财产;对其他共有人享有份额内的财产的查封、扣押、冻结,人民法院应当裁定予以解除。

共有人提起析产诉讼或者申请执行人代位提起析产诉讼的,人民法院应当准许。诉讼期间中止对该财产的执行。

最高人民法院关于适用《中华人民共和国合同法》若干问题的解释(二)①

(2009年2月9日最高人民法院审判委员会第1462次会议通过,自2009年5月13日起施行)

第21条【债务人给付不足以清偿全部债务时的抵充顺序】 ★

债务人除主债务之外还应当支付利息和费用,当其给付不足以清偿全部债务时,并且当事人没有约定的,人民法院应当按照下列顺序抵充:

(一)实现债权的有关费用;
(二)利息;
(三)主债务。

最高人民法院关于审理交通肇事刑事案件具体应用法律若干问题的解释②

(2000年11月10日最高人民法院审判委员会第1136次会议通过,自2000年11月21日起施行)

---

① 简称《合同法司法解释二》。
② 简称《交通肇事罪司法解释》。

第 2 条【交通肇事罪的量刑情节】
交通肇事具有下列情形之一的,处三年以下有期徒刑或者拘役:
(一)死亡一人或者重伤三人以上,负事故全部或者主要责任的;
(二)死亡三人以上,负事故同等责任的;
(三)造成公共财产或者他人财产直接损失,负事故全部或者主要责任,无能力赔偿数额在三十万元以上的。
交通肇事致一人以上重伤,负事故全部或者主要责任,并具有下列情形之一的,以交通肇事罪定罪处罚:
(一)酒后、吸食毒品后驾驶机动车辆的;
(二)无驾驶资格驾驶机动车辆的;
(三)明知是安全装置不全或者安全机件失灵的机动车辆而驾驶的;
(四)明知是无牌证或者已报废的机动车辆而驾驶的;
(五)严重超载驾驶的;
(六)为逃避法律追究逃离事故现场的。

最高人民法院、最高人民检察院、公安部、民政部《关于依法处理监护人侵害未成年人权益行为若干问题的意见》①

(2014 年 12 月 18 日最高人民法院、最高人民检察院、公安部、民政部发布,自 2015 年 1 月 1 日起实施)

第 35 条【撤销监护人资格:不履行监护职责、侵害被监护未成年人权益、另行指定监护人】
被申请人有下列情形之一的,人民法院可以判决撤销其监护人资格:
(一)性侵害、出卖、遗弃、虐待、暴力伤害未成年人,严重损害未成年人身心健康的;

---
① 简称《处理监护人侵害未成年人权益问题的意见》

（二）将未成年人置于无人监管和照看的状态，导致未成年人面临死亡或者严重伤害危险，经教育不改的；

（三）拒不履行监护职责长达六个月以上，导致未成年人流离失所或者生活无着的；

（四）有吸毒、赌博、长期酗酒等恶习无法正确履行监护职责或者因服刑等原因无法履行监护职责，且拒绝将监护职责部分或者全部委托给他人，致使未成年人处于困境或者危险状态的；

（五）胁迫、诱骗、利用未成年人乞讨，经公安机关和未成年人救助保护机构等部门三次以上批评教育拒不改正，严重影响未成年人正常生活和学习的；

（六）教唆、利用未成年人实施违法犯罪行为，情节恶劣的；

（七）有其他严重侵害未成年人合法权益行为的。

法律规范性文件简全称对照索引表

简称(拼音序)	全称	法合二维码 法合引证码	页码
保险法	中华人民共和国保险法	L1.1.59	285
出版管理条例	出版管理条例	L1.2.43	293
处理监护人侵害未成年人权益问题的意见	最高人民法院、最高人民检察院、公安部、民政部《关于依法处理监护人侵害未成年人权益行为若干问题的意见》	L1.3.2225	327
村民委员会组织法	中华人民共和国村民委员会组织法	L1.1.34	291
担保法	中华人民共和国担保法	L1.1.58	267
道路交通安全法	中华人民共和国道路交通安全法	L1.1.145	271

简称(拼音序)	全称	法合二维码 法合引证码	页码
道路交通事故司法解释	最高人民法院关于审理道路交通事故损害赔偿案件适用法律若干问题的解释	L1.3.113	319
妇女权益保障法	中华人民共和国妇女权益保障法	L1.1.234	288
合同法司法解释二	最高人民法院关于适用《中华人民共和国合同法》若干问题的解释(二)	L1.3.60	326
合同法	中华人民共和国合同法	L1.1.63	249
婚姻登记条例	婚姻登记条例	L1.2.187	293
婚姻法	中华人民共和国婚姻法	L1.1.42	45
婚姻法司法解释二	最高人民法院关于适用《中华人民共和国婚姻法》若干问题的解释(二)	L1.3.101	299
婚姻法司法解释三	最高人民法院关于适用《中华人民共和国婚姻法》若干问题的解释(三)	L1.3.102	316
婚姻法司法解释一	最高人民法院关于适用《中华人民共和国婚姻法》若干问题的解释(一)	L1.3.100	306

简称(拼音序)	全称	法合二维码 法合引证码	页码
继承法	中华人民共和国继承法	L1.1.45	109
继承法意见	最高人民法院关于贯彻执行《中华人民共和国继承法》若干问题的意见	L1.3.106	315
交强险条例	机动车交通事故责任强制保险条例	L1.2.189	296
交通肇事罪司法解释	最高人民法院关于审理交通肇事刑事案件具体应用法律若干问题的解释	L1.3.416	326
精神损害赔偿司法解释	最高人民法院关于确定民事侵权精神损害赔偿责任若干问题的解释	L1.3.90	318
劳动法	中华人民共和国劳动法	L1.1.237	289
劳动合同法	中华人民共和国劳动合同法	L1.1.243	289
劳动争议案件司法解释二	最高人民法院关于审理劳动争议案件适用法律若干问题的解释(二)	L1.3.152	324
老年人权益保障法	中华人民共和国老年人权益保障法	L1.1.238	265

简称(拼音序)	全称	法合二维码 法合引证码	页码
买卖合同司法解释	最高人民法院关于审理买卖合同纠纷案件适用法律问题的解释	L1.3.68	321
民法通则	中华人民共和国民法通则	L1.1.46	254
民事执行查封扣押冻结财产规定	最高人民法院关于人民法院民事执行中查封、扣押、冻结财产的规定	L1.3.314	325
民通意见	最高人民法院关于贯彻执行《中华人民共和国民法通则》若干问题的意见(试行)	L1.3.2220	311
农村土地承包法	中华人民共和国农村土地承包法	L1.1.67	283
农村土地承包纠纷司法解释	最高人民法院关于审理涉及农村土地承包纠纷案件适用法律问题的解释	L1.3.46	323
侵权责任法	中华人民共和国侵权责任法	L1.1.73	268
人身损害赔偿司法解释	最高人民法院关于审理人身损害赔偿案件适用法律若干问题的解释	L1.3.91	302
认定夫妻感情破裂具体意见	最高人民法院关于人民法院审理离婚案件如何认定夫妻感情确已破裂的若干具体意见	L1.3.96	310

简称(拼音序)	全称	法合二维码 法合引证码	页码
商标法	中华人民共和国商标法	L1.1.43	281
商标纠纷司法解释	最高人民法院关于审理商标民事纠纷案件适用法律若干问题的解释	L1.3.196	325
审理离婚案件处理财产分割问题意见	最高人民法院关于人民法院审理离婚案件处理财产分割问题的若干具体意见	L1.3.97	322
审理离婚案件处理子女抚养问题意见	最高人民法院关于人民法院审理离婚案件处理子女抚养问题的若干具体意见	L1.3.98	297
审理民间借贷案件规定	最高人民法院关于审理民间借贷案件适用法律若干问题的规定	L1.3.2193	320
审理未结婚而同居案件意见	最高人民法院关于人民法院审理未办结婚登记而以夫妻名义同居生活案件的若干意见	L1.3.2216	314
收养法	中华人民共和国收养法	L1.1.51	160
土地管理法实施条例	中华人民共和国土地管理法实施条例	L1.2.370	295

简称(拼音序)	全称	法合二维码 法合引证码	页码
土地管理法	中华人民共和国土地管理法	L1.1.180	286
未成年人保护法	中华人民共和国未成年人保护法	L1.1.232	291
未婚以夫妻名义同居案件电话答复	最高人民法院民事审判庭关于贯彻执行最高人民法院《关于人民法院审理未办结婚登记而以夫妻名义同居生活案件的若干意见》有关问题的电话答复	L1.3.962	323
物权法	中华人民共和国物权法	L1.1.72	276
宪法	中华人民共和国宪法	L1.1.1	290
刑法	中华人民共和国刑法	L1.1.250	273
著作权法	中华人民共和国著作权法	L1.1.50	279

后记
用大数据圆十年说法梦!

一、梦回十年——编写本丛书的初衷

作为丛书主编,首先我想谈一下编写本丛书的初衷,这还要从10年前我的个人经历说起。我2006年开始在中国人民大学法学院攻读民商法学博士学位,在完成学业之余,曾经受多家出版社邀请,编写过一些实务类法条图书,主要集中在民法领域。当时,一方面是希望通过编写图书获得一定稿费以支持自己在北京的学业;另一方面也是希望通过系统地编写法条类图书让自己对中国现行法律有更加全面和深刻的认识。实际上,不管是海峡对岸的我国台湾地区,还是我长期访学过的美国和英国,不少学者都深度参与编写法条书、经典案例集或者建设法律、案例数据库。这种学者的参与对司法实务有非常强的促进作用,本身也是学者跟进司法实务的绝佳方式。

我当时参考过市面上绝大多数的实务类法条书,发现包括自己编写的法条书在内,形式上无外乎是将法律条文列出,然后列出与某一法律条文相关的条文,如有需要,还根据编者的理解撰写一定的说明。在编写过程中,我发现这种编写方式有一个致命的缺陷,那就是法条之间的关联是基于编写者的主观认识,这就存在如下三种风险:第一,法条之间的联系是基于编写者个人的判断,或许符合学术观点和立法规划,但在司法实务中可能并非如此。第二,部分法条之间客观上存在明显的或者潜在的矛盾,从编写者的角度只能全部列出,无法也难以确定到底哪些法条才是实务中实际适用的。第三,由于无法作出法律条文之间相关度的判断,只能尽量全面地列举法条,即"宁多毋缺"。

2008—2009年,我获得美国富布赖特基金会资助,到美国康奈尔大学法学院和耶鲁大学法学院完成我的博士论文,同时也有机会深度感受英美判例法的运作方式。我惊讶于判例报告的公开性、延续性和实用性,加上Westlaw

和 LexisNexis 的数字化处理,通过判例法的运作方式,达到与成文法的异曲同工之妙,令我十分羡慕。同时也认识到,对法律条文的研究和阐释,如果不能与司法判例结合起来,就只可能沦落为法律人的纯粹想象而丧失其实用性。而当时国内尚无权威的判例获取渠道,裁判文书公开的前景也不明朗,对此也只能望洋兴叹。

因此,尽管我编写的实务类法条书销量甚好(可能只是专业领域的原因),但在我 2009 年到四川大学法学院任教之后,只是应邀完成了自己主攻的《侵权责任法》的相关图书编写,就停止了全部同类图书的编写和更新工作。究其主要原因,还是对法条书的这种编写方式以及它对司法实务的实际作用持保留态度。当时我就在想,如果有一天,各级人民法院能够公布全部的裁判文书,我们再通过软件(当时还没有"大数据"的概念)分析一下实务中每个法律条文的实际适用情况,不但会对学术研究和立法活动有极大的促进作用,也可以避免之前编写这类图书的诸多弊端,就可以圆了自己编写一套真正贴近和促进司法实务的法条书的梦想!

二、"用大数据说法"之梦

一晃又是五年。2014 年年初,最高人民法院建立"中国裁判文书网",开始公布裁判文书。截至 2016 年 12 月 1 日,公布的裁判文书总量已经超过 2 300 万份。尽管比起各级人民法院每年超过 1 600 万件的审结、执结案件总量,这似乎还远未达到全面公布的程度①,但已经为"法律大数据分析"提供了足够大的数据样本。

几乎就在同时,"大数据分析"的春风吹遍神州。谈不上跟风,我总算是弄明白了自己想做的事情原来叫做"法律 + 大数据分析"。所以,从 2014 年开始酝酿,2015 年开始筹备,四川大学法学院法律大数据实验室(以下简称"法律大数据实验室")终于于 2016 年年初挂牌成立了。

作为国内高校第一家"法律大数据"专业研究机构,从酝酿之初,我就确定了机构的宗旨——"用大数据说法"。这个口号的灵感,来自于中央电视台

---

① "中国裁判文书网"2014 年公布裁判文书约 535 万篇,同期审结、执结案件 1 381 万件;2015 年公布裁判文书约 713 万篇,同期审结、执结案件 1 673 万件。参见王竹:《法律大数据要注重质与量的提升》,载《社会科学报》,2016 年 6 月 2 日,第 4 版。

两个黄金栏目的宣传语,即焦点访谈栏目的"用事实说话"和今日说法栏目的"今日说法"。我个人认为,"法律+大数据分析"是未来法学研究的一个重要发展方向,而这种新的研究方法最简洁的表达,就是"用大数据说法!"

在追求"用大数据说法!"的梦想过程中,我首先面临的不可回避的问题,就是缺乏现成的可用于法律领域的"大数据分析"技术。我并不认为,法律人需要从最初就自己掌握"大数据分析"技术,我们需要掌握的是符合法律人思维的算法设计。我之前编写实务类法条图书和担任"中国民商法律网"编辑部主任期间设计数据库的经历,再加上恶补一些必要的大数据分析的基础知识,让我勉强能够胜任这一工作。很有幸,我找到了志同道合而且是技术流取向的"法合实验室"(www.LawSum.com),而且欣闻他们获得了最高人民法院信息中心的权威授权,可以合法地使用和分析"中国裁判文书网"公布的全部裁判文书。万事俱备,开工!

三、十年梦终圆

经过与蒋浩老师和陆建华编辑的沟通,我们一拍即合!这套"法律大数据·案由法条关联丛书",就是"法律大数据实验室"与北京大学出版社共同策划的"法律大数据"系列丛书之一。本丛书首先由数据合作伙伴"法合实验室"利用大数据分析技术对"中国裁判文书网"公布的超过2 300万份裁判文书进行分析,提供基础数据支持;然后由"法律大数据实验室"组织司法实务和学术研究领域的法律专业人士进行分析,首度体现了"法律+大数据分析"完美结合的理念。

通过"法律+大数据分析"的方式编写本套"法律大数据·案由法条关联丛书",是"法律大数据实验室"践行"用大数据说法!"理念的初步尝试,也是我构想的"法律大数据报告"(BigLaw DataReport,简称"BL-DL")的首次出版。①

除了精确地展示司法实务中不同案由和不同法律条文的实际适用情况,并体现法律专业人士的经验判断之外,本丛书还将持续跟进"中国裁判文书

---

① 2016年初,"法律大数据实验室"联合"法合实验室"通过微信公众号发布了《法律大数据双年报》(2014—2015年)第001—008号。

网"公布案件的进度和司法实务以及理论进展,基于最鲜活、权威的法律大数据,服务法律共同体,推动中国法治化进程!

　　本丛书的编写离不开大量的基础性后台编辑工作,这些都是我的学生团队多年来的工作成果积累,他们是:刘雨林、李东岳、孙琦琳、饶王林、栾维维、赵晓芹、张建芳、蔡娜、朱律、舒星旭、王蕾、冯瑶、江霞、方延、舒栎宇、谈亮、李莎莎、祝婉丽、钟琴、向新梅、刘娟、张益珍、周旭、曾勇、陈了、杨亦楠、时爽、余盛军、杨彧、张晶、云姣、王轶晗、张雨、徐丹、何丹、詹诗渊、吉星、罗雅文、程丽莉、唐烨、杨淇茜、苟海川、刘丽均、孟琪、冯沛波、王艳玲、余翔宇、邹勋、徐永炜、聂超、蔡婧雪、崔梅楠、刘潺和刘忠炫。牛津大学法学院的博士生苏颖和吴至诚从英美判例法角度对本丛书的编写提供了大量有益的建议和意见。"法合实验室"的张恒、代杨、孙兆云、王世坤和秦雷为本丛书的编写提供了数据支持。在此一并致谢!

　　本书系司法部国家法治与法学理论研究项目"民法典编纂疑难问题法律大数据分析研究"(16SFB3032)的中期成果。感谢司法部对本书写作的支持。

　　"用大数据说法!"这一全新理念还在逐步完善,"法律大数据实验室"也在逐渐成长。对于本丛书以及"法律大数据实验室"的后续作品,欢迎读者提出宝贵意见和建议!

王　竹

法学博士、教授、博士生导师

四川大学法学院法律大数据实验室主任

中国人民大学民商事法律科学研究中心侵权法研究所副所长

2016年8月21日 于 牛津大学 Worcester 学院湖畔 初稿

2017年7月12日 定稿

法律大数据实验室

bldl.scu.edu.cn

联系方式:biglawdata@163.com